Administração de Recursos Humanos

Volume 2

Dados Internacionais de Catalogação na Publicação (CIP)
(Câmara Brasileira do Livro, SP, Brasil)

Carvalho, Antonio Vieira de, 1932-2006.
Administração de recursos humanos / Antonio Vieira de Carvalho, Luiz Paulo do Nascimento, Oziléa Clen Gomes Serafim. - 2. ed. rev. - São Paulo : Cengage Learning, 2018.

3. reimpr. da 2. ed. rev. de 2012.
Bibliografia.
ISBN 978-85-221-1284-5

1. Administração de pessoal 2. Empregados - Treinamentos 3. Pessoal - Motivação 4. Recursos humanos I. Nascimento, Luis Paulo do. II. Serafim, Oziléa Clen Gomes. III. Título.

12-11194 CDD-658.3124

Índices para catálogo sistemático:

1. Pessoal: Treinamento: Administração de empresas 658.3124
2. Recursos humanos: Desenvolvimento: Administração de empresas 658.3124
3. Treinamento de pessoal: Administração de empresas 658.3124

Administração de Recursos Humanos

Volume 2

2ª edição revista

Antonio Vieira de Carvalho *(in memorian)*

Luiz Paulo do Nascimento

Oziléa Clen Gomes Serafim

CENGAGE

Austrália • Brasil • México • Cingapura • Reino Unido • Estados Unidos

CENGAGE

Administração de Recursos Humanos – Volume 2 – 2ª edição revista

Antonio Vieira de Carvalho, Luiz Paulo do Nascimento e Oziléa Clen Gomes Serafim

Gerente Editorial: Patricia La Rosa

Supervisora Editorial: Noelma Brocanelli

Supervisora de Produção Editorial: Fabiana Alencar Albuquerque

Editor de Desenvolvimento: Fábio Gonçalves

Editora de direitos de aquisição e iconografia: Vivian Rosa

Analista de conteúdo e pesquisa: Milene Uara

Pesquisa iconográfica: Renate Hartfiel

Copidesque: Iara Arakaki Ramos

Revisão: Maria Alice da Costa e Luicy Caetano de Oliveira

Diagramação: Cia. Editorial

Crédito das imagens: p. 3 e p. 17 – LightField Studios; p. 41 – Sylverats Vectors; p. 99, p. 117 e p. 137 – Yuri Arcus; p. 100 e p. 118 – Rawpixel; p. 111 – Fabrika Simf; p. 136 – Ostill; p. 138 – PhotoMediaGroup; p. 167 – Africa Studio; p. 187 – Tyler Olson; p. 203 – Helder Almeida; p. 219 – S.Tatiana. Todas Shutterstock.

Capa: Absoluta Design / Edison Rizzato

ISBN-13: 978-85-221-1284-5
ISBN-10: 85-221-1284-3

Cengage Learning
Condomínio E-Business Park
Rua Werner Siemens, 111 - Prédio 11 – Torre A - Conjunto 12 – Lapa de Baixo
CEP 05069-900 – São Paulo-SP
Tel.: (11) 3665-9900 - Fax: (11) 3665-9901
SAC: 0800 11 19 39

Para suas soluções de curso e aprendizado, visite **www.cengage.com.br**

Impresso no Brasil
Printed in Brazil
3. reimpr. – 2018

In memorian

Enio Matheus Guazzelli
Primeiro editor brasileiro que compreendeu ser a atividade de Recursos Humanos um sistema dinâmico de vital importância para a organização.

A. V. de Carvalho

sumário

introdução

Este segundo volume traz uma complementação dos assuntos iniciados no volume 1, que deverá proporcionar, tanto ao estudante universitário quanto aos gestores e interessados, conhecimentos necessários à execução de ações próprias da área de Recursos Humanos de maneira a atender às recomendações metodológicas.

Seu propósito é ampliar o conhecimento na área de gestão estratégica de pessoas e no desenvolvimento de competências, habilidades e projetos, levando o leitor a expandir sua visão em relação aos subsistemas contidos no grande sistema de Recursos Humanos, cujas funções têm como fundamento processos desenvolvidos e amparados por métodos e técnicas.

O *objeto de estudo* diz respeito às diferentes funções do sistema de Recursos Humanos, seus processos, métodos e suas técnicas, tendo-se em conta conhecimentos, habilidades e experiências que o gestor necessita adquirir para atuar com competência nos mais variados cenários e diversas situações que o ambiente possa exigir.

A expectativa é de que a ideia de "como fazer", que os processos oferecem apoiados em métodos e técnicas, não se transforme em um limite que impeça a criatividade e a inovação.

A necessidade de conhecer e de pôr em prática é o fator que vai mover e estimular o profissional e/ou leitor, oferecendo segurança no desenvolvimento das atividades e/ou de projetos referentes às variadas funções nas mais distintas organizações.

O *objetivo* deste livro é traçar uma série de indicações e propostas provenientes de pesquisas teóricas e vivência profissional, que possa dar sustentação à prática, em "como fazer", sem, entretanto, impedir que elementos de criatividade e inovação se apresentem.

Pretende-se que, de posse de conhecimento mais amplo sobre cada função, incluindo processos, métodos e técnicas, o leitor forme seu próprio conhecimento, desenvolvendo, desse modo, sua competência, e que tenha condições de aplicá-lo nas oportunidades que surgirem.

O *problema* a se resolver, nesta obra, é explicitado nas seguintes perguntas: existe a probabilidade de se desenvolver e adotar um conjunto de procedimentos, sustentados por métodos e técnicas, de modo a dar apoio à prática, entendida por "como fazer", das funções existentes no sistema de Recursos Humanos, de maneira a não se apresentar como um empecilho que impossibilite a execução, de modo imparcial, dessas funções, sem o uso de manipulação ou falsificação de resultados? E essa mesma rede de procedimentos de conteúdo teórico ainda pode eliminar, consequentemente, a manipulação e parcialidade na obtenção de resultados, proporcionando às partes envolvidas, colaborador e empresa, efeitos animadores e satisfatórios?

Como *justificativa* a esta obra, pretende-se que o profissional, leitor ou gestor, de posse dos conhecimentos a que terá acesso, desenvolva suas atividades, percebendo que a prática não representa uma ação impossível, muito pelo contrário, pois, se cumprida de acordo com os preceitos estabelecidos, vai proporcionar bem-estar a todos aqueles que estiverem envolvidos no processo.

O conhecimento e o domínio sobre os assuntos, aliados ao conjunto de procedimentos de "como fazer", quando realizados com imparcialidade e transparência, promoveriam, por *hipótese*, maior confiabilidade e segurança na execução de diferentes funções de Recursos Humanos. Em consequência, as partes implicadas, cliente e fornecedor das atividades originadas nas funções associadas ao relacionamento humano, se cientes dos resultados imparciais obtidos, podem ter maiores e melhores condições de crescimento e evolução profissional e pessoal.

É possível que o conjunto de medidas recomendadas de "como fazer" possa resultar em prática saudável, ativa, dinâmica e de bem-estar social, em virtude da criatividade, inovação e imparcialidade na execução de diferentes funções do sistema de Recursos Humanos.

Podemos antecipar que o conjunto de procedimentos, aliado a métodos e técnicas, constitui-se em *variáveis* de conteúdo teórico a ser aplicado. Representa um fator determinante para mudanças que poderão ser verificadas em seus efeitos, como a segurança, a confiabilidade e a imparcialidade no desenvolvimento de atividades nas mais diversas funções do sistema de Recursos Humanos.

Para atingir o *objetivo* desta obra, adotou-se como *metodologia* o desenvolvimento de uma pesquisa bibliográfica, ou pesquisa teórica, a respeito de obras de autores que versam sobre as mais diversas funções contidas no sistema de Recursos Humanos, sobre gestão participativa, desenvolvimento organizacional, planejamento estratégico, estresse no trabalho, produtividade, qualidade, preparação para a aposentadoria, entre outros temas.

Nesta Introdução, foram apresentados elementos-chave que compõem o propósito do livro, como objeto de estudo, objetivo, problema, justificativa, hipótese, variáveis e metodologia. Por fim, é apresentada, a seguir, a estrutura do livro com o resumo do conteúdo de cada capítulo.

O Capítulo 1, *Desenvolvimento organizacional: mudança planejada*, observa os aspectos de mudanças organizacionais, com sua natureza e características, abordando as questões de marketing interno, de motivação, os motivos de desaparecimento de organizações e as fases de mudança, aponta os princípios de desenvolvimento, implantação e diagnóstico do comportamento.

O Capítulo 2, *Planejamento estratégico de Recursos Humanos*, aborda conceitos, vantagens e viabilização, considerando o desenvolvimento do processo, seus princípios, fatores e o perfil do executivo de RH.

O Capítulo 3, *Gestão participativa em Recursos Humanos*, examina o cenário da gestão participativa, estuda os antecedentes, a dinâmica, comenta as teorias desenvolvidas por Taylor, Fayol e Elton Maya. Tece comentários sobre o gestor participativo em suas ações de comunicação, com o grupo de trabalho e como líder, aborda aspectos de delegação de reuniões de trabalho e de tomada de decisões.

O Capítulo 4, *Estresse no trabalho*, traz informações sobre a importância e as principais manifestações, causas, sintomas e consequências do estresse. Fala do ser humano, relacionamento, impasses, produtividade, aborda a dinâmica do processo com suas origens, características, aspectos positivos e negativos, aponta para a questão de incentivo, motivação e segurança no trabalho. Além disso, discorre sobre prevenção, identificação, sintomas, providências, conflitos, lazer, atividades inibidoras e como tratar do estresse.

O Capítulo 5, *Produtividade e qualidade do trabalho*, versa sobre as prioridades, o conceito, as principais causas de baixa e os fatores de aumento da produtividade, explica as questões de qualidade, de controle, os efeitos da gestão participativa, os aspectos de motivação e o treinamento. Uma análise que favorece a qualidade total, o uso de técnicas auxiliares e os prêmios de incentivo. Como lidar com a robotização e a criatividade no aumento da produtividade, o modelo de pensamento criativo e o diagnóstico organizacional.

O Capítulo 6, *Preparação para a aposentadoria*, inclui gráficos que traduzem a situação do envelhecimento no país, tratando de aspectos sociais e psicológicos, além de abordar programas de preparação para a aposentadoria (PPA), suas justificativas, identificação de público-alvo, sensibilização e complementação de renda. Levanta questões de expectativas do pessoal da terceira idade e as experiências desenvolvidas. Apresenta modelos de PPA, bem como as atividades pós-aposentadoria e o diagnóstico organizacional.

Por fim, a *Conclusão* desta obra revisa pontos fundamentais, como conceitos, pressupostos, processos, métodos e técnicas próprios ao objeto de estudo, o objetivo alcançado, no que diz respeito às necessidades apontadas pelo problema, e a confirmação da hipótese, além de verificar os processos de desenvolvimento organizacional, o planejamento estratégico, a gestão participativa, o estresse no trabalho, a questão de produtividade e qualidade e, para terminar, a preparação para a aposentadoria.

capítulo 1

Desenvolvimento organizacional: mudança planejada

Objetivos do capítulo

1. Estudar e entender o desenvolvimento organizacional à luz da mudança planejada para enfrentar os desafios do ambiente no qual a empresa se faz presente.
2. Analisar as principais técnicas de desenvolvimento organizacional, visando a mudanças necessárias para adequação à realidade do ambiente externo.
3. Ao acompanhar e assimilar o conteúdo deste capítulo, você estará em melhores condições de:
   a. compreender a dinâmica do desenvolvimento organizacional e conhecer a função de RH como importante agente da mudança, sua implantação, acompanhamento e execução;
   b. aplicar as várias técnicas de desenvolvimento organizacional em função das características específicas de cada empresa;
   c. avaliar os impactos da aplicação dessas técnicas nos resultados dos processos internos e nos resultados finais relativos ao objetivo da empresa.

No coração do desenvolvimento organizacional estão os aspectos de vitalização, energização, atualização, ativação e renovação das organizações por meio de recursos técnicos e humanos.
Chris Argyris

Introdução

A ideia de desenvolvimento organizacional, pela perspectiva de sistema empresarial aberto, considerando os aspectos de um processo, nos remete a uma situação em que precisamos perceber o ontem, o hoje e o amanhã, tentando visualizar relações de causa e efeito, no decorrer das necessárias transformações.

Visitamos autores que tiveram a oportunidade de desenvolver seus estudos em meados do século passado e alguns outros que tiveram suas pesquisas e seus textos publicados no início deste milênio.

O *objeto de estudo* se prende à investigação teórica a respeito de vários procedimentos fruto do estudo de profissionais os quais contribuíram com visões distintas sobre as influências que nos induzem a resistir ou a aceitar as mudanças.

Como *objetivo*, sugere-se que se observe, de forma atenta, o ambiente no qual as ações estão sendo desenvolvidas, de modo a se aplicar os recursos necessários à efetivação das mudanças aproveitando-se de todas as oportunidades disponíveis.

Ao se considerar a empresa um ser atuante e vivo, interagindo em uma rede com interesses diversos e reagindo às ações do ambiente no qual as mudanças eliminam o conforto das experiências passadas, trazendo, por sua vez, as inovações que teremos de aprender, pergunta-se: o que teremos de fazer para absorver o novo sem que sejamos traumatizados pelo perigo de deixar de lado o antigo e apreender as novidades tecnológicas? Essa questão traz o *problema* a ser tratado neste capítulo.

Podemos, então, conceber, como *justificativa*, que somos sujeitos da ação que têm condições de alterar processos e rotinas em busca de mudanças que nos levem a alcançar horizontes ainda não descobertos.

As habilidades dos colaboradores, em conjunto com a capacidade da empresa, oferecem, por *hipótese*, oportunidades de se incrementar projetos pioneiros que podem trazer vantagens que alcancem todos os envolvidos no processo, incluindo parceiros, clientes e fornecedores, além dos próprios colaboradores.

Nessa circunstância, fica patente que processos e rotinas – *variáveis* –, de certo modo, representam os fatores que provocam transformações, sofrendo efeitos que serão observados, na expectativa de promoverem evolução e progresso nos projetos que estão sendo elaborados e desenvolvidos.

A concepção do capítulo requereu como *metodologia* a execução de uma pesquisa bibliográfica de caráter teórico, atentando para autores em seus esforços nos estudos das teorias e dos conhecimentos das peculiaridades, principalmente em termos psíquicos, presentes nos seres humanos.

O sentimento de mudança é algo presente em nosso dia a dia. Quantas mudanças ocorrem após um simples piscar de olhos. O desenvolvimento organizacional (DO) é algo que precisa estar presente nas empresas que pretendem ter um crescimento consistente. Faz-se necessário verificar a situação passada, comparar com a situação presente, e tentar visualizar a situação futura, observando o ambiente e a natureza com suas particularidades; analisar os aspectos que envolvem as dificuldades e as particularidades necessárias para se proceder às mudanças; e a aplicação dos princípios que norteiam as transformações envolvendo pessoas e equipes. Estas são ações que servem de base para a implantação de um programa de DO com seus métodos e suas técnicas.

Neste capítulo, vamos abordar estudos e pesquisas que antecedem os momentos atuais e que envolvem vários pesquisadores interessados e preocupados com as variáveis contidas na formação de estruturas as quais modelam as empresas.

Esta Introdução destacou o objeto de estudo, objetivo, problema, entre outros elementos da estrutura do capítulo, e, a seguir, apresenta o resumo de seu conteúdo.

Neste capítulo, será desenvolvido o tema das mudanças organizacionais, considerando os aspectos de sua natureza e características, abordando a comunicação organizacional, o motivo do desaparecimento de empresas e as diferentes fases da mudança.

Também apontaremos as dificuldades que encontramos quando nos deparamos com as necessidades de mudança, tratando do início das transformações e da maneira como gerir as alterações de forma eficaz.

O que se segue aborda os mais variados aspectos do DO, discorrendo sobre o indivíduo e o grupo, de dificuldades de realização de mudanças, apresentação do processo que caracteriza o desenvolvimento organizacional e os programas que facilitam sua efetivação

1.1 Mudanças organizacionais: natureza e características

Mudança está diretamente ligada à resistência das pessoas. A resistência costuma ser reflexo da aversão ao novo, pela simples razão do esforço que se despende para aprender o que nos está sendo submetido e, em contrapartida, nos obrigando a abandonar as antigas maneiras de realizar nossas atividades.

A tendência diante da mudança é a acomodação, que, por sua vez, se respalda no que se passou. Viver na ilusão da "zona de conforto" é bem mais fácil. No entanto, o processo de mudança é constante. Aliás, podemos até fazer uso da máxima de que as únicas coisas constantes são as mudanças.

Diante dos avanços tecnológicos e das invenções incessantes, particularmente na área da tecnologia da informação (TI), o passado se torna obsoleto com muita rapidez e os mais resistentes se negam a acompanhar o que é novo.

Sem dúvida, o mundo gira na velocidade da luz e, por essa razão, as organizações necessitam estar atentas e conectadas aos últimos acontecimentos. Devem agir com cautela, mas também com rapidez, para se manter perenes e competitivas, funcionando de tal forma que possam ir além das expectativas do cliente/consumidor, bem como apostar em seus Recursos Humanos.

Vivemos em uma época que aponta para muitas turbulências, as quais são extremamente intensas e tensas, em consequência, principalmente, da crise econômica que assola o mundo, particularmente a Europa.

Os países mais ricos, e até então considerados "sólidos", fraquejam e enfrentam sérias dificuldades para se manter com sucesso e resultados econômicos sustentáveis.

Além do mais, a grande preocupação ancora-se nas notícias que nos chegam: países unidos por moeda única, vivendo o efeito "dominó", em que a dura realidade pode se transformar na propagação de crise econômica, na qual, aparentemente, as dificuldades financeiras e sociais possuem frágil sustentação.

Trata-se de um quadro nebuloso com expectativas de acentuado nível de desemprego e de ameaças à sobrevivência de empresas incapazes de transformar seu estilo de gestão, criar estratégias inovadoras, fazer acontecer suas missões e visões de futuro e aplicar métodos criativos e inovadores de trabalho.

Sem dúvida, as mudanças pelas quais passamos tomam outra dimensão em razão da alta velocidade e quantidade de informações e transformações advindas de uma tecnologia sem limites, isto é, podemos acessar o mundo em segundos e sabermos o que se passa em toda a sua esfera.

Esse fato, de certo modo, tem seu lado positivo na medida em que traz suas contribuições para as áreas de pesquisa, mais facilidade para a aquisição de conhecimentos, avanços e descobertas na área da saúde, que têm sido de grande valia para combater doenças orgânicas e, assim, contribuir para a longevidade do ser humano, possibilitando ainda melhor qualidade de vida.

De outro modo, revela um quadro assustador, uma vez que jamais tivemos em nossa história a promessa de respostas e soluções basicamente para tudo; situação que coloca o ser humano diante dos mais diversos paradoxos. Essa outra face tem tomado proporções nefastas em virtude do mau uso da tecnologia, que tem sido uma das principais fontes de indução ao aumento de doenças mentais.

Assim, a enxurrada de ideias e pensamentos passa a ter um teor tal de contradição que atinge o campo psíquico do homem, a ponto de levá-lo aos mais diversos níveis de esgotamento mental: confusões, conflitos permanentes, depressões, isolamentos, tristeza; deixando-o sem tempo para compreender seus sentimentos que também pulsam com mais intensidade, gerando um estado de estresse constante.

Tal realidade tem causado um índice crescente de desmotivação e declínio na produtividade.

Desse modo, podemos dizer que essa natureza contraditória das mudanças, de um lado, é favorável à organização, que precisa se manter mais alerta, dinâmica, "antenada", energizada e com olhar voltado para todos os acontecimentos que se passam a seu redor, sob o risco de perder lugar no mercado global, caso não busque alternativas.

Ela já não se restringe à cultura de onde se origina, pois passou a fazer parte do *ranking* internacional. Esse cenário a obriga a um funcionamento incessante, sempre em busca do que a ameaça, o que eleva, enormemente, o nível de competitividade. De outro lado, ela perde seus parâmetros e estilos próprios, passando, assim, a copiar, de forma contínua, modelos, *performances*, cultura, pelo fato de estar inserida na globalização.

Uma das maneiras de enfrentar os novos paradigmas é a de se reinventar, a cada segundo, injetando ideias que possam atrair o mercado. É possível pensarmos que nesse momento a empresa tenha lampejos de ideias a respeito de sua capacidade de criar, de sua competência e condição de ser um sistema organizacional vivo.

Afora isso, a empresa não responde por si mesma em termos de identidade quando não é capaz de manter suas características, pois faz parte de um bloco único, voltada somente para o mercantilismo, para o capitalismo selvagem, estando sempre predisposta e pronta no caminho do sucesso.

Com alguma insistência, proclama-se em nossa época que o lema é sempre vencer, muitas vezes, a qualquer preço ou custo, não havendo lugar para a perda, as falhas, os fracassos e os tropeços.

Lembremos que a empresa é traduzida como uma estrutura constituída por pessoas, seres humanos, e que, por conseguinte, está sujeita a falhas. Longe de fazermos apologia à gestão de falhas, a melhor alternativa é a de aprender com elas para a busca da melhoria contínua.

Em paralelo, encontramos empresas contemporâneas, que, ao perder parâmetros e estilo próprios para agregar valores externos altamente contraditórios, acabam gerando, muitas vezes, elevado nível de estresse.

Cabe destacar que a agregação de valor é de fundamental importância para o crescimento da organização, por isso deixamos claro que ela não deve viver isolada, sem referenciais, mas precisa estar advertida quanto ao perfil do quadro de funcionários e estar alerta ao que cada um tem a oferecer e produzir de acordo com suas capacidades, favorecendo o estímulo do potencial e da criatividade dos colaboradores, promovendo, desse modo, um trabalho em equipe com mais vigor e motivação.

Outro caminho é o de abrir canais de comunicação no ambiente interno à empresa, em todos os sentidos, sendo esta uma boa proposta, e arriscar-se em um sucesso construído em conjunto, tornando, assim, o ambiente de trabalho mais prazeroso. Em nenhuma empresa conseguir-se-á resultados de forma isolada. Tudo será resultado da interação construtiva entre todos.

É importante a empresa primar pela ética que se ancora na valorização do ser humano. No entanto, a empresa que vigora em nossos dias exclui o funcionário que não tiver soluções imediatas, que não seja capaz de expor respostas às exigências e às demandas incessantes que o nocauteiam a todo instante.

Diante desse quadro, o ser humano deve estar atento à crueldade de outros que pensam em si mesmos todo o tempo e se acham os melhores em tudo que fazem. É a cultura do "eu sozinho". Trata-se de uma posição perversa, já que o indivíduo que se sujeita a ela se vale do mais fraco para se fortalecer e vencer, por qualquer meio, e não pela contribuição para um ambiente onde todos vençam, com a possibilidade de alcançar sucesso, e trabalhem de forma mais saudável.

O homem contemporâneo tem deixado de lado a condição humana, lançando mão dos recursos mais bárbaros para lidar com seu semelhante. Tal situação tem sido uma realidade dura e insuportável para muitos, elevando o nível de estresse, e sendo detonador de muitas doenças e absenteísmo no trabalho, uma vez que pessoas com tendências a se fragilizar mais facilmente acabam por desistir de seus desejos, sonhos e projetos de vida.

Portanto, a empresa que se propõe a se manter no mercado de forma perene e com sucesso, construindo ambientes para pessoas movidas pelos desejos e motivações ou que têm a possibilidade de se realizar, em todos os aspectos, deve investir nos colaboradores. Deve realçar a importância da implantação da administração participativa com foco na estratégia de inovação, isto é, valorizar as ideias criativas, para a qual a gestão participativa é crucial.

Isso significa que há a necessidade de implantação de um esquema de trabalho voltado para a interdisciplinaridade, promovendo a interação dos colaboradores e a troca de experiências entre as equipes, ressaltando a importância da confiabilidade em detrimento do individualismo.

Desse modo, quanto mais estreito o contato entre funcionários, maiores serão a interação agregadora de valor, a criatividade construtiva e as ideias inovadoras, havendo aumento de produtividade, menores custos e maior competitividade no mercado.

Esse é o verdadeiro objetivo da gestão participativa, capaz de valorizar o ser humano e proporcionar-lhe um ambiente de trabalho em que possa produzir de forma a se sentir mais contente e realizado.

1.1.1 Marketing interno e motivação

Ao olhar a empresa com a perspectiva de mudanças necessárias para os desafios atuais e futuros, e pensando sobre suas resistências, internas e externas, trazemos, a título de reflexão, a questão da motivação, que deve ser estimulada por meio do marketing interno, como instrumento capaz de atuar de tal modo que possa favorecer a melhoria das relações entre os funcionários, despertando, assim, o interesse deles em contribuir com novas ideias e impulsionando a produtividade pessoal e de grupo.

Embora a maioria das empresas esteja focada no mercado com objetivo único da busca de valores externos e preocupada com questões relacionadas aos negócios, ainda, assim, encontramos as que se ocupam com o futuro, investindo de forma criativa nos funcionários e pensando nos clientes/consumidores como parceiros.

Podemos considerar esse estilo de empresa como a que transita no mercado com inteligência e busca garantir seu nome e credibilidade.

Conforme nos referimos anteriormente, diante das exigências e imposições de mudanças urgentes só há um caminho a percorrer na direção da credibilidade e na busca pelo sucesso sustentável e responsável: a aposta nas pessoas.

Assim sendo, não há como negar que seus colaboradores são o aporte, o baluarte e o bem mais precioso de uma organização que visa assegurar um lugar no mercado global.

No entanto, chamamos a atenção para um detalhe sutil, porém de fundamental importância: a escassez de mão de obra qualificada. Causada, muitas vezes, pela falta de oportunidades oferecidas aos colaboradores, como incentivos e/ou aprimoramentos e estudos, estes são os meios de apostas no ser humano, o qual se vê hoje à mercê da sedução de um mercado ilícito com suas ilusórias facilidades.

A organização, nesse caso, precisa dar o primeiro passo e sair da visão voltada "para todos" e inverter esse processo. Desse modo, faz-se necessário olhar e escutar cada funcionário, com sua história, especificidades, capacidades, valores, potencialidades e vocações, pois quase sempre estão à espera de um incentivo para desenvolver talentos a fim de tomar novo rumo e, acima de tudo, poder ajudar as empresas a se manter no mercado com sucesso.

Ainda há muitas empresas que insistem em considerar e tratar as equipes como massas de manobras, julgadas incapazes de pensar, que acreditam que alguém sempre deva estar pensando por elas. "É mais barato", julgam seus donos, diretores, presidentes, enfim, as direções – é a conhecida cultura "da cenoura e do chicote", que podemos traduzir como a relação "mestre–escravo".

Reforçamos que, sem dúvida, existem empresas cujas direções (alta direção e gerentes de primeira linha) dizem para o colaborador de modo geral: "Você não está aqui para pensar". Os colaboradores não têm a mínima ideia das perdas que acontecem decorrentes dessa cultura de gestão. É bem mais barata a cultura inclusiva, do ambiente capaz de estimular e captar as melhores ideias para o aprimoramento contínuo das rotinas.

Paralelamente, é preciso não esquecer o fato de que o progresso tecnológico, científico e administrativo é aspiração de todo o mundo civilizado, e, em particular, de um país em fase promissora de crescimento e desenvolvimento.

No esquema proposto pelo professor Moura (Figura 1.1), as mudanças de grande impacto social influenciam e recebem influência do ambiente, com repercussões inevitáveis no corpo de profissionais das empresas. E essas repercussões desembocam nas mudanças das próprias organizações com todo o seu repertório de problemas e desafios.

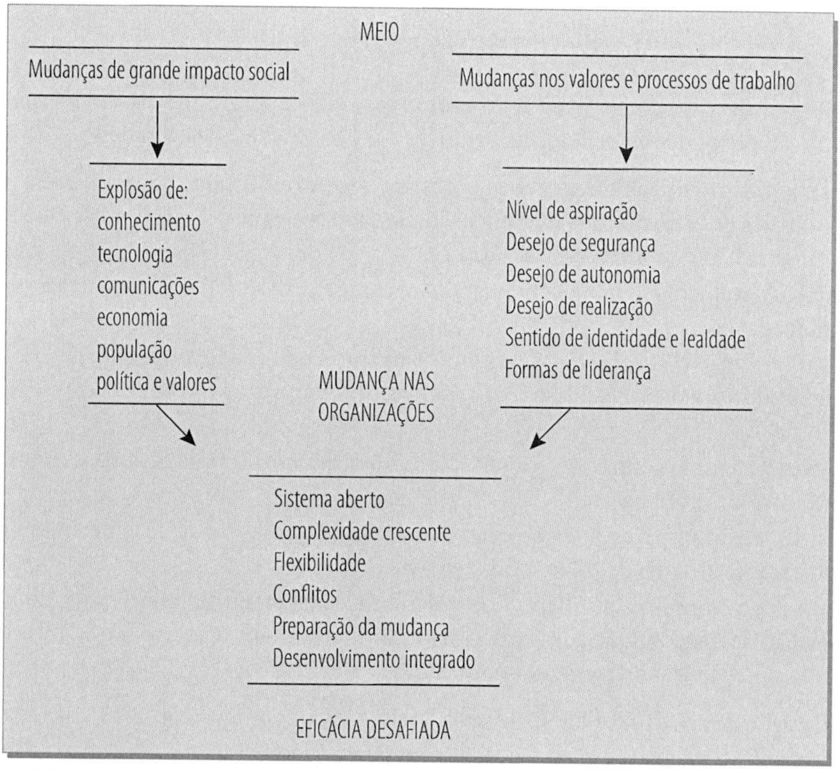

Figura 1.1 – Importância e alcance das mudanças organizacionais.
Fonte: Moura, 1978, p. 24.

Por outro lado, quando a economia se torna recessiva as mudanças se fazem de forma mais brusca e imprevisível. Assim, os desafios são maiores, voltados para a sustentação de alguns fatores apontados como essenciais para a manutenção mínima da atividade empresarial, a saber:

- evitar a descapitalização progressiva da empresa;
- adotar uma política racional e saneadora na gestão de estoques (matérias-primas, produtos acabados etc.);
- dispor de um contingente mínimo de parceiros devidamente treinados, motivados e eficientes;
- administrar uma política de preços que combine custos, qualidade, produtividade, competitividade e remuneração do capital investido.

A Figura 1.1 mostra as relações que norteiam o processo de mudanças nas organizações.

É no contexto de incertezas e desafios não correspondidos pelo mercado de trabalho que muitas empresas "morrem" ou simplesmente permanecem em "estado de coma".

1.1.2 Por que as organizações desaparecem?

Entre as várias causas que podem levar as organizações mal administradas à ineficiência, ao obsoletismo e ao fechamento de suas atividades, destacam-se:

- estrutura organizacional ineficaz, pesada e centralizadora, com ausência de controles que funcionem, e políticas inadequadas (principalmente relacionadas com produção, marketing e finanças);
- estilos gerenciais pouco participativos, viciados e tradicionais, em síntese, centralizadores;
- manifestação de problemas tais como baixa produtividade, níveis de qualidade de produtos e de serviços abaixo das melhores empresas consideradas referenciais;
- crises funcionais entre os vários escalões hierárquicos da organização e imagem negativa da empresa;
- estresse e outros distúrbios no campo emocional que levam ao absenteísmo, *turnover*, insatisfação, falta de motivação etc.;
- donos de empresas familiares que entendem que somente eles sabem tudo em relação às necessidades de mudanças nas organizações, não aceitando interferências externas de quaisquer natureza.

Foguel e Souza (1980) identificam o "ciclo destrutivo" das empresas, caracterizando disfunções do 1º e 2º graus, como mostra a Figura 1.2.

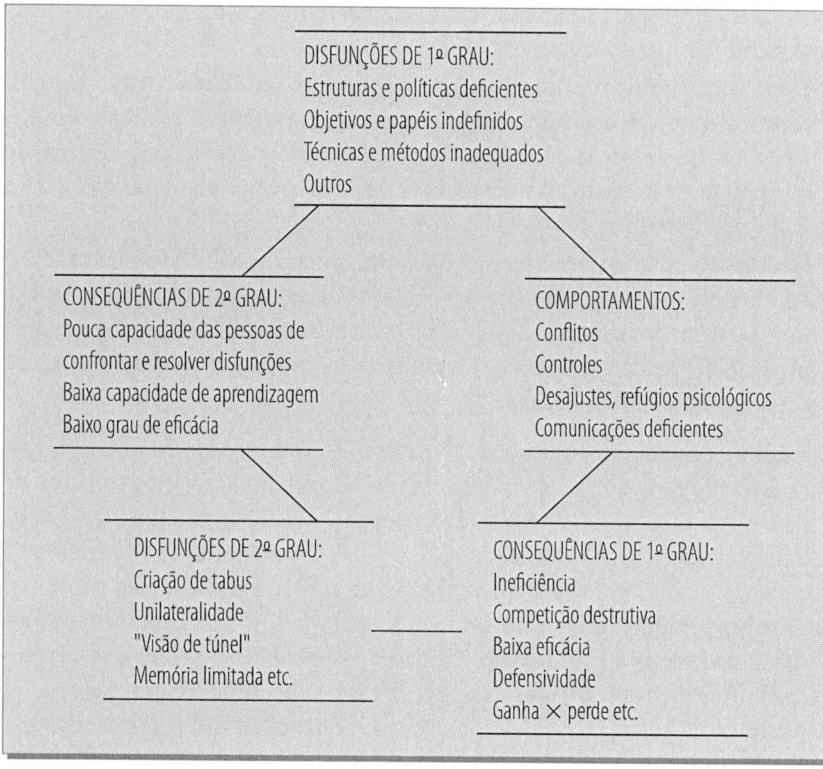

Figura 1.2 – Ciclo destrutivo das organizações.
Fonte: Foguel e Souza, 1980, p. 57.

1.1.3 Fases de mudança organizacional

A exemplo do que acontece com os seres vivos (veja *Administração de Recursos Humanos*, v. 1, cap. 1, tópico "1.1.1 Origem dos sistemas", p. 2), as organizações passam por várias etapas em sua existência, a saber:

- **1ª fase: Infância = Pioneirismo.** Etapa na qual as pequenas empresas buscam um lugar ao sol no mercado. Nessa fase inicial, muitas empresas já nascem "mortas" por ausência de visão administrativa eficaz, falta de recursos, inadequação de objetivos (veja Figura 1.2). Há, é claro, aquelas empresas que já nascem grandes, sem passar pelas fases de infância, crescimento e maturidade; mas constituem exceção, principalmente em mercados altamente competitivos.
- **2ª fase: Adolescência = Crescimento e estabilização.** Etapa na qual a organização cria processos administrativos mais complexos para afirmar-se no ambiente externo. Nessa fase, há empresas que não conseguem se libertar de sua infância, agindo como se ainda fossem "crianças". Outras organizações "adolescentes" querem se tornar "adultas" antes de estarem preparadas para isso – fa-

tores como ausência de quadros, visão estreita do mercado, inadequação de procedimentos, entre outros, apontam imaturidade.

- **3ª fase: Maturidade = Desenvolvimento pleno e renovado**. Etapa na qual as empresas procuram estabelecer sua identificação, tornando-se mais complexas e necessitando ser recicladas de forma permanente. Crises episódicas podem comprometer seu desenvolvimento, caso não sejam administradas de forma racional e participativa.
- **4ª fase: Morte = Desaparecimento**. São as organizações que "envelheceram" antes do tempo, atrofiando-se precocemente. Não conseguiram agilizar suas estruturas diante dos desafios ambientais externos que se encontram em permanente transformação (mercado, tecnologia, métodos e técnicas de produção, pesquisas, entre outros fatores).

Resumindo, podemos dizer que o processo histórico de vida de uma empresa é constituído de fases. O desenvolvimento organizacional implica vários aspectos. Tem origem no exato momento que antecede a concepção do empreendimento desejado e caminha para o início da criação, quando o pensamento ainda é embrionário.

Sua materialização verdadeiramente se dá durante sua gestação, seu nascimento e crescimento, período em que é absorvido um conjunto coeso composto por educação, conhecimentos, habilidades, qualidades, capacidades, tecnologias e competências, de caracteres apropriados, proporcionando a necessária e esperada maturidade. A tendência, nessa fase, é de evolução, que se torna mais efetiva e fundamental em seus processos produtivos.

Os seguintes fatores oferecem as bases primordiais para que o desenvolvimento tanto dos colaboradores quanto da própria empresa se concretize:

- *educação* – processo de desenvolvimento que ocorre durante todo o período de vida, abrangendo aspectos físicos, intelectuais e profissionais do indivíduo;
- *conhecimento* – processo de composição e concepção, visando à absorção de informações que valorizem aspectos de discernimento, critério, diagnóstico e vivência, manifestando-se tão logo seja solicitado;
- *habilidade* – refere-se aos aspectos de sagacidade, inteligência, destreza, agilidade, esperteza, sabedoria, estratagema, entre outros:
  - *habilidade conceitual* – compreende a aptidão mental que proporciona ao indivíduo condições propícias para fazer análise e diagnóstico de ocorrências complicadas, envolvendo enfoques de conhecimentos, domínio de julgamentos e caracterizações que dão sustentação a habilidades técnicas, humanas, gerenciais e a atitudes, bem como a responsabilidades e experiências no que se refere à maneira de se realizar algo;
  - *habilidade humana ou interpessoal* – compreende a possibilidade de trabalhar em conjunto com colaboradores, promovendo a compreensão e a motivação. Constitui-se de aspectos que incluem relacionamento, comunicação

e interação entre as pessoas, atentando para as atitudes e valores pessoais, de forma eficaz;

- *habilidade técnica* – compreende a aplicação de informações, tecnologias, perícias e conhecimentos particulares a serviço da produção; compreende o domínio de sistemas, métodos, técnicas e de processos específicos para determinada área de trabalho;
- *habilidade gerencial ou política* – compreende o enriquecimento do conteúdo do cargo ou da função, formando uma base de força e influência, buscando um relacionamento expressivo e intenso para fins profissionais e empresariais, mantendo a empresa atualizada por meio de treinamentos adequados para enfrentar ambientes de negociação turbulentos sem sofrer significativas consequências, embora afetando a concorrência de forma decisiva.

- *capacidade* – diz respeito à aptidão e ao talento, possuídos por alguém ou instituição, voltados para determinado fim;
- *tecnologias* – corresponde a um conjunto de procedimentos voltados para um segmento específico de atividades;
- *competências*[1] – refere-se ao propósito que um indivíduo possui de, integral ou parcialmente, recorrer a seus conhecimentos na solução de ocorrências incomuns e complicadas; podem, ainda, ser percebidas como um processo ou conjunto de aspectos que separa profissionais de alto desempenho dos demais cuja atuação, em determinada função, está abaixo do que a empresa necessita;
- *qualidade* – relacionar-se à particularidade, característica ou estado por meio dos quais é possível distinguir situações e/ou pessoas em relação a outras;
- *experiência* – diz respeito à destreza, prática e perícia, obtida através de estudo, aprendizado e treinamento permanente de uma atividade profissional.

Na área de comportamento organizacional, Larry E. Greiner, pesquisador da Harvard Business School, Estados Unidos, apresenta oportuno estudo envolvendo as cinco etapas do crescimento empresarial, cujo resumo pode ser analisado na Figura 1.3.

Para Greiner (1986, p. 101), o modelo de desenvolvimento das organizações deve estar fundamentado nos seguintes pontos básicos:

- idade da empresa;
- porte da organização;

[1] O assunto competência, de acordo com Fleury (2002), foi tratado por psicólogos e gestores, nos Estados Unidos, por volta de 1973, quando o artigo "Testando por competências em vez de por inteligência" de D. McClelland. As competências são conceituadas por McClelland como aspectos individuais que podem proporcionar um desempenho superior. Esses aspectos ou variáveis podem ser entendidos como aptidões (talento natural, que pode ser aprimorado), habilidades (a aplicação de um talento na prática) e conhecimento (que se refere ao saber indispensável para a realização de qualquer ação).

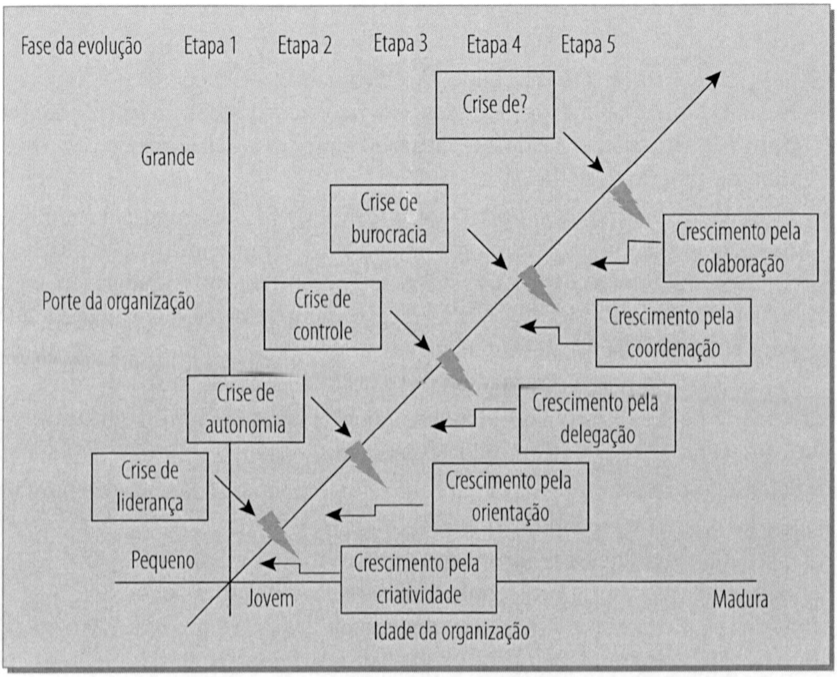

Figura 1.3 – As cinco etapas do crescimento empresarial.
Fonte: Greiner, 1986, p. 107.

- estágios de evolução;
- estágios de revolução;
- ritmo de expansão.

Segundo o autor, os estágios de evolução envolvem períodos longos de crescimento contínuo – de quatro a oito anos – sem muitos sobressaltos. Já os estágios de revolução identificam crescimento em meio às turbulências acentuadas dos negócios, com repercussões nos vários procedimentos da empresa – produção, marketing, administração, entre outros.

1.2 Por que é difícil mudar?

De modo geral, a organização resiste às mudanças estruturais que possam mexer com seu *status quo*, modificando posições, acabando com privilégios e eliminando tradições ultrapassadas que foram adquiridas ao longo do tempo.

Ressaltamos que a tradição não é negativa para a empresa, uma vez que é o que mantém sua diferença no mercado, em razão da história construída ao longo do tempo.

Acontece, muitas vezes, que o passado da organização, embora louvável e adequado para determinada época, pode ser um entrave para a agilização dos negócios e obtenção dos resultados projetados, hoje.

Destacam-se, a seguir, alguns fatores que mais contribuem para que as empresas manifestem resistência às mudanças:

- As organizações são sobredeterminadas, uma vez que, de modo geral, são amparadas por mecanismos que lhe asseguram estabilidade, como seleção de pessoal, treinamento e sistema de recompensas.
- As organizações, em geral, se equivocam ao presumir que uma relação entre ações ou eventos em dado setor da empresa não afetará outras áreas em sua estrutura. Deve-se levar em consideração que uma mudança de operações ou de processos em um setor poderá provocar efeitos desastrosos em outros setores de forma mais significativa.
- A inércia tanto individual quanto grupal, quando convertida em hábito, dificulta sua própria transformação e superação.
- A mudança organizacional pode ameaçar grupos nas organizações. Algumas especialidades podem prever que não mais serão necessárias quando certas mudanças forem implantadas, gerando medo, ameaças e incertezas, o que pode criar antagonismos.
- A mudança organizacional pode ameaçar o sistema de poder estabelecido nos diversos níveis gerenciais. Os gestores, de certa forma, poderiam antever que parte de seu poder possivelmente estaria sendo deslocado para outras áreas.

Na origem de toda mudança, tendo em vista a expectativa de o ser humano mudar de uma situação para outra, encontra-se o mecanismo de defesa com a sensação de perda e frustrações, conteúdos próprios de seu imaginário.

1.2.1 O início da mudança

A mudança somente começa de fato, quando há predisposição para tal, vinda tanto da alta direção quanto do corpo de colaboradores. A mudança representa o novo, o desconhecido; em suma, para muitos representa um desconforto a ser superado.

Ela deve vir precedida de diálogo confiável e seguro, em que são mostradas as vantagens a serem obtidas por todos, colaboradores e gestores, incluindo-se as benfeitorias para a empresa e para a comunidade de consumidores e fornecedores de capital intelectual.

A comunicação aos colaboradores deve ser complementada com treinamento e desenvolvimento adequados às novas atividades de modo a transmitir ao contingente uma sensação de segurança no futuro.

De nada adianta um programa de desenvolvimento organizacional bem montado e mais bem apresentado se, ao mesmo tempo, não há consciência empresarial, partindo do topo da pirâmide, sensível para aceitar as alterações substanciais necessárias para uma nova mentalidade, capaz de gerenciar e avaliar a mudança.

Na maioria das organizações, de modo geral, o corpo de funcionários costuma agir dentro daquela máxima conhecida por muitas pessoas – dançar conforme a música. Se a direção acenar para as mudanças, haverá aquiescência da maior parte do corpo. Os demais vão a reboque, devido às resistências naturais a elas.

Por que acontece esse comportamento de observação advindo da maioria do corpo técnico? Primeiro, para não ser tachado de revolucionário funcional, querendo aparecer. Segundo, porque, conforme sabemos, uma só andorinha é mais fácil de ser abatida, caso a direção decida estancar as iniciativas de alguns. O temor da maioria de embarcar na mudança é causado pelo fato de não enxergar, claramente, sinais de apoio e estímulo da direção. Enfim, quem deve criar um ambiente propício à mudança é a própria direção.

Muitos funcionários são enviados por organizações para participar de fóruns, encontros e treinamentos de diversas naturezas a fim de obterem mais consciência a respeito de mudanças de atitude, de melhoria na criatividade e na iniciativa, contribuindo, assim, para a transformação de seus ambientes. No entanto, quando voltam para suas organizações, encontram os mesmos ambientes retrógrados, repressores, com os mesmos estilos gerenciais, que não privilegiam a criatividade nem a iniciativa, enfim, a mudança. Devagar, retornam à estaca zero, perdendo a energia para fazer a mudança. Tendem, novamente, à chamada zona de conforto.

Muitos, excitados com os conhecimentos apreendidos, tomam novos rumos diante da inércia em que vive sua atual organização, mesmo diante da resistência de alguns gestores, em diferentes níveis hierárquicos, que se acham capazes de promover mudanças. São até vistos como ameaça ao *status quo*.

Grandes e complexas organizações, quando decidem, a partir de suas direções, promover mudanças de variadas naturezas, desde funcionais e subjetivas até na forma de os funcionários encararem desafios e atuarem no sentido de suas soluções, geralmente promovem também a adequada preparação do ambiente, com profissionais da área psicológica, para que haja resposta mais rápida e agregadora de valor aos novos métodos de gestão que serão inseridos.

Como vimos, é sabido que funcionários e organizações adquirem padrões de desempenho sedimentados e aceitos ao longo do tempo, em consequência de trabalhos desenvolvidos na área psíquica. Ao mesmo tempo, certas circunstâncias contribuem bastante para que ocorram mudanças nos funcionários, bem como mudanças estruturais nas organizações, aconteçam, tais como:

- espaço para conversação em grupo, ressaltando sempre a importância da opinião de cada um para que desempenhem suas atividades com prazer e motivação;
- trabalhos desenvolvidos com a direção da empresa para a obtenção de melhor nível de conscientização a respeito de seus sistemas políticos cristalizados em determinados padrões que impedem mudanças e, consequentemente, seu crescimento.

1.2.2 Administrando mudanças de forma eficaz

O cenário econômico pode se apresentar, dependendo do momento, de diferentes formas, entretanto, quando o quadro social predominante é de incertezas sociais, a sobrevivência e a expansão das organizações, mais do que nunca, precisam de apoio especial levando-se em conta as técnicas de gestão participativa, integrando a todos, colaboradores e parceiros, na consecução de objetivos institucionais.

A preparação do ambiente empresarial necessita da adesão explícita da alta direção para que seus efeitos se espalhem em níveis individuais e grupais, na extensão e profundidade desejadas.

Toda sistemática administrativa que tenha por objetivo acelerar mudanças estruturais na organização deve incorporar certas características tidas como essenciais, a saber:

- elevada complexidade da formação profissional dos membros da organização;
- elevada descentralização do poder;
- baixa formalização;
- baixa estratificação na distribuição diferencial de recompensas (quando a estratificação elevada está presente, aqueles que obtêm altas recompensas tendem a resistir às mudanças);
- baixa ênfase na eficácia na execução de tarefas e na consecução de resultados no tocante ao custo de produção ou de serviços;
- baixa ênfase na quantidade (em oposição à qualidade) produzida;
- nível elevado de satisfação no trabalho por parte dos membros da organização (Hage e Aiken, 1970).

A Figura 1.4 mostra as bases de um processo de mudança na organização.

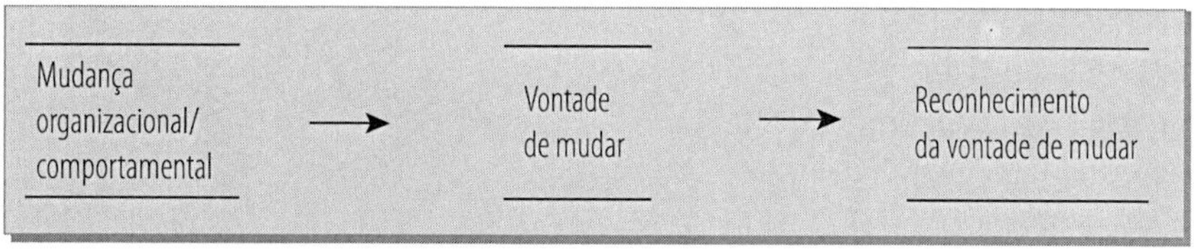

Figura 1.4 – Fundamentos de um processo de mudança organizacional.
Fonte: Hage e Aiken, 1970.

1.3 Desenvolvimento organizacional

Desenvolvimento organizacional (DO) pode ser entendido como um processo que tem por objetivo rever a estrutura da organização, envolvendo pessoas, funções e sistemas, levando em consideração o ajustamento mais adequado ao mercado em que opera.

O DO, para alcançar o êxito esperado, deve envolver todos os escalões da empresa, pois é produto de um diagnóstico realizado na própria organização.

Um conceito mais amplo e abrangente, de acordo com Burke e Hornstein (1972), nos diz que o DO inclui a mudança da mentalidade cultural da própria empresa, passando:

- de um estado que evita examinar os processos sociais (especialmente tomada de decisões, planejamento e comunicação) para um estado que institucionaliza e legitima esse exame;
- de um estado que resiste à inovação para um estado que planeja a utilização de procedimentos para promover a adaptação às mudanças necessárias do dia a dia.

Desse modo, o DO é uma estratégia educacional empregada com o propósito de promover mudança organizacional planejada, visando:

- desenvolver a empresa, tornando-a mais eficiente e eficaz nos seus propósitos;
- adaptar a organização às mudanças tecnológicas, sociais, econômicas e políticas oriundas do ambiente onde a empresa se faz presente;
- integrar o atendimento das necessidades humanas com as metas organizacionais.

O processo de DO busca somar e harmonizar o estruturalismo – conjunto articulado de normas e valores aprendidos e transmitidos pelo indivíduo, envolvendo aspectos de sua subjetividade, isto é, questões relacionadas à constituição da estrutura psíquica do ser humano.

1.3.1 Princípios de desenvolvimento organizacional

Entre os princípios básicos que identificam o DO como processo de aplicação sistemática de técnicas de dinâmica grupal nas empresas, destacam-se:

- ênfase no indivíduo e no grupo;
- ênfase na organização;
- ênfase ambiental.

Ênfase no indivíduo e no grupo

As pesquisas pioneiras de DO remontam a 1935, com Kurt Lewin estudando a questão da dinâmica da personalidade e a influência do tipo de atuação do líder do grupo. Essas experiências visavam analisar e detectar os níveis de satisfação dos indivíduos, tornando-os mais motivados para o trabalho e aumentando-lhes a eficiência pessoal. Pode-se dizer, nesse particular, que as "técnicas da organização eficiente não podem se desenvolver se não progredir a teoria do comportamento humano na organização", conforme Simon, Smithburg e Thompson (1956).

Em relação à motivação, compreendemos ao longo das nossas pesquisas que ninguém motiva ninguém. No entanto, é por meio do estímulo que a motivação pode ser despertada, ou seja, um ambiente preparado para acolher o ser humano com suas diversidades, criatividade e potencialidade torna possível advir o desejo deste, contribuindo, assim, para sua produtividade. De outro modo, sabemos também que, nas organizações que somente visam o lucro, o colaborador tem de apresentar resultados o quanto antes ou os gestores lhe mostram a porta de saída.

Pelo fato de o enfoque ser centrado no próprio indivíduo, e não imposto de fora, o DO tem se constituído em uma filosofia administrativa e organizacional difícil de ser implantada. Por uma simples razão: os participantes, muitas vezes, não desejam mudar seus comportamentos, pois isso implicaria a alteração de valores, costumes, crenças e parâmetros já adquiridos ao longo do tempo.

Warren G. Bennis, um dos mais conhecidos e respeitados estudiosos que sistematizou e divulgou o DO, elaborou um interessante quadro comparativo entre as características do que ele chama "sistemas mecânicos" (típicos do conceito tradicional de organização) e os "sistemas orgânicos" (típicos do enfoque do DO) (Quadro 1.1):

Quadro 1.1 – Diferenças essenciais entre sistemas organizacionais mecânicos e orgânicos

Sistemas mecânicos	Sistemas orgânicos
A ênfase é exclusivamente individual.	Ênfase nos relacionamentos entre e dentro dos grupos.
Relacionamento do tipo de autoridade-obediência.	Confiança e crenças recíprocas.
Uma rígida adesão à delegação e a responsabilidade dividida.	Interdependência compartilhada.
Divisão do trabalho e supervisão hierárquica rígidas.	Participação e responsabilidade multigrupais.
A tomada de decisões é centralizada.	Amplo compartilhamento de responsabilidade e de controle.
Solução de conflitos por meio de repressão, arbitramento e/ou hostilidade.	Solução de conflitos mediante negociação ou solução de problemas.

Fonte: Bennis (1972, p. 15).

Para Bennis (1972), os sistemas orgânicos possibilitam uma interação social entre seus integrantes, o que permite maior conscientização em razão das mudanças organizacionais necessárias.

O DO tende a um enfoque mais voltado para o empregado em sua situação normal de trabalho, possibilitando-lhe adquirir uma nova perspectiva de valores. Analisando as consequências que um bem cuidado programa de implantação do DO causa nas relações de trabalho, Beckhard (1969), afirma que:

- o ser humano é e deve ser mais independente e autônomo;
- o ser humano deve ter opções no seu trabalho e no seu lazer;
- as necessidades de segurança devem ser atendidas. O ser humano deve esforçar-se para atender às necessidades de ordem mais elevada para sua valorização e constatação de seu próprio potencial;
- se as necessidades individuais do ser humano estiverem em conflito com as exigências feitas pela organização, ele pode, e talvez deva, escolher atender às suas próprias necessidades em vez de submergi-las nas exigências da organização;
- a organização deve ordenar o trabalho de tal ordem que as tarefas sejam significativas e estimulantes e, assim, propiciem remunerações intrínsecas acrescidas daquelas remunerações extrínsecas;
- o poder de que os chefes estavam previamente investidos é diminuído e deve sê-lo.

Dinâmica de grupo

> Cada pessoa sente as marcas das lições
> diárias de outras tantas pessoas.
> *Autor desconhecido*

Trata-se de uma expressão criada por Kurt Lewin, que identifica boa parte de seus estudos realizados nos Estados Unidos, relacionados à psicologia social, com destaque para estudo em grupos.

Basicamente, as características da dinâmica de grupo são:

- ênfase em pesquisa empírica com significado teórico;
- interesse na dinâmica e interdependência dos fenômenos ligados aos grupos de indivíduos;
- relevância interdisciplinar, envolvendo psicólogos, sociólogos, antropólogos sociais e economistas;
- aplicabilidade potencial de tais conhecimentos à prática social (Coradi, 1985).

As experiências em dinâmica de grupo inauguradas por Lewin, Lippitt e White (1939) tiveram enorme repercussão nas várias áreas de atividades das organizações tais como trabalhos de socialização grupal, educação e administração. As primeiras sondagens relativas ao DO englobam, em princípio, a problemática individual para, em seguida, abranger as organizações e seus processos de desenvolvimento.

No entanto, ao longo dos anos, novas técnicas foram criadas e desenvolvidas, principalmente as que privilegiavam a particularidade de cada um no campo coletivo.

São trabalhos que dão ênfase à interdisciplinaridade, além de envolver todas as esferas do sistema organizacional. Eles colocam frente a frente cada componente do grupo empresarial, de maneira que sejam conduzidos sem agressões e conflitos.

A proposta é a de que o mal-estar que reina na empresa possa ser eliminado de forma que cada um vise encontrar suas próprias soluções para suas queixas constantes e tentar, ainda, dirimir as angústias paralisantes.

Ênfase ambiental

Como acentua Shirley (1976), a organização e o ambiente estão em contínua e estreita interação. Uma das qualidades mais importantes de uma organização são exatamente sua sensibilidade e adaptabilidade: sua capacidade de percepção e adaptação ante à mudança de estímulos externos.

Entre os fatores que influenciam a dimensão ambiental do DO, destacam-se:

- tecnologia: avanços, procedimentos, adaptações, custos etc.;
- legislação: aplicação, atualização, interpretações, obstáculos etc.;
- condições políticas, sociais e econômicas presentes nos meios ambientes interno e externo;
- ecologia: políticas, filosofias, legislação etc.

Toda organização depende de algum modo de seu ambiente externo, adotando, em maior ou menor grau, estratégias para lidar com as pressões e desafios ambientais.

Perguntas para reflexão

Orientação inicial: No decorrer do livro é apresentada uma série de questões sobre o tema de cada tópico ou tópicos centrais. A finalidade dessas perguntas é a de levar o leitor a refletir sobre o assunto com base em sua observação pessoal ou experiência somada à assimilação da matéria exposta.

1. Em ambiente econômico caracterizado por taxas elevadas de inflação é possível implementar um programa de DO? Por quê?
2. Até que ponto a dimensão organizacional pode dificultar a dimensão individual em uma empresa que adota estruturas fechadas, inflexíveis e tradicionais?
3. Em sua opinião, por que é tão difícil a introdução de programas de DO, mesmo em organizações que possuem estruturas flexíveis e abertas às mudanças?
4. Como a organização moderna e dinâmica deve agir para evitar que o "movimento ecológico" seja mais um modismo e não uma realidade ambiental, com a qual tem de conviver?
5. Como fazer que as mudanças impliquem resultados capazes tanto de impulsionar as organizações para atingir seus desafios como servirem de fatores de crescimento, desenvolvimento e realização de seus colaboradores?

1.4 Implantação de um programa de desenvolvimento organizacional

A introdução do processo de DO somente terá êxito assegurado quando toda a empresa, a partir de sua cúpula administrativa, conscientizar-se de suas vantagens e gerenciar de fato esse processo.

Com raras exceções, as empresas não possuem uma noção clara do que seja efetivamente o DO, quais seus limites e suas potencialidades, quais seus riscos e, acima de tudo, qual seu custo humano e organizacional.

Por essa razão, antes de ser implantado, o especialista de DO (seja um consultor externo, seja um técnico qualificado da própria empresa) deve ter a oportunidade de explicar, detalhadamente, os aspectos levantados para todos da organização.

É preciso levar em conta que muitas vezes a direção da empresa deseja por exemplo, um curso de treinamento em relações humanas e liderança, e não um programa integrado de DO.

A organização deve ter nítida consciência dos motivos que a levam à decisão de implementar um programa de DO. Paulo C. da Costa Moura (1978), conhecido psicólogo e consultor de DO, citado anteriormente, assim se expressa quanto à expectativa da direção da empresa em relação ao DO:

> Outro ponto significativo seria com relação aos resultados esperados, tanto em termos de novos comportamentos, atitudes etc. como em termos de tempo para obtenção desses resultados. Esta é, sem dúvida, uma das coisas ingratas em DO: o fato de que ninguém pode, conscientemente, comprometer-se, num tempo fixo, para obtenção de resultados palpáveis e importantes para a organização. DO é um caminho cujo início tem data certa, mas ninguém pode prever o fim. (Moura, 1978)

1.4.1 Diagnóstico do comportamento organizacional: uma introdução

Antes de proceder a uma intervenção do DO como instrumento de mudança organizacional, o consultor deve observar o comportamento da empresa, formulando os motivos pelos quais este ocorre.

Entre as variáveis presentes na fase do diagnóstico do comportamento organizacional com o propósito da implantação do DO (Kirkhart e Mendes, 1981), é preciso:

- escutar as queixas e problemas dos colaboradores, de todos os níveis, separando-as, de acordo com suas características, para o devido tratamento;
- coletar dados necessários (caso seja imprescindível);
- fazer um diagnóstico (definir qual é o problema);
- formular uma estimativa da probabilidade de minimização do problema;
- prescrever uma intervenção para treinar as pessoas, tendo em vista uma atuação mais eficiente.

Na fase do diagnóstico do comportamento organizacional, começa-se a lidar com os funcionários da empresa – em todos os níveis hierárquicos –, despertando a consciência de "como" as coisas acontecem. Levá-los ao entendimento sobre suas participações ou contribuições para a consecução de suas tarefas, atividades, processos e resultados, é primordial, até mesmo como elemento de motivação.

As pessoas resistem às mudanças e, por essa razão, a implantação de um programa de DO deve incluir estratégias que objetivem superar tais obstáculos. Uma forma eficaz de vencer resistências é permitir que as pessoas entendam, participem e se envolvam nas mudanças.

De outro modo, um excelente diagnóstico do comportamento organizacional pode não ser acompanhado de um processo cuidadoso e responsável de implantação do programa de DO. Entre os motivos pelos quais isso pode ocorrer, destaca-se:

- os gerentes da empresa não estão suficientemente esclarecidos e motivados para o novo sistema;
- desarticulação entre os processos de comunicação utilizados pela organização e a equipe encarregada de implantar o sistema de DO;
- os responsáveis pela implantação não conseguem sensibilizar as pessoas da organização, seja por deficiências na utilização de recursos complementares, seja pelo emprego de estratégias inadequadas para "vender" a ideia referente ao DO;
- ausência de adaptação do programa de DO proposto à realidade organizacional;
- a direção não comanda o programa de DO, pois não explicou a ninguém o que se pretende com ele.

Importância e alcance do diagnóstico comportamental

Entre as áreas a serem pesquisadas em relação à implantação de um programa de DO, o diagnóstico comportamental é o mais importante, tendo em vista que:

- sua influência está presente em todas as áreas da organização;
- é o fator gerador central das funções organizacionais;
- é o componente mais complexo e sensível de todo o processo de DO.

Warren Bennis caracterizou de modo particularmente notável a influência decisiva do comportamento no sistema de DO, ao afirmar que:

> (...) DO é uma resposta à mudança, uma complexa estratégia educacional que tem por finalidade mudar as crenças, as atitudes, os valores e a estrutura de organizações, de modo que eles possam melhor adaptar-se aos novos mercados, às tecnologias e aos desafios e ao próprio ritmo vertiginoso de mudança. (Burke e Hornstein, 1972)

Além do diagnóstico comportamental, a empresa deve ser analisada, para fins de implantação do DO, nas seguintes áreas:

- *tecnológica* – na qual é apurado o nível de avanço tecnológico já atingido pela empresa ou que precisa atingir para se tornar efetivamente competitiva;
- *estrutural* – possibilitando ao especialista de DO uma visão sistêmica para que a implantação do programa ocorra de forma consciente, sem entraves, permeando toda a empresa;
- *administrativa* – na qual o ciclo gerencial de planejar, organizar e controlar deve atuar em plena sintonia com os demais setores da organização.

1.4.2 Métodos e técnicas de apoio à implantação de um programa de DO

Para superar os desafios e as dificuldades mencionados anteriormente, o especialista de DO necessita contar com o apoio decisivo de procedimentos, técnicas e métodos já testados e aprovados no dia a dia empresarial.

Para conhecimento do leitor, são abordadas a seguir, de forma sucinta, as técnicas mais empregadas por empresas na implantação de um programa de DO.

Managerial grid ou *grid* gerencial

Basicamente, o *grid* gerencial é uma técnica de desenvolvimento gerencial voltada para duas áreas do processo organizacional:

- área com ênfase na realização de tarefas;
- área de desenvolvimento de relações pessoais.

O *grid* gerencial foi estruturado pelos psicólogos norte-americanos Robert R. Blake e Jane S. Mouton, em trabalho publicado em 1964, *The new managerial grid*, traduzido para o português como *O grid gerencial III* (1980). O texto é fruto de pesquisas desenvolvidas pelos autores na Universidade Estadual de Ohio, Estados Unidos. Todo o programa do *grid* gerencial está centrado no levantamento e análise de aspectos relacionados com o desenvolvimento integrado à produção ou às pessoas.

Para Blake e Mouton (1980), o comportamento individual na organização pode ser observado à luz de dois parâmetros que estão em contínua interação:

- obtenção de resultados;
- relacionamento social.

O *grid* gerencial reconhece a importância da situação ambiental da organização, mas não concentra sua atenção nas exigências da tecnologia. Propõe um estilo ideal absoluto e não percebe a flexibilidade como qualidade gerencial.

Dinâmica do *grid* gerencial

Os denominados "estilos gerenciais" propostos pelo *grid* gerencial podem ser identificados conforme o que é mostrado no Quadro 1.2 e na Figura 1.5.

No Quadro 1.2, a maneira como um gerente combina as orientações para pessoas e para a produção define o seu estilo de liderar os colaboradores. Observe que o estilo 9,9 é o mais recomendado para a implantação de um programa de DO eficiente.

Já a Figura 1.5 apresenta, além das duas dimensões básicas do *grid* gerencial (Quadro 1.2), uma terceira dimensão relacionada à motivação pessoal.

Quadro 1.2 – O *grid* gerencial

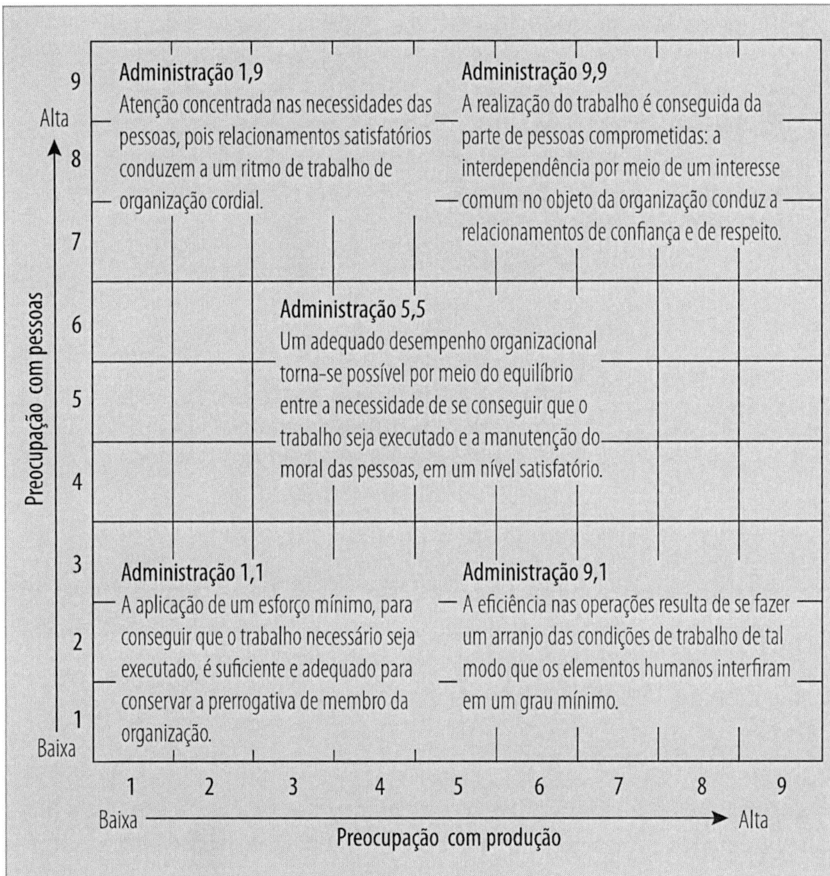

Fonte: Blake e Mouton, 1980, p. 13.

De acordo com a Figura 1.5, cada nível de motivação pode ser representado por uma escala bipolar, na qual o polo positivo (localizado na parte direita do *grid*) indica o que o gerente procura alcançar e o polo negativo (localizado na parte esquerda do *grid*) aponta o que o gerente procura evitar.

O treinamento de acordo com o *grid* gerencial tem por base uma combinação de questionários e exercícios práticos relacionados aos dois polos apresentados pela técnica. O programa leva o gerente ao autodesenvolvimento gerencial. Conhecendo seu próprio estilo de administrar, ele tem melhores condições de estabelecer: "(...) um planejamento estratégico em termos daquilo que seja mais interessante ao próprio indivíduo em face do cargo que ocupa e dentro da organização à qual pertence" (Bergamini, 1980).

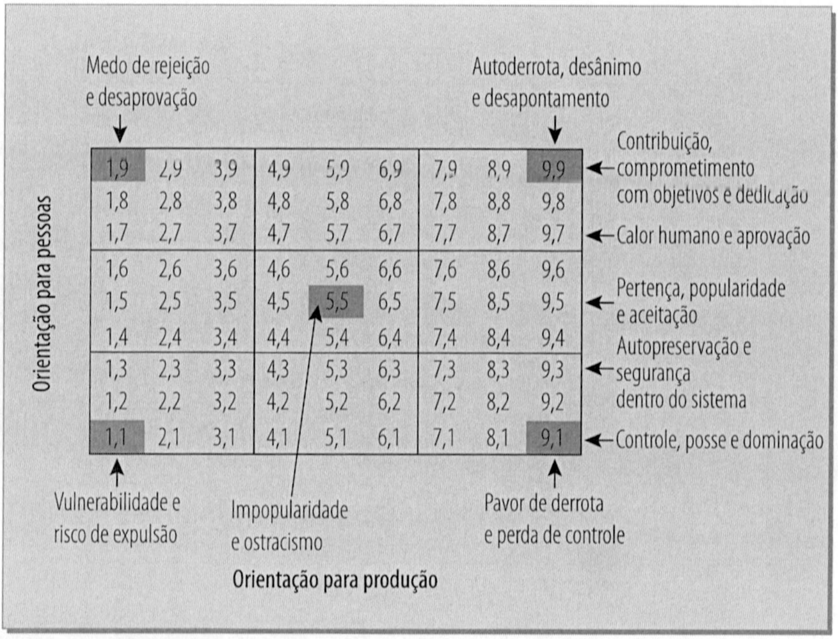

Figura 1.5 – Cada estilo gerencial tem uma terceira dimensão, a motivação pessoal, que pode ser negativa, neutra ou positiva.

Fonte: Blake e Mouton, 1980, p. 8.

Desenvolvimento organizacional *grid*

Além dos três elementos universais representados por objetivos, pessoas e hierarquia, há um quarto componente que também é importante para o DO, a cultura da organização.

É relativamente recente a descoberta da influência da cultura organizacional sobre o comportamento individual, considerando-se que essa cultura precisa situar-se no centro de qualquer esforço de mudança.

O programa do *grid* gerencial visa, justamente, envolver cada integrante da organização na aprendizagem dos conceitos *grid* e na avaliação do próprio estilo gerencial.

Por ser um modelo mais voltado para os aspectos psicológicos da mudança organizacional do que para seus aspectos sociológicos, o *grid* gerencial reconhece a importância dos fatos situacionais na manifestação do processo de liderança (Quadro 1.3).

Quadro 1.3 Estilos gerenciais

<table>
<tr><td colspan="2" rowspan="2">Desenvolvimento organizacional</td><td colspan="3">Orientação para produção</td></tr>
<tr><td>Atenção e esforço mínimos para obtenção de resultados positivos e necessários na execução das atividades no trabalho.</td><td>As pessoas buscam um equilíbrio entre as necessidades de se conseguir que o trabalho seja executado e a de manutenção do moral em nível satisfatório.</td><td>As pessoas estão comprometidas com um elevado padrão de resultados na realização das atividades produtivas.</td></tr>
<tr><td rowspan="3">Orientação para pessoas</td><td>Relacionamentos de confiança e respeito em que a atenção está concentrada nas necessidades das pessoas e em que o ritmo de trabalho se desenvolve de forma cordial e prazerosa.</td><td>1,9 2,9 3,9
1,8 2,8 3,8
1,7 2,7 3,7</td><td>4,9 5,9 6,9
4,8 5,8 6,8
4,7 5,7 6,7</td><td>7,9 8,9 9,9
7,8 8,8 9,8
7,7 8,7 9,7</td></tr>
<tr><td>Relacionamentos voltados para a manutenção do moral em um nível satisfatório, nos quais as pessoas são vistas com alguma indiferença.</td><td>1,6 2,6 3,6
1,5 2,5 3,5
1,4 2,4 3,4</td><td>4,6 5,6 6,6
4,5 5,5 6,5
4,4 5,4 6,4</td><td>7,6 8,6 9,6
7,5 8,5 9,5
7,4 8,4 9,4</td></tr>
<tr><td>A interferência humana é mínima, as atividades no ambiente de trabalho se desenvolvem como se as pessoas fossem máquinas, sem vontades, desejos nem sentimentos.</td><td>1,3 2,3 3,3
1,2 2,2 3,2
1,1 2,1 3,1</td><td>4,3 5,3 6,3
4,2 5,2 6,2
4,1 5,1 6,1</td><td>7,3 8,3 9,3
7,2 8,2 9,2
7,1 8,1 9,1</td></tr>
</table>

Blake e Mouton (1980) criaram oportuno modelo de aplicação do desenvolvimento de equipes para a mudança organizacional, o *DO tipo Grid*, cujas etapas são:

- Desenvolvimento gerencial:
  - treinamento por meio de seminário-laboratório;

- desenvolvimento de equipes;
- desenvolvimento de relações intergrupais.
- Desenvolvimento organizacional:
  - estabelecimento de objetivos organizacionais;
  - implementação dos objetivos;
  - estabilização e crítica sistemática.

A mudança organizacional, quando se faz necessária, exige que ocorra uma transformação nos indivíduos. O *grid* gerencial tem por objetivo induzir essa mudança e alcançar as metas desejadas, tanto da empresa como dos colaboradores, de forma ordenada e controlada. Em sua maioria, as organizações atuantes hoje tiveram suas origens no século passado e, como efeito, trazem características que as unem a padrões da época em que a estabilidade e a permanência desses fatores se faziam presentes. Essas características são representadas por comando centralizado, hierarquia rígida, forte controle do desempenho individual, delimitação de função, tarefas elementares e rotineiras. Uma modelagem organizacional estática e conservadora, na qual parecia que tudo estava como teria de ser, sem apresentar nenhuma mudança, como se as coisas existentes fossem imutáveis e eternas.

A premissa do desenvolvimento organizacional do tipo *grid* é a de que a organização deve ser analisada como um todo diante da sua complexidade, em que será constatada a discrepância entre os resultados alcançados e os padrões que deveria alcançar.

Treinamento de sensibilidade

Conceituação

O treinamento de sensibilidade (TS), também chamado grupo de treinamento (grupo-T), constitui um "conjunto metodológico visando a mudanças pessoais a partir da aprendizagem baseada em experiências diretas ou vivenciais", conforme Fela Moscovici (1975).

A técnica do TS surgiu a partir de experimentos realizados pelo National Training Laboratories (NTL), conhecida e respeitada entidade de desenvolvimento gerencial nos Estados Unidos.

Ao iniciar o grupo-T, seu participante é levado, por um processo espontâneo de aquisição de novas formas de pensar e de agir, a abandonar antigos métodos, técnicas e procedimentos que praticava antes de se submeter ao novo treinamento.

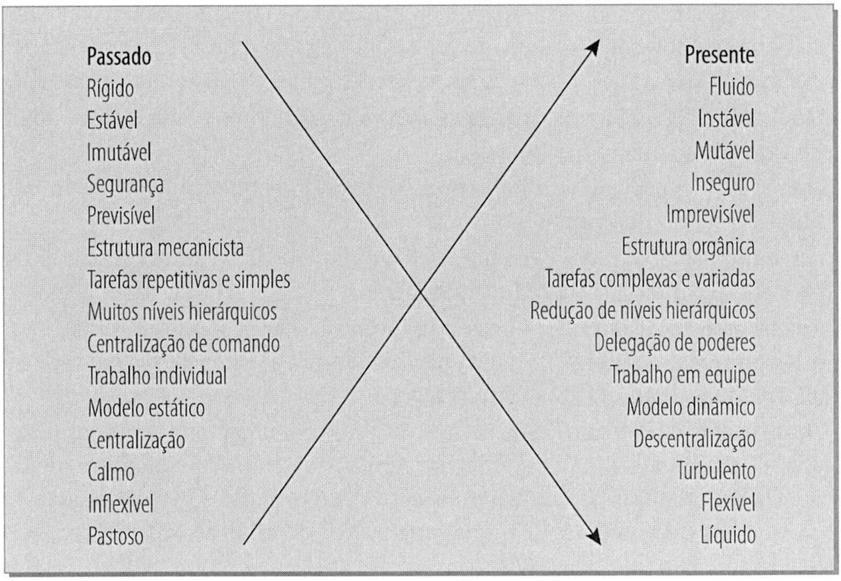

Figura 1.6 – O mundo de ontem em face do mundo de hoje.

Dinâmica do grupo-T

O TS é um processo que se aplica a grupos não muito grandes (entre 10 e 16 participantes) sob a orientação de um ou mais coordenadores. De modo geral, o grupo participa de uma ou duas reuniões diárias por um prazo que varia entre duas ou três semanas. Cada uma dessas reuniões dura, em média, de uma hora e meia a duas horas.

Os encontros de TS não têm agenda, regras de procedimentos ou divisão de tarefas entre seus participantes. Por esses motivos, é natural certo desconforto no início das sessões. Contudo, à medida que os membros do grupo superarem tal inconveniente inicial, o coordenador dos trabalhos observará, com tato e habilidade, problemas de comunicação, tentativas de monopolizar os debates e outras manifestações de vida interpessoal. Ao transmitir essas observações para o grupo, o coordenador solicita a seus membros que apresentem sugestões, métodos e procedimentos para superar tais problemas.

O TS tem como objetivo central a mudança do comportamento do participante, o qual tentará transferir essa mudança para o ambiente de trabalho.

O trabalho com emoções, sentimentos e reações dos membros do grupo exige de seus coordenadores formação acadêmica na área de psicologia organizacional, preferencialmente, com experiência em dinâmica de grupo.

Objetivos do treinamento de sensibilidade

Entre as finalidades do TS como técnica auxiliar de implantação de um programa de DO, destacam-se, conforme Campbell e Dunnete (1968):

- aumentar a autoapreensão acerca do próprio comportamento em um contexto social, aprendendo como os outros veem e interpretam o próprio comportamento, e compreender como as pessoas agem em diferentes situações interpessoais;
- aumentar a sensibilidade quanto ao comportamento dos outros. Esse objetivo é recíproco ao objetivo anterior;
- aumentar a conscientização dos tipos de processos que facilitam ou inibem o funcionamento do grupo;
- aumentar as habilidades orientadas para o diagnóstico e para a ação nas situações sociais, interpessoais e intergrupais;
- ensinar a pessoa a aprender – ensiná-la como analisar de forma contínua seu próprio comportamento interpessoal, para encontrar-se e engajar-se em interações interpessoais mais eficazes com os outros.

Desse modo, o TS tem o objetivo de levar seus participantes a se tornar mais interessados e motivados para o autocrescimento, diminuindo, em consequência, a resistência às mudanças que se fizerem necessária. Assim, essas pessoas estarão, cada vez mais, aptas e disponíveis a atingir e realizar os desafios da organização.

Exercício de grupo-T

É de responsabilidade do coordenador do TS selecionar, analisar e aplicar exercícios em função do tipo específico do grupo, levando em conta seus propósitos, tempo disponível e modalidade do desenvolvimento dos processos de grupo.

Um detalhe importante precisa ficar claro em matéria de características do TS: o que vale nos exercícios são os **estímulos** para movimentar os membros do grupo, e não seu conteúdo ou resultado. Resumindo, o mais importante na prática dos exercícios de TS é o processo pelo qual o grupo se aproxima e desenvolve a atitude e não a resposta ao exercício em si mesma.

Teoria 3-D de eficácia gerencial

Conceituação

Idealizada por William J. Reddin, conhecido cientista organizacional da Universidade de New Brunswick, Canadá, a teoria 3-D é um instrumento de ação administrativa aplicado ao desenvolvimento da eficácia gerencial.

Reddin, justificando sua técnica, distingue "eficácia" de "eficiência" da seguinte maneira:

Eficiência		Eficácia
Fazer as coisas bem.		Fazer as coisas certas.
Resolver problemas.	*versus*	Produzir alternativas criativas.
Salvaguardar os recursos.		Maximizar a utilização dos recursos.
Cumprir com o seu dever.		Obter resultados.
Reduzir os custos.		Aumentar o lucro.

Para Reddin (1981), a eficácia só pode ser concebida em uma determinada situação empresarial, na busca da consecução de resultados (objetivos).

A técnica 3-D propõe o desenvolvimento de três habilidades gerenciais tidas como básicas:

- habilidade do gerente em avaliar uma situação (sensibilidade situacional);
- habilidade do gerente em adequar a abordagem à situação (flexibilidade de estilo);
- habilidade do gerente em mudar uma situação (gestão situacional).

Estruturada com uma série de gráficos, a teoria 3-D visa fornecer ao gerente subsídios para tomada de decisão, analisando as oportunidades e as restrições que lhe são apresentadas.

Uma de suas características marcantes é a flexibilidade na aplicação das nove etapas da técnica, podendo ser empregadas de forma isolada ou em conjunto para atingir seus objetivos.

Dinâmica da teoria 3-D

São quatro os estilos gerenciais apresentados pela teoria 3-D, como mostrado na Figura 1.7.

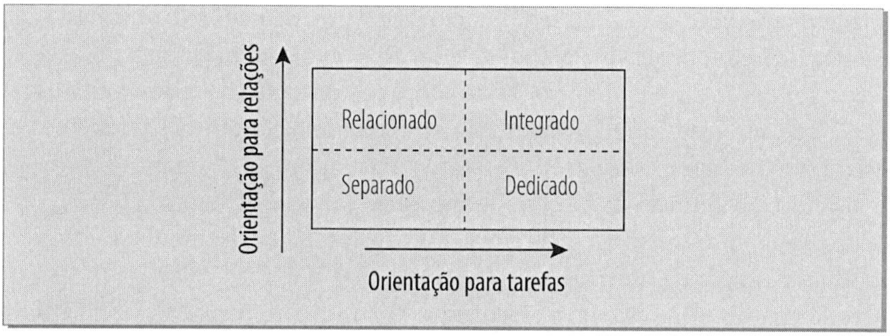

Figura 1.7 – Os quatro estilos básicos de gerência da teoria 3-D.

Fonte: Reddin, 1981, p. 27.

Pesquisas e estudos mostram que não existe um estilo completamente eficaz nas relações entre gerentes e liderados. Na teoria 3-D, a eficácia de cada um de seus estilos depende da situação em que é utilizado.

Reddin afirma que cada um desses estilos básicos tem um equivalente menos eficaz e um equivalente mais eficaz, resultando nos estilos gerenciais apresentados na Figura 1.8.

Como se vê, para o autor, a eficácia de determinado comportamento gerencial depende tão somente da situação em que se manifesta o problema a ser resolvido pelo gerente. Tal comportamento, na teoria proposta por Reddin, é denominado "estilo".

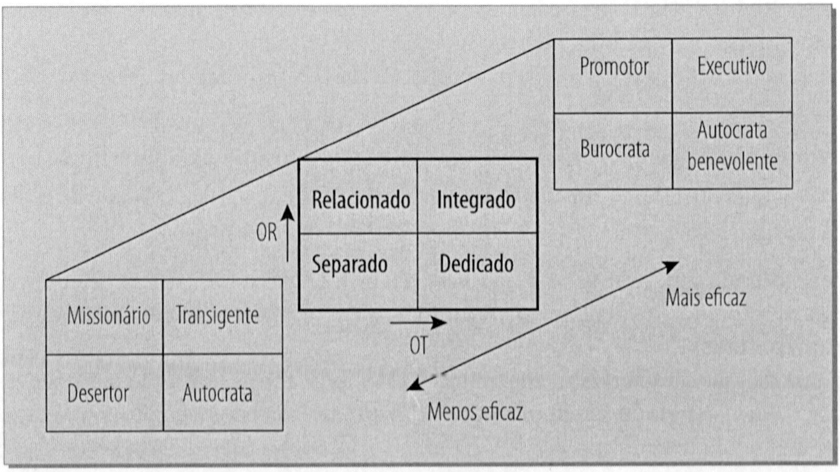

Figura 1.8 – Estilos básicos e equivalentes em terceira dimensão.
Legenda: OR = orientação para relações; OT = orientação para tarefas.
Fonte: Reddin, 1981, p. 28.

A teoria 3-D e as mudanças organizacionais

Em princípio, Reddin concebeu seu modelo como um instrumento destinado à implementação de um programa global de eficácia organizacional. Para a teoria 3-D, a mudança organizacional pode ser "vista como um processo de reunir gerentes, por vezes em combinações pouco usuais, para intercambiar critérios sobre temas que deveriam, de qualquer modo, ser discutidos num clima de confiança e com interesse visando à conquista da eficácia", conforme Chapiro e Chapiro (1972).

Outro enfoque apresentado pela teoria 3-D diz respeito à flexibilidade como condição necessária para a mudança.

Para Reddin, a empresa deve criar todas as condições para a flexibilização requeridas pelas mudanças que se fizerem necessárias. Assim, a mudança deve envolver todas as unidades da organização, seus funcionários, bem como os gerentes ou os gestores de todos os níveis.

Os Recursos Humanos na teoria 3-D

Segundo Reddin (1981), a tarefa central da gerência é estruturar uma situação, de forma que as pessoas envolvidas cooperem espontaneamente para a consecução dos objetivos da unidade de trabalho.

O autor aponta os seguintes indicadores integrados dos elementos humanos e da organização capazes de evidenciar níveis aceitáveis de cooperação das pessoas envolvidas:

- *participar*: grau de expectativa para a maior parte das decisões a serem tomadas com métodos plenamente participativos;

- *interagir*: grau com que se espera uma grande quantidade de tarefas orientadas para a interação interpessoal;
- *motivar*: grau com que se espera que no processo de influenciar seja utilizada grande quantidade de orientação para relações e igual quantidade de orientação para tarefas;
- *integrar*: grau com que se espera que as necessidades individuais e as metas organizacionais sejam adequadamente equilibradas e consideradas unitariamente;
- *inovar*: grau com que se espera um número muito grande de ideias originais a respeito de métodos para melhorar tanto as relações como a produção.

Análise transacional

Conceituação

A análise transacional (AT) constitui um programa teórico de relações interpessoais, cujo sistematizador foi o psiquiatra canadense Eric Berne,[2] nos anos finais da década de 1950.

Fundamentado em suas experiências clínicas, Berne idealizou um esquema que denominou *análise transacional*, envolvendo o estudo da personalidade e sua interação social por meio da psicoterapia. Dessa forma, para Berne é possível observar como a pessoa interage com seus semelhantes, deixando manifestar as três "pessoas" (egos) que existem em seu eu, como apontado na Figura 1.9.

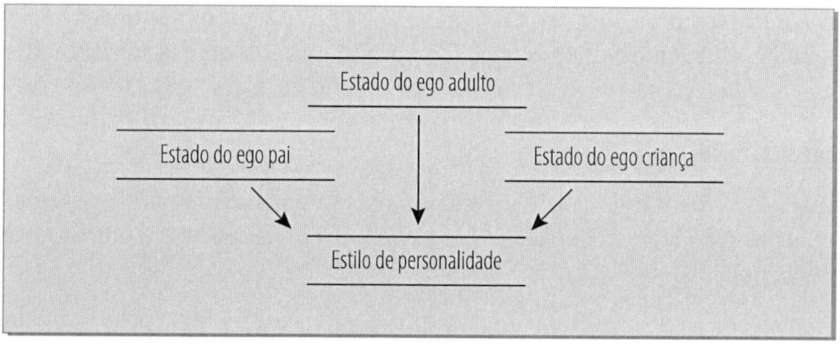

Figura 1.9 – Fundamentação psicológica da análise transacional.
Fonte: Berne, 1995.

Assim, o estilo da personalidade de cada um de nós reflete-se por meio dos estados do ego pai, ego adulto e ego criança, dando lugar ao que Berne chama *sistema P-A-C de AT*.

2 "Transactional analysis: A new and effective method of group therapy", e foi apresentado no encontro de 1957 da Associação Americana de Terapia de Grupo de Los Angeles, acrescentando aos Estados do Ego a teoria dos jogos e dos *scripts*. Este artigo foi publicado em 1958 no American Journal of Psychotherapy.

A Figura 1.10, por sua vez, descreve a influência dos sentimentos, das emoções, atitudes etc. na constituição do sistema P-A-C:

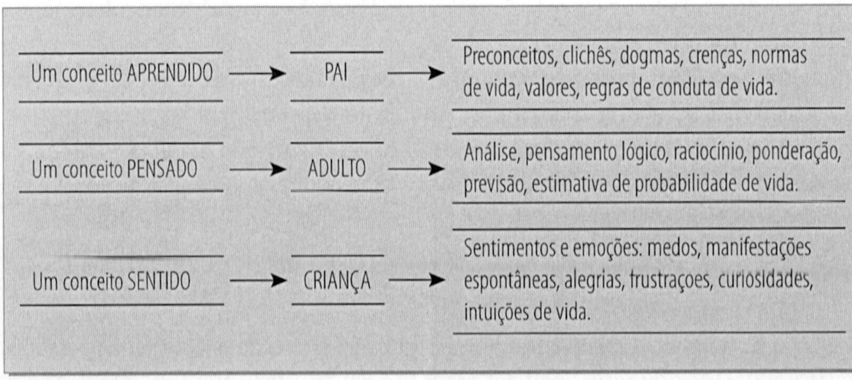

Figura 1.10 – Registros no P-A-C da AT.
Fonte: Oliveira, 1984, p. 27.

Como se pode verificar, a AT não é propriamente um procedimento ou uma técnica de implantação de DO. Basicamente, a AT tem uma origem comum ao treinamento de sensibilidade, a saber, a fundamentação psicológica e o uso de uma técnica de psicoterapia.

Eric Berne acentua que, em AT, "transação" significa a unidade básica de relacionamento social. É o conjunto formado por um estímulo transacional, vindo de dado estado do ego do respondente.

Vantagens da análise transacional

Quando a AT é bem orientada e exercida por profissionais responsáveis e competentes, de acordo com Roberto Kertész (1987), proporciona, entre outros, os seguintes benefícios:

- é uma técnica que transmite uma filosofia positiva e de confiança ao indivíduo, fator indispensável na preparação psicológica e emocional para as mudanças organizacionais;
- a AT constitui-se um modelo de aprendizagem permanente, pois a pessoa, reconhecendo suas limitações e falhas, torna-se bem mais aberta e sem bloqueios para as novidades;
- trata-se, quando bem estruturada, de uma técnica relativamente simples de ser entendida e objetiva na formulação de seus propósitos;
- a AT é eficaz por facilitar imediatamente a compreensão do comportamento próprio ou alheio, sem diagnósticos caros, utilizando técnicas de mudança que são poderosas e que estão ao alcance do próprio paciente ou interessado.

1.5 Considerações finais

O capítulo nos ofereceu uma visão das variáveis atuantes na aplicação dos princípios estabelecidos no desenvolvimento organizacional, facilitando ao gestor a percepção da importância do ontem, do hoje e do amanhã, bem como suas causas e efeitos nas contínuas mudanças.

Os pesquisadores do passado foram extremamente relevantes para a elaboração deste capítulo trazendo valiosas contribuições. Entre eles podemos destacar Larry E. Greiner, Kurt Lewin, Warren G. Bennis, Robert Shirley, Paulo C. da Costa Moura, verdadeiros sustentáculos fundamentais para o avanço da ciência e do conhecimento referente à gestão de pessoas.

Vimos, também, como o desenvolvimento organizacional, no sistema de Recursos Humanos, se posiciona no funcionamento do sistema empresarial, promovendo interação entre o antes e o agora, dentro e fora da empresa e no ambiente de negociação, procurando melhorar as informações, os conhecimentos e os benefícios que as mudanças podem proporcionar.

Quanto aos demais assuntos pertinentes aos interesses da área de Recursos Humanos, no que diz respeito a planejamento estratégico, gestão participativa, estresse no trabalho, produtividade e qualidade, e preparação para a aposentadoria, serão apresentados adiante, em outros capítulos.

1.6 Exercícios, perguntas, questionários e gabarito

Explicação preliminar: O presente exercício constitui-se o primeiro de uma série de exercícios que você vai desenvolver no decorrer da presente obra. Esses exercícios têm a finalidade de aplicar os conhecimentos adquiridos no capítulo correspondente a determinada situação empresarial.

A tomada de decisões, no processo de administração de RH, não comporta soluções padronizadas. Há que se proceder a uma cuidadosa análise de todas as variáveis, diretas ou indiretas, externas ou internas, envolvendo cada situação e cada circunstância do problema exposto.

Mesmo que você considere determinada alternativa como a mais recomendável para a solução do problema, lembre-se de que, por vezes, ela não é a última palavra sobre o assunto. E nem poderia ser diferente, em se tratando do complexo, porém, fascinante campo dos Recursos Humanos.

Agora, bom êxito e vamos aos exercícios:

Questionário de autoavaliação

Orientação inicial: Ao final de cada capítulo do livro, ou de tópicos centrais dentro de um mesmo capítulo, será apresentada uma série de questões sobre a matéria exposta. Respondendo ao questionário, você poderá acompanhar seu nível de assimilação do assunto desenvolvido.

O gabarito de cada questionário encontra-se no final deste capítulo.

Visando seu próprio interesse e aprendizado, somente consulte o gabarito após responder a todas as perguntas do questionário.

Avaliação dos questionários

Para questionários com cinco perguntas:

- todas as respostas certas: ótimo;
- mínimo de 4 respostas certas: bom;
- mínimo de 3 respostas certas: regular;
- menos de 3 respostas certas: insuficiente.

Para questionários com dez perguntas:

- todas as respostas certas: ótimo;
- mínimo de 8 respostas certas: muito bom;
- mínimo de 6 respostas certas: bom;
- mínimo de 5 respostas certas: regular;
- menos de 5 respostas certas: insuficiente.

Não há resposta "meio certa". Assim, por exemplo, nas questões de "preenchimento de espaços", se você acertou em duas lacunas e errou em uma, a resposta deve ser considerada "errada".

Caso tenha obtido conceitos "regular" e "insuficiente", recomenda-se, antes de prosseguir a leitura, que se faça uma revisão do capítulo referente ao questionário. Os demais conceitos indicam que você obteve aproveitamento na leitura do texto.

Agora, procure responder da melhor forma possível ao questionário.

Questionário

1. As organizações passam por várias etapas em sua existência. A terceira fase dessa evolução é chamada de:

   a. "morte" = desaparecimento ( )

   b. "adolescência" = crescimento e estabilização ( )

   c. "maturidade" = desenvolvimento pleno e renovado ( )

   d. "infância" = pioneirismo ( )

2. Na origem de toda mudança, ... ou individual, está presente o mecanismo básico que leva o objeto dessa .... de uma situação para outra, ou seja, perda de .... em face de uma nova realidade.

3. No chamado "sistema mecânico" (conceito tradicional de organização), enfatizam-se os relacionamentos entre e dentro dos grupos.

   Sim ( ) Não ( )

4. Quem foi o criador e inspirador da expressão: "dinâmica de grupo"? Resposta:

5. Antes de proceder a uma intervenção do DO como instrumento de mudança, o consultor deve observar:

   a. o tamanho da empresa ( )

   b. o nível de investimentos ( )

   c. o comportamento da empresa ( )

   d. a situação da empresa no mercado ( )

6. O DO é uma resposta à mudança, uma complexa estratégia .... que tem por finalidade mudar as crenças, os .... e a estrutura da

organização, de modo que as empresas possam melhor se .... adaptar aos novos .... tecnologias e desafios e ao próprio ritmo de mudança.

7. A primeira ênfase do *grid* gerencial (*managerial grid*) está na realização de tarefas.

   Sim ( )   Não ( )

8. Qual é o estilo, proposto pelo *grid* gerencial, mais recomendado para a implantação de um programa DO eficiente?

   Resposta:..

9. O treinamento de sensibilidade (grupo-T) deve ser aplicado para grupos:

   a. entre 40 e 50 participantes ( )
   b. entre 5 e 10 participantes ( )
   c. com qualquer número de participantes ( )
   d. entre 10 e 16 participantes ( )

10. São quatro os estilos básicos de gerência propostos pela técnica ....: relacionado, ..., separado e ....

Gabarito

1. Alternativa c.
2. Estrutural/Organizacional ... mudança ... equilíbrio.
3. Não (veja Quadro 1.1)
4. Kurt Lewin.
5. Alternativa c.
6. Educacional ... valores ... mercados.
7. Sim.
8. Estilo 9,9 (Quadro 1.2)
9. Alternativa d.
10. Teoria 3-D ... integrado ... dedicado (veja Figura 1.7).

Referências bibliográficas

ABADE, E.; BEM NORO, G. de; OLIVEIRA, M. B. de. Competências gerenciais: um estudo realizado no Banco do Brasil. Disponível em: <http://www.aedb.br/seget/artigos07/1126_SEGET_-_Competencias.pdf>. Acesso em: 4 jan. 2012.

ARGYRIS, C. *On organizational learning*. Massachusetts: Blackwell Publishers, 1992.

BAWDITCH, J. L.; BUONO, A. F. *Elementos de comportamento organizacional*. São Paulo: Pioneira, 1992.

BECKHARD, R. R. *Organization development*: strategies and models. Reading, MA: Addison-Wesley, 1969.

BENNIS, W. G. *Desenvolvimento organizacional*: sua natureza, origens e perspectivas. São Paulo: Edgar Blücher, 1972.

BERGAMINI, C. W. *Avaliação de desempenho humano na empresa*. 2. ed. São Paulo: Atlas, 1973.

________. *Desenvolvimento de recursos humanos*: uma estratégia de desenvolvimento organizacional. São Paulo: Atlas, 1980.

BERNE, E. *Jogo da vida*. São Paulo: Nobel, 1995.

________. Transactional analysis: a new and effective method of group therapy. *American Journal of Psychotherapy*, 1958.

BLAKE, R. R.; MOUTON, J. S. *O grid gerencial III*. São Paulo: Pioneira, 1980.

BURKE, W.; HORNSTEIN, H. *The social technology of organization development*. Fairfax, Virgínia: NTL Learning Resources, 1972.

CAMPBELL, J. P.; DUNNETE, M. M. Effectiveness of T. Group experiences in managerial training and development. *Psychological Bulletin*, 1968.

CARVALHO, A. V. de. *Administração de recursos humanos*. São Paulo: IOB, 1992. (Treinamento Programado a Distância, Módulo 4)

CHAPIRO, J.; CHAPIRO, E. Desenvolvimento da eficácia organizacional. *Revista IDORT*, São Paulo, jul.-ago. 1972.

CHIAVENATO, I. *Administração de recursos humanos*. São Paulo: Atlas, 1979. v. 3.

________. *Gerenciando pessoas*. 4. ed. São Paulo: Prentice Hall, 2003.

CORADI, C. D. *O comportamento humano em administração de empresas*. São Paulo: Pioneira, 1985.

DODGSON, M. Organizational learning: a review of some literatures. *Organization Studies*, 1993.

DRUCKER, P. F. *O gerente eficaz*. 2. ed. Rio de Janeiro: Zahar, 1971.

DURAND, T. Forms of competence. Fourth International Conference On Competence-Based Management. 4., 1998, Oslo. *Proceedings*... Oslo, Norwegian School of Management, 1998 apud BRANDÃO, H., GUIMARÃES, T. Gestão de competências e gestão de desempenho: tecnologias distintas ou instrumentos de um mesmo construto? In: Enanpad, 23., 1999, Foz do Iguaçu. *Anais*..., Foz do Iguaçu: Anpad, 1999.

DUTRA, J. S. *Competências*: conceitos e instrumentos para a gestão de pessoas na empresa moderna. São Paulo: Atlas, 2004.

DUTRA, J.; SILVA, J. *Gestão de pessoas por competência*. In: Enanpad, 22., 1998, Foz do Iguaçu. *Anais*..., Foz do Iguaçu: Anpad, 1998.

EBOLI, M. *Educação corporativa no Brasil*: mitos e verdades. São Paulo: Gente, 2004.

FERNANDES, B. H. R. *Competências e desempenho organizacional*: o que há além do *balanced scorecard*. São Paulo: Saraiva, 2006.

FERREIRA, A. B. de H. *Novo dicionário Aurélio da língua portuguesa*. 3. ed. Curitiba: Positivo, 2004.

FLEURY, A.; FLEURY, M. T. L. *Estratégias empresariais e formação de competências*: um quebra-cabeça caleidoscópico da indústria brasileira. 2. ed. São Paulo: Atlas, 2001

FLEURY, M. A gestão de competência e a estratégia organizacional. In: ______. (Coord.). *As pessoas na organização*. São Paulo: Gente, 2002.

FOGUEL, S.; SOUZA, C. C. *Desenvolvimento e deterioração organizacional*. São Paulo: Atlas, 1980. p. 57.

GREINER, L. E. *Evolução e revolução no desenvolvimento das organizações*. São Paulo: Nova Cultural, 1986. Coleção Harvard de Administração, v. 21.

GRUPO SERH. Gestão do conhecimento é uma das principais tendências (e desafios) para o RH até 2015. Disponível em: <http://www.serh.net/index.php?pagina=artigos&goid=61>. Acesso em: 4 jan. 2012.

HAGE, J.; AIKEN, M. *Social change in complex organizations*. Nova York: Random House, Inc., 1970.

HAMEL, G.; PRAHALAD, C. K. *Competindo pelo futuro*. Rio de Janeiro: Campus, 1995.

KANTER, R. *Quando os gigantes aprendem a dançar*. Rio de Janeiro: Campus, 1997.

KATZ, D.; KAHN, R. L. *The social psychology of organization*. New York: John Wiley Sons, 1978.

KERTÉSZ, R. *Análise transacional ao vivo*. São Paulo: Summus, 1987.

KIRKHART, L.; MENDES, M. C. Uma avaliação das bases teóricas do DO intercultural. *Revista de Administração Pública*, Rio de Janeiro, Fundação Getulio Vargas, abr.-jun.-dez. 1981.

LEWIN, K.; LIPPITT, R.; WHITE, R. Patterns of aggressive behaviour in experimentally created "social climates". *Journal of Social Psychology*, v. 10, p. 271-299, 1939.

MAXIMIANO, A. C. A. *Teoria geral da administração*: da revolução urbana à revolução digital. 3. ed. São Paulo: Atlas, 2002.

MINICUCCI, A. *Psicologia aplicada à administração*. São Paulo: Atlas, 1983.

MOSCOVICI, F. *Desenvolvimento interpessoal*: leituras e exercícios de treinamento em grupo. Rio de Janeiro: LTC, 1975.

MOURA, P. C. da C. DO nas organizações brasileiras – aceitação real ou fictícia? *Revista de Administração Pública*, Rio de Janeiro, Fundação Getulio Vargas, jan.-mar. 1978.

________. *O benefício das crises*: desenvolvimento organizacional e mudança planejada. Rio de Janeiro: LTC, 1978.

NASCIMENTO, L. P. do. *Elaboração de projetos de pesquisa*. São Paulo: Cengage, 2011.

OLIVEIRA, M. A. G. *Análise transacional na empresa*. 4. ed. São Paulo: Atlas, 1984.

QUINN, R. E. et al. *Competências gerenciais*: princípios e aplicações. Rio de Janeiro: Elsevier, 2003.

REDDIN, W. J. *Eficácia gerencial*. Trad. Francisco Pisa. São Paulo: Atlas, 1981.

REVISTA MELHOR. Disponível em: <http://revistamelhor.uol.com.br/.../o-que-merece-mais-atencao-241605-1.asp>. Acesso em: 4 jan. 2012.

________. Disponível em: <http://revistamelhor.uol.com.br/textos/288/artigo 241605-2.asp>. Acesso em: 4 jan. 2012.

ROBBINS, S. P. *Administração*: mudanças e perspectivas. São Paulo: Saraiva, 2006.

________. *Comportamento organizacional*. São Paulo: Prentice Hall, 2005.

RUAS, R.; ANTONELLO, C. S.; BOFF, L. H. *Os novos horizontes da gestão*: aprendizagem organizacional e competências. Porto Alegre: Bookman, 2005.

SANT'ANNA, A. de S.; MORAES, L. F. R. de; KILIMNIK, Z. M. Competências individuais, modernidade organizacional e satisfação no trabalho: um estudo de diagnóstico comparativo. *ERA – Eletrônica*, São Paulo, v. 4, n. 1, art. 1, jan.-jul. 2005. Disponível em: <http://www.scielo.br/pdf/raeel/v4n1/v4n1a01.pdf>. Acesso em: 16 jan. 2012.

SCHEIN, E. H. *Consultoria de procedimentos*: seu papel no DO. Trad. António Duílio Sandano. São Paulo: Edgard Blücher, 1972.

SHIRLEY R. Um modelo para análise da mudança organizacional. *Revista de Administração de Empresas*, Rio de Janeiro, Fundação Getulio Vargas, v. 16, n. 6, nov.-dez. 1976.

SIMON, H. A.; SMITHBURG, D. W.; THOMPSON, V. A. *Administración pública*. San Juan: Ediciones de la Universidad de Puerto Rico, 1956.

capítulo 2

Planejamento estratégico de Recursos Humanos

Objetivos do capítulo

1. Analisar o impacto do planejamento estratégico de uma organização nas questões estratégicas da atividade de recursos humanos, bem como o alinhamento dessas questões com esse planejamento.
2. Situar os desafios do ambiente externo para a formulação das questões estratégicas de recursos humanos.
3. Ao acompanhar e assimilar o conteúdo deste capítulo, você estará em melhores condições de:
   a. utilizar o planejamento tático-operacional da atividade de RH, desdobrado do plano estratégico da organização, como instrumento de gestão de eficiência e eficácia gerencial nas decisões sobre recursos humanos;
   b. identificar as pressões, necessidades e expectativas ambientais, internas e externas, em relação à área de Recursos Humanos;
   c. definir claramente como a atividade de RH apoiará a organização no alcance de sua visão, definida no plano estratégico corporativo.

O problema fundamental trazido pelo planejamento estratégico é o da decisão sob incerteza.
Paulo Roberto Motta, professor da Fundação Getulio Vargas

Introdução

Este capítulo tem a intenção de trazer ao estudante universitário e ao leitor interessado a possibilidade de entender e implantar o planejamento estratégico de Recursos Humanos em diferentes instituições, utilizando-se de pesquisa acadêmica de maneira que atenda às exigências metodológicas.

O *objeto de estudo* é uma pesquisa sobre o processo de planejamento estratégico e suas diferentes etapas, apoiada por recomendações de conteúdo teórico, tendo em vista a aplicação prática.

O *objetivo* do texto é o de apresentar as diferentes fases do processo, levando em consideração a situação do ambiente de negociação com a finalidade de que o usuário tenha uma visão abrangente do cenário para que possa identificar quais as práticas e políticas mais apropriadas à obtenção de sucesso.

O *problema* a ser resolvido é apresentado pela seguinte questão: há possibilidade de se desenvolver um processo de conteúdo teórico, caracterizando o planejamento estratégico, de modo que dê apoio à realização prática, entendido por "como fazer" para obter um resultado que efetivamente traga proveitos significativos ao empreendimento?

Como *justificativa*, esperamos que os responsáveis pela elaboração do processo de planejamento estratégico possuam os conhecimentos necessários para atender às metas organizacionais.

O conhecimento e domínio sobre o planejamento estratégico, por parte dos gestores, aliados ao conjunto de processos apoiados por sugestões metodológicas, proporcionariam, por *hipótese*, resultados vantajosos e de sucesso para a empresa. É possível que as ações propostas e aplicadas, fruto do planejamento estratégico, resultem em prática saudável em todos os aspectos, produzindo respostas altamente positivas para o fortalecimento da organização.

Podemos adiantar que o conjunto de procedimentos – *variáveis* – de conteúdo teórico apontado neste capítulo se constitui em fator decisivo nas mudanças que poderão ser constatadas em resultados a serem obtidos pela empresa em seu ambiente de negociação.

Para atingir o objetivo estabelecido, assumiu-se como *metodologia* uma pesquisa bibliográfica de caráter científico voltada à melhoria nos processos do planejamento estratégico.

O capítulo está estruturado de modo que permita ao leitor tomar conhecimento dos conteúdos, conceitos, procedimentos e objetivos.

Esta Introdução colocou em evidência o objeto de estudo, o objetivo, o problema, a justificativa, as hipóteses, as variáveis e a metodologia aplicada, e apresenta, a seguir, a estrutura do capítulo mediante o resumo do conteúdo de seus tópicos.

No primeiro tópico, apresentamos o cenário do planejamento estratégico com suas origens, conceitos, vantagens e viabilização. No segundo, discorremos sobre o teste de QI da organização. O terceiro aborda o processo e suas fases como: origens, conceito, vantagens e viabilização. E, por fim, apresentamos as considerações finais a respeito do que foi explanado.

2.1 Cenário do planejamento estratégico

Vivemos em um cenário globalizado que implica um mundo sem fronteiras, forçando povos a se desapropriar de suas culturas para se inserir em outras, que, muitas vezes, só trazem descaracterização de valores, aglutinando subjetividades, ao preço de muitos serem excluídos da própria vida laboral, além das constantes instabilidades econômicas, sociais, políticas e culturais. Decorrente disso, inúmeras empresas insistem em agir de forma mecanicista, com base no automatismo e na impulsividade, sem fazer uma análise crítica dessa evolução e suas consequências, visando, dessa forma, ajustar os melhores "remédios" para cada situação.

Esse quadro tem sido negativo para o ser humano, pois este se vê invadido em sua essência, deixado, quase sempre, à deriva e, portanto, desorientado quanto às escolhas profissionais e também quanto a um local de trabalho que seja compatível com sua vocação, competência, habilidade, potencialidade e criatividade. Muitos profissionais são lançados à "cova dos leões" e têm de enfrentar imensos desafios em um só dia para sobreviver às constantes ameaças a que estão sujeitos. Nesse caso, as mudanças aparecem de forma imperativa, comprometendo o desejo do funcionário que fica em uma situação de submissão.

Traçado este panorama, deixamos clara, mais uma vez, a importância que um funcionário tem para a organização. Ele trabalha para que a empresa se encontre fortalecida no mercado, não só em nível nacional, mas também no âmbito internacional, sendo este o que regula todas as transações econômicas.

Fundamentados em tais verdades, é que pretendemos desenvolver questões pertinentes ao planejamento da atividade de recursos humanos, considerando-o, em face do processo de planejamento estratégico da organização, como um plano tático-operacional, que contém questões estratégicas alinhadas ao plano estratégico corporativo.

Ressaltamos que, muitas vezes, o planejamento de RH deve se apresentar como um plano tático-operacional, por ter ficado em segundo plano, em tempos de grandes crises financeiras, momento oportuno para uma grande mudança estrutural e/ou organizacional.

Sem dúvida, um dos pontos mais importantes a ser considerado pela organização é seu planejamento estratégico (PE), que tem como produto ou resultado, o plano estratégico. Sendo assim, todas as atividades de primeira linha, como de Recursos Humanos, devem elaborar seus planos tático-operacionais (PTO) desdobrados do plano estratégico de organização.

A partir desse PTO serão definidos objetivos, indicadores e metas, alinhados aos desafios estratégicos da organização, tendo como base a avaliação do funcionamento de seu ambiente interno em relação ao externo para, então, ser traçado um planejamento que possa ser eficaz a ponto de a organização não só se manter no mercado, como também de superar as expectativas deste.

Dessa maneira, a organização poderá contar com o RH como um aliado capaz de ajudar na construção do caminho para o sucesso e a perenidade.

Apesar de um expressivo percentual estar sempre voltado e atento a essa área, há muitas organizações que ignoram a importância do RH para atingir seus objetivos estratégicos.

Grandes e complexas empresas, consideradas de excelência em gestão, investem sistematicamente na qualificação de seus quadros de RH.

A aposta da empresa na tomada de decisão em relação aos atuais paradigmas, novas teorias e sua aplicabilidade, que são movidos por outras técnicas, é a grande subversão construtiva que pode fazê-la avançar, em detrimento aos recursos obsoletos que lhe deixa em estado de estagnação.

O rompimento com o passado não é realizado pela resistência às mudanças que não cessam de se apresentar. Lembramos que toda e qualquer organização precisa ser atualizada por conhecimentos teóricos, mas isoladamente eles de nada adiantarão, se não forem devidamente explicitados, entendidos, internalizados e implementados.

Desse modo, pretendemos definir o que é planejamento tático-operacional de RH. As características dos cargos, as análises dos ambientes interno e externo, os desdobramentos do planejamento por toda a organização, em planos de ação, práticas de avaliação do nível de implementação e internalização, os procedimentos operacionais pertinentes, os métodos de gestão e as necessidades de recursos são primordiais para o sucesso de uma política de RH bem-sucedida quando alinhada ao plano estratégico de uma organização.

2.1.1 Origens do planejamento estratégico

A origem do planejamento estratégico (PE), como atividade administrativa, deve-se ao professor H. Igor Ansoff, do Carnegie Institute of Technology, nos Estados Unidos, com a publicação de seu livro *Corporate strategy*, traduzido para o português como *Estratégia empresarial*.

Basicamente, Ansoff adotou um modelo de tomada de decisões estratégicas organizacionais, conforme mostra a Figura 2.1, no qual a definição de objetivos estratégicos leva à avaliação interna da organização (substanciada em *forças* e *fraquezas*, ou *pontos fortes* e *pontos fracos*, segundo outros autores) que é cotejada com a análise do ambiente externo, quando *oportunidades* e *ameaças* ao negócio são identificadas. Dessa análise resultam os objetivos estratégicos e as estratégias corporativas.

Somente após essa análise, também chamada análise de ambientes ou análise SWOT (*strenghts, weaknesses, opportunities, threats*), é que deve vir à tona a decisão da direção em diversificar ou não as atividades da organização, principalmente, diante dos desafios impostos pelo ambiente externo, que, como regra, são os fatores impulsionadores de mudanças.

A **análise SWOT** é uma ferramenta empregada para analisar o cenário ou o ambiente, sendo usada como base para gestão e planejamento estratégico de uma corporação, organização ou empresa, podendo, em razão de sua simplicidade, ser utilizada para qualquer tipo de exame de cenário, desde a criação de um blog à gestão de uma multinacional. Por meio desse tipo de análise é possível verificar a posição estratégica da corporação, organização ou empresa no ambiente em questão.

O modelo proposto por Ansoff desenvolve a concepção, a montagem e o acompanhamento das estratégias de expansão e de diversificação das atividades da empresa.

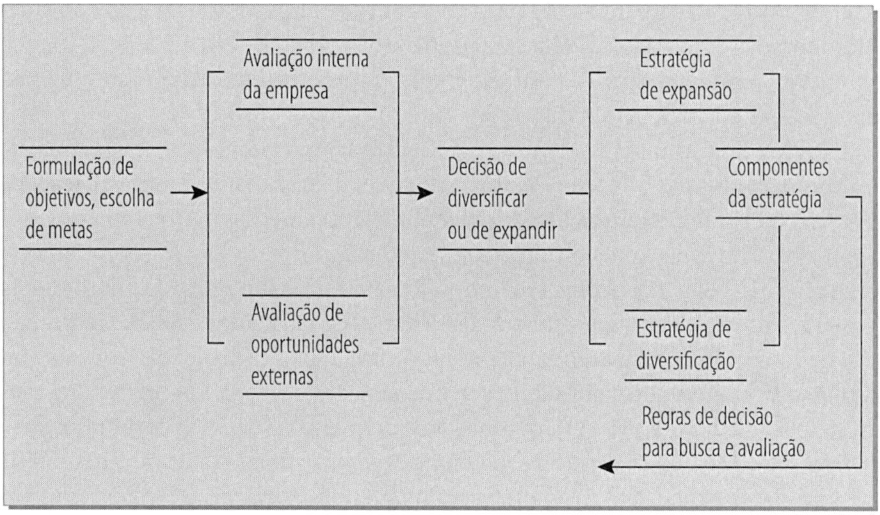

Figura 2.1 – Decisões no processo de formulação de estratégias.
Fonte: Ansoff, 1980, p. 23.

Um pouco mais tarde, outro estudioso norte-americano, Russell L. Ackoff escrevia um artigo em que identificava o PE como uma técnica administrativa, citando exemplos de sua aplicação. Para Ackoff (1975), "quanto mais as atividades de uma organização forem afetadas por um plano, mais estratégico ele será, ou seja, planejamento estratégico amplo".

Nessa mesma época, Martin Bower (1966), conhecido consultor de empresas nos Estados Unidos, afirmava que a ideia central do sucesso do PE repousa na adaptação da estrutura organizacional a seu ambiente, cuja estratégia consiste em buscar respostas à questão central: "o que estamos procurando fazer e como poderemos fazê-lo de modo mais rentável, levando em conta os fatores competitivos?".

Embora as contribuições de Ansoff, Ackoff e Bower tenham sido extremamente úteis para a aceitação e expansão do PE, nenhum deles apresentou sugestões de como formular planos estratégicos específicos.

Vale lembrar que o produto, resultado de uma atividade de planejamento estratégico (PE), é o plano estratégico. O plano estratégico, com o planejamento estratégico, deve, para sua validade como instrumento de gestão, conter as práticas capazes de desdobrá-lo em planos tático-operacionais e planos operacionais ou planos de ação para toda a organização, bem como deve conter os mecanismos de avaliação da sua eficiência e eficácia, sistematicamente, cotejada com os resultados do plano estratégico corporativo.

Foi somente com Richard F. Vancil e Peter Lorange, em 1975, que o PE se apresentou como uma metodologia para a formulação de planejamento sistemático; formulação essa voltada para as organizações com estruturas bastante diversificadas e desdobradas em várias unidades de negócios.

Autores contemporâneos e estudos mais recentes trazem ideias muito interessantes e mais eficazes para o PE.

Torna-se importante ressaltar que não é adequado o fato de setores de uma organização, como o de RH, de pessoal, financeiro, de tecnologia da informação, de operação ou produção, manutenção, engenharia, orçamentos, entre outros, elaborarem isoladamente planos estratégicos, que dizem respeito ao futuro, porque esses órgãos não têm vida própria sozinhos. São partes de um todo, que os alimenta com indicadores, objetivos e sistemas de cobrança de resultados. Isoladamente, não podem definir onde desejarão estar em um futuro, qual sua posição e o que devem fazer. Assim, como setores que fazem parte de uma organização, devem elaborar planos tático-operacionais (PTO), desdobrados do plano estratégico corporativo.

É mais conveniente que esses segmentos organizacionais tratem as questões ligadas ao plano estratégico corporativo como "questões estratégicas", e não como um plano estratégico, a fim de não confundir com o organizacional ou corporativo para onde todas as forças e energias devem estar focadas.

Desse modo, a atividade de RH deve identificar como pode definir ações táticas e operacionais capazes de ajudar a organização a atingir seus desafios. Muitas partes de várias organizações, que insistem em elaborar "planos estratégicos particulares", acabam otimizando seus resultados particulares, nem sempre contribuindo para a otimização do todo, que é a organização.

2.1.2 Conceito de planejamento estratégico

Podemos conceituar a atividade de planejamento estratégico (PE) como a consolidação de um conjunto de ideias que foram elaboradas de acordo com os objetivos, práticas, métodos, planos de ação que resultaram do diagnóstico organizacional, conforme destacado anteriormente, em análise de ambientes SWOT.

Reforçamos que de nada adianta todo esse esforço de desenvolvimento, caso não haja a implantação do que consta no plano estratégico, nos planos tático-operacionais e nos planos de ação, fruto de gestão eficiente e eficaz.

O plano estratégico deve surgir da cultura da organização a partir da sua preocupação com o seu futuro. Esta tem de estar presente nas mentes dos componentes da alta direção de quaisquer organizações, e a alta direção deve ficar à frente da elaboração e do monitoramento da implementação.

Tal responsabilidade não deve ser atribuída a nenhuma outra área. Caso isso venha a ocorrer, os riscos são enormes. Muitas organizações fracassaram, pois seus planos estratégicos foram elaborados sem a participação, chancela e validação da direção. Desta deve vir o exemplo relacionado às questões futuras que só a ela dizem respeito.

Também ocorrem muitos casos em que setores de empresas, como o de RH, de finanças, de manutenção, de engenharia, de produção, de marketing, de vendas, entre outros, elaboraram planos estratégicos particulares, e tudo foi perdido quando processos de reengenharia ou reestruturações foram conduzidos, jogando por terra tudo o que os gerentes dessas áreas pensaram sobre os futuros dessas empresas. Como já mencionado, tais áreas devem elaborar planos tático-operacionais, desdobrados do plano estratégico corporativo.

Na elaboração de um plano estratégico, toda a inteligência da organização deve ser aproveitada, na medida em que a direção entende sua necessidade e importância diante dos desafios externos, uma vez que a criatividade de uma organização permeia todos os seus níveis hierárquicos. E, nesse caso, todos os seus colaboradores devem estar incluídos, trocando ideias para caminharem juntos em busca de soluções próprias, contribuindo, assim, para os processos, as atividades, os produtos e os serviços.

Lembramos, portanto, a importância da formação de uma equipe multidisciplinar, composta por colaboradores de todas as áreas e de todos os níveis, para contribuir na elaboração de um plano estratégico com o qual todos possam se sentir comprometidos e, assim, apoiar sua implementação, tornando essa tarefa mais fácil e viável para a direção.

2.1.3 Vantagens do planejamento estratégico

Entre as vantagens proporcionais por um bem cuidado PE, das já citadas, destacamos:

- reduzir os riscos da incerteza na tomada de decisões estratégicas;
- identificar e utilizar, com maior segurança, as oportunidades externas;
- melhorar a adaptação da empresa ao processo de mudança contínua do ambiente externo;
- possibilitar aos gerentes de todos os níveis ter uma visão da direção certa para onde a empresa deve ir;
- permitir melhor seleção de recursos humanos, materiais e financeiros para as áreas de maiores resultados, quando os planos tático-operacionais dessas áreas são elaborados à luz do plano estratégico corporativo.

Resumindo, podemos considerar que a ação de PE resulta no plano estratégico, que é um sistema administrativo estruturado e projetado para organizar e coordenar as várias atividades gerenciais em função de objetivos estratégicos previamente determinados.

2.1.4 Viabilização do planejamento estratégico

Para que o PE, bem concebido e elaborado, tenha êxito em sua aplicação prática, é preciso que seja levada em conta uma conjunção de fatores favoráveis, tais como:

- a retomada do crescimento econômico em bases mais saudáveis, sem traumas e sem surpresas por parte do governo;
- o combate sistemático de índices de inflação;
- o ajuste de estruturas empresariais, tornando-as mais ágeis e aptas para conviver com as dificuldades e desafios impostos pelas conjunturas econômica, política e social do país;
- a modernização do parque fabril, tornando-o mais competitivo, tanto interna como externamente;
- o corte de gastos que não agregam valor, a redução de despesas, desperdícios, estoques e endividamento;
- a aproximação da clientela, levando em conta seus desejos, necessidades e expectativas.

2.1.5 Verificando o "QI" estratégico da empresa

Teste

	SIM	NÃO
a. Sua empresa está em condições estruturais e funcionais para responder com segurança à questão: aonde vamos nos próximos anos?	( )	( )
b. Você está por dentro dos objetivos e estratégias de sua empresa, em relação ao marketing, produção, recursos humanos, administração etc.?	( )	( )
c. Há plena integração entre as várias áreas ou unidades da organização, em matéria de estratégia empresarial?	( )	( )
d. Sua empresa está consciente da necessidade de conquistar novos mercados para seus produtos/serviços?	( )	( )
e. O PE da organização leva em conta os atuais desafios externos em que a empresa atua?	( )	( )
f. O PTO do RH está integrado ao PE da organização?	( )	( )
g. O PE possui a flexibilidade necessária, possibilitando à organização adaptar-se às rápidas mudanças do ambiente externo?	( )	( )
h. As várias áreas ou unidades da empresa têm seus PTO vinculados ao PE da organização?	( )	( )
i. As políticas estratégicas de sua empresa são apresentadas de forma clara e objetiva a quem deve ouvi-las, entendê-las e praticá-las?	( )	( )
j. Há uma rotina prevista para a revisão do PE da organização, tendo em vista seu ajustamento às necessidades e às mudanças do mercado?	( )	( )
Observação: O gabarito deste questionário encontra-se no final deste capítulo.		

2.2 O processo do planejamento estratégico em Recursos Humanos

Podemos identificar o PE de RH como um processo contínuo de tomada de decisões no âmbito da administração de pessoal de uma organização.

O que caracteriza o PE da atividade de RH é seu caráter dinâmico e flexível diante das oportunidades, ameaças, pontos fracos e estratégias presentes no plano estratégico corporativo, ao qual o RH deve, constantemente, adaptar-se, formatando seus objetivos e suas táticas adequadas às necessidades da organização.

O PE de RH, para ter o êxito esperado, só pode ser formulado, implantado e controlado em um sistema organizacional aberto e interdependente entre suas várias áreas de atuação (veja *Administração de Recursos Humanos*, v. 1, "cap. 1 Recursos Humanos: uma abordagem sistêmica", p. 1).

Sua finalidade central é integrar os vários procedimentos, políticas e objetivos de RH ao plano estratégico da organização.

Como mecanismo de tomada de decisões, o PE de RH projeta ações futuras e formula táticas tendo em vista ajudar a organização a enfrentar situações e desafios surgidos no ambiente externo em que está inserida.

A Figura 2.2 mostra os elementos centrais que levam ao conceito dinâmico de PE de RH.

O PE de RH é um instrumento de gestão que visa conjugar dois propósitos fundamentais, sem os quais não funcionaria a contento e não agregaria valor à organização:

- originar-se do desdobramento do plano estratégico da organização;
- contribuir efetivamente para o aumento da produtividade do trabalho, por meio da soma de esforços, interesses e objetivos.

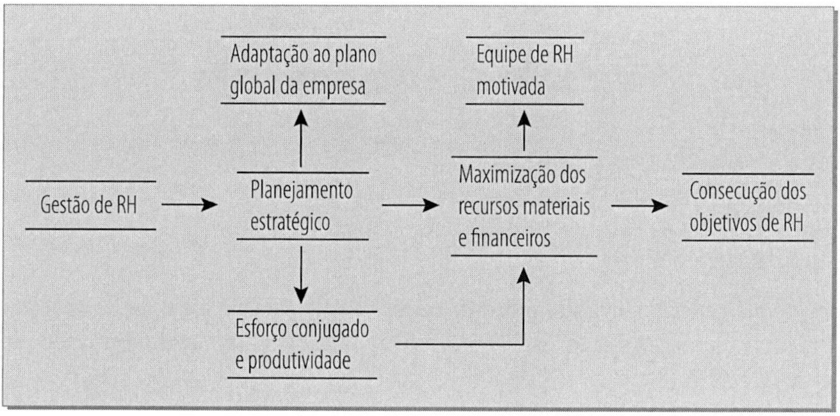

Figura 2.2 – Fluxo do conceito dinâmico de PE de RH.
Fonte: Carvalho, s.d., p. 15.

Desse modo, com uma força de trabalho bem preparada, motivada e integrada, o PE de RH leva a empresa à maximização de recursos materiais e financeiros disponíveis pela unidade de trabalho, o que, em síntese, é a consecução dos objetivos da atividade de RH.

Assim, o PE de RH funciona, ao mesmo tempo, como espécie de catalisador e impulsionador dos recursos da unidade de RH sem perder de vista a perspectiva do plano estratégico da organização.

Na elaboração do PE de RH, espera-se que a equipe busque também no ambiente externo conhecimentos, tecnologias, técnicas, práticas, métodos e pessoal de elevado nível para enfrentar os desafios e exigências do plano estratégico da organização ano a ano.

Reforçamos que a atividade de RH é uma parte do todo, ou seja, da organização, e, dessa forma, não tem como definir ou estabelecer, isoladamente e desalinhado do PE corporativo, seus rumos, sua visão e seus objetivos porque, caso a direção deseje ou julgue necessárias à sobrevivência da organização, mudanças poderão ser feitas. E essas mudanças podem passar por cima e até ignorar o que gerentes dessas áreas definiram para os anos seguintes, pois a sobrevivência do todo é muito mais importante que a das partes.

2.2.1 Fases do PE de Recursos Humanos

A Figura 2.3 descreve as principais etapas do PE de RH.

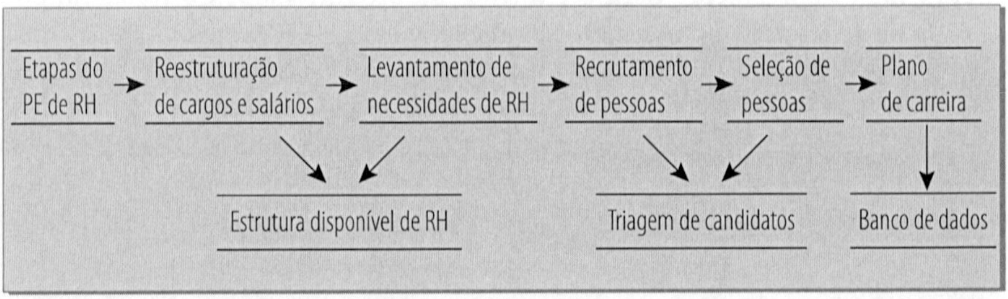

Figura 2.3 – Esquema das etapas do PE de RH.
Fonte: Carvalho, 1989, p. 47.

Reestruturação de cargos e salários[1]

Antes de proceder ao levantamento de necessidades de RH, o PE de RH necessita reestruturar os cargos e salários da empresa em face da realidade dinâmica do mercado de trabalho.

---

[1] Consulte o v. 1, *Administração de Recursos Humanos*, 2. ed. revista, cap. 2 – Administração de cargos e salários, p. 17.

Novas funções são incorporadas ao dia a dia da atividade econômica, enquanto outras são extintas. A acentuada competitividade tecnológica de nosso tempo e a pressão social por melhores salários marcam a presença atuante irreversível no diálogo entre capital e trabalho.

Dessa forma, é de responsabilidade do PE de RH analisar, avaliar e classificar o perfil de funções da empresa, bem como estruturar uma política de salários que leve em conta, entre outros, os seguintes aspectos:

- nível da atividade econômica;
- legislação em vigor;
- custo de vida (salário nominal × salário real);
- vida sindical;
- produtividade do trabalho.

Levantamento das necessidades de Recursos Humanos[2]

A principal finalidade desta etapa do PE de RH é dar ao setor uma visão antecipada e tática da quantidade e tipo de colaboradores necessários à empresa para atender às exigências definidas no PE corporativo.

Reestruturando seus cargos e salários, bem como procedendo a um cuidadoso levantamento de necessidades táticas de RH, a organização terá condições de montar uma estrutura de funções disponível a enfrentar os desafios do ambiente externo.

Recrutamento e seleção de RH[3]

Obtido o chamado "inventário de RH" por meio do levantamento de necessidades de pessoal, a fase seguinte do PE de RH é recrutar e selecionar os candidatos para o preenchimento de vagas oferecidas pela organização, visando sua caminhada ao sucesso no mercado.

Planejamento de carreira[4]

No PE de RH, o plano de carreira visa proporcionar à empresa, por meio de um banco de talentos profissionais, os meios para a indicação, a qualquer momento ou situação, de colaboradores com potencial para o pleno exercício de determinadas funções na organização.

2.2.2 Princípios do PE de Recursos Humanos

Entre as premissas que levam ao êxito de sua execução, o PE de RH deve considerar os seguintes princípios:

---

[2] Idem. cap. 3 – Recrutamento de pessoas, p. 89.
[3] Idem, caps. 3 e 4 – Seleção de Recursos Humanos, p. 125.
[4] Idem, cap. 4.

Estruturação das atividades de Recursos Humanos

A área ou atividade de RH deve dispor de uma estrutura administrativa dinâmica e versátil, baseada nos procedimentos de recrutar, selecionar, remunerar, treinar e avaliar o desempenho de RH, tendo em vista a obtenção e manutenção de uma força de trabalho eficiente e eficaz.

Essa estrutura de RH deve ser suficientemente capaz e flexível para responder aos constantes, e até imprevisíveis, desafios do ambiente, como reformas econômicas, políticas, sociais, e pressões do mercado etc.

Nível de comunicações

Quando se fala e se pratica uma política estratégica na empresa, é preciso que haja ampliação e melhoria dos canais de comunicação entre colaboradores, gerentes e dirigentes da organização, cujo propósito é o de esclarecer dúvidas, estimular o diálogo permanente e integrar os funcionários no espírito de desafios da organização.

Nessa linha de raciocínio, é preciso definir, também, uma política de RH adequada, justa e realista, tendo em vista a viabilização do PE da organização. Essa política deve ser comunicada de forma clara, coerente e contínua a todos os níveis hierárquicos da empresa.

Treinamento e desenvolvimento de Recursos Humanos[5]

O PE de RH deve estimular, de forma permanente, programas e projetos de treinamento e atualização de profissionais da empresa.

Pessoal bem treinado significa diminuição de riscos em matéria de aplicação de novas técnicas de trabalho na viabilização do PE da organização.

2.2.3 Fatores do PE de Recursos Humanos

Há vários fatores que influenciam, direta e indiretamente, na elaboração e execução do PE de RH. A Figura 2.4 procura mostrar a interdependência dos fatores internos e externos que contribuem decisivamente para o sucesso do PE de RH.

Medidas econômicas do governo têm influência direta – atividade produtiva – sobre o PE de RH, na medida em que possibilita a geração de novos investimentos, com expansão do mercado de trabalho, ou quando possibilita a recessão, com diminuição acentuada do poder aquisitivo das pessoas.

Já o mercado, conforme abordado ao longo deste capítulo, constitui-se no fator externo central na formulação do PE de RH. É o consumidor, em última análise, quem determina os rumos da organização, inclusive, e principalmente, quanto à política de admissão, manutenção ou demissão do pessoal empregado por ela.

---

[5] Idem, cap. 5 – Treinamento de Recursos Humanos, p. 165.

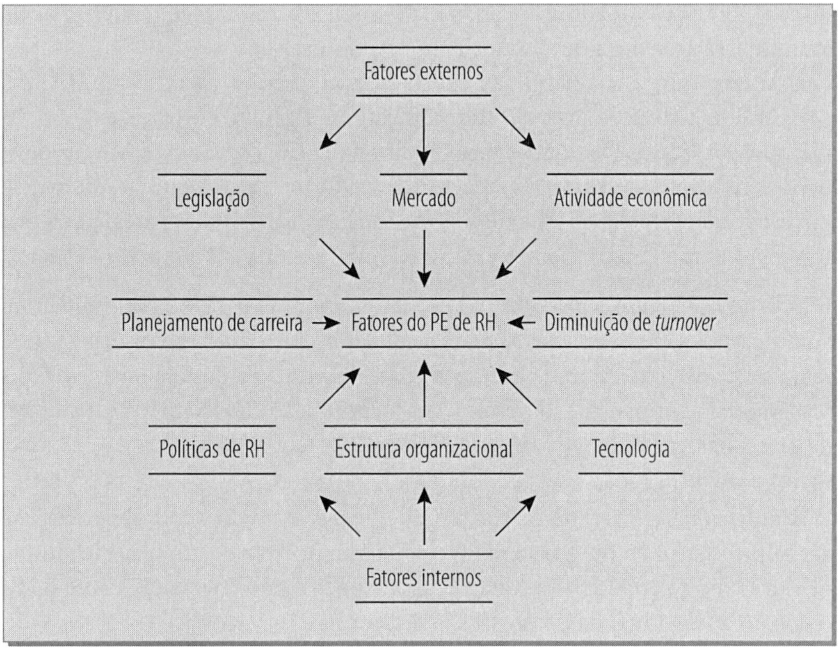

Figura 2.4 – Fatores do PE de RH.
Fonte: Carvalho, s.d., p. 16.

A organização não tem praticamente nenhuma influência sobre o surgimento de fatores externos. Por essa razão, é no conjunto dos fatores oriundos da empresa que a direção pode administrar o RH de forma racional a fim de se adaptar aos fatores externos.

Uma gestão equilibrada de RH, que saiba agilizar sua estrutura em razão dos desafios externos, consegue atingir dois objetivos fundamentais:

a. planejar carreiras;
b. diminuir consideravelmente o *turnover* na organização.

Por fim, para que o PE de RH saia do papel e possa ser aplicado com sucesso, torna-se necessário que a organização tenha uma estrutura dinâmica com o objetivo de enfrentar e superar os desafios, turbulências e mudanças oriundas de fatores ambientais, conforme mostra a Figura 2.4.

2.2.4 Perfil do executivo de Recursos Humanos em face do PE

Na atual conjuntura política, econômica e social, o executivo de RH precisa assumir uma atitude profissional como um autêntico homem de negócios da empresa, participando e comprometendo-se com as metas globais, compostas no PE da organização, pois a prática administrativa mais comum é a alienação completa de profissionais dessa área nas grandes decisões empresariais.

Para alterar substancialmente a postura isolada, cabe ao executivo de RH inserir-se de modo efetivo ao processo de planejamento geral da organização.

O professor Carlos Osmar Bertero (1982), da Fundação Getulio Vargas de São Paulo, desenvolveu interessante e oportuno estudo acerca de algumas atitudes que devem ser tomadas pelo gerente de RH no contexto do plano estratégico da organização e do plano tático-operacional do RH. Eis algumas de suas conclusões:

- É indispensável que o profissional de RH adote uma perspectiva efetivamente administrativa, pondo termo às ambiguidades de que padece ao inserir-se no sistema de poder e decisão da empresa [...]. Membros da cúpula empresarial, os profissionais de finanças, comercialização e produção não falam necessariamente de suas áreas, mas falam da empresa enquanto totalidade, de seus objetivos e dos meios para atingi-los.
- Já o profissional de RH manifesta exatamente, nesse ponto, sua ambiguidade que acaba por excluí-lo do grupo central e da perspectiva de cúpula. Ele simplesmente se omite quando são tratados assuntos que não envolvem a área de RH, como área funcional da empresa.
- O profissional de RH deve, portanto, adotar a perspectiva da cúpula administrativa.
- Ainda no que diz respeito ao relacionamento da área de RH com as demais áreas, elemento fundamental para determinar sua inserção na cúpula administrativa e sua participação no planejamento empresarial, importa destacar o seguinte: é necessário abandonar a atitude partidária e reivindicatória, visando apenas a área de RH e esforçar-se por entender o que se passa nas outras áreas e vê-las também como instrumentos de ação empresarial.
- O profissional de RH deve, como participante do planejamento, desenvolver uma visão de objetivos empresariais.
- Dados a formação e os itinerários profissionais de vários executivos de RH, entre nós não seria descabido, nem tampouco irreverente, sugerir que se dediquem a aprimorar o domínio sobre o instrumental administrativo, especialmente daqueles que são mais frequentemente utilizados no planejamento empresarial.

No momento em que se processa uma série de profundas alterações no âmbito dos direitos e das práticas trabalhistas, aumenta a necessidade da função de RH ser estrategicamente formulada.

Em face do PE de RH, a função de gestão de RH conota uma atuação administrativa que, basicamente, envolve a maximização dos recursos postos à disposição da unidade de RH (veja Figura 2.2).

Outro aspecto relevante quanto à função do gerente de RH é que ele e sua equipe devem trabalhar na capacitação, no desenvolvimento, na instrumentalização de todos os demais gerentes da organização para que aqueles exerçam também, de fato, a função de *gestores de RH* ou *de pessoas*.

Dessa forma, a área de RH nada mais é que estruturadora de práticas e métodos para identificar, selecionar, recrutar, capacitar, desenvolver, avaliar e reconhecer os colaboradores de uma organização com a finalidade de que esta possa atingir, de forma mais efetiva (eficiente e eficaz), os desafios propostos no plano estratégico corporativo. Desse modo, entendemos RH como um meio e não um fim.

2.3 Considerações finais

Neste capítulo, tivemos a oportunidade de desenvolver a apresentação das etapas do planejamento estratégico. Vimos que as diferentes fases exigem procedimentos adequados para a consecução dos objetivos estabelecidos.

Mostramos, além de uma visão sistêmica (quando somos remetidos aos capítulos desenvolvidos no volume 1), os processos pelos quais a função de Recursos Humanos se harmoniza com as demais funções da organização.

O ambiente de negociação em que a empresa atua exige que suas operações, buscando resultados significativos para os destinos do empreendimento, sejam realizadas nos limites em que ela costuma atuar; a importância do planejamento estratégico se dá tanto no contexto do sistema de RH quanto no sistema organizacional como um todo.

As exigências empresariais, ao longo do tempo, passaram por mudanças que exigem planejamentos mais eficazes e consistentes.

Vários estudiosos se debruçaram sobre o assunto, defendendo a ideia de que o planejamento estratégico se constitui em um processo indispensável nos dias atuais, para que a organização encontre seu caminho para o sucesso.

No decorrer do capítulo vimos o desenvolvimento de tópicos referentes a cenário, origens, conceito, vantagens, viabilização, teste, processos, fases, princípios, fatores, perfil, enfim, uma série de aspectos do planejamento estratégico de Recursos Humanos que facilitam tanto o entendimento como a possibilidade de sua aplicação na empresa.

2.4 Exercícios, perguntas, questionários e gabarito

Diagnóstico do planejamento estratégico de Recursos Humanos na empresa

Com base em sua experiência pessoal e no seu senso de observação, procure responder ao questionário a seguir:

a. Sua empresa mantém, sistematicamente, práticas de planejamento estratégico corporativo e de PE de RH ?

   ( ) Sim. ( ) Não.

   Por quê? ....

b. Qual é o procedimento adotado por sua empresa na elaboração do PE de RH?

c. Quais são os componentes considerados no PE de RH de sua organização?

( ) Recrutamento. ( ) Política salarial da empresa.

( ) Seleção. ( ) Política de benefícios.

( ) Pesquisa do mercado de trabalho. ( ) Solicitação formal de admissão de empregados.

( ) Revisão permanente de quadros.

( ) Outros meios. Quais? ....

d. O PE de RH de sua empresa é revisto de forma regular e atualizada?

( ) Sim. ( ) Não.

Por quê? ....

e. Caso tenha respondido "não" à questão anterior, o que pode ser feito para que essa situação mude?

f. As atividades pertinentes ao PE de RH de sua companhia estão subordinadas às do planejamento estratégico corporativo, isto é, da organização, como um todo?

( ) Sim. ( ) Não.

Por quê? ....

g. Os problemas levantados pelas diversas áreas são considerados quando da elaboração do PE de RH de sua organização?

( ) Sim. ( ) Não.

Por quê? ....

h. Como é procedido o envolvimento do pessoal da sua organização no clima de PE de RH?

Perguntas para reflexão

Veja o item 1.6. Exercícios, perguntas, questionários e gabarito no capítulo 1, p. 33.

1. Em que sentido o planejamento estratégico de RH pode melhorar as relações da empresa com o mercado de trabalho?
2. Em que sentido o plano estratégico (PE) de uma organização pode melhorar suas relações com o mercado de trabalho?
3. Até que ponto a estrutura organizacional pode ser um fator decisivo na formulação do PE de RH?
4. Até que ponto a estrutura organizacional pode ser fator decisivo na formulação do seu PE?
5. Você vê alguma relação entre PE de RH e o aumento da produtividade do trabalho? Qual?
6. Você vê alguma relação entre o PE da organização e o aumento da produtividade dos colaboradores? Em qual(is) área(s)? Quais aspectos podem ser identificados como aumento?

Questionário de autoavaliação

Veja "Explicação preliminar" no Capítulo 1, p. 33.

O gabarito deste questionário encontra-se no final deste capítulo.

1. Pode-se dizer que as atividades de planejamento estratégico e as de planejamento tático--operacional são, na essência, a mesma coisa.

   Sim ( ) Não ( )

2. O PE de RH objetiva conjugar dois propósitos fundamentais, sem os quais não funciona a contento, ou seja:

   a. adaptar-se ao plano .... da organização; e

   b. aumentar a .... do trabalho por meio da soma de esforços, ... e objetivos.

3. O primeiro princípio do PE de RH a ser considerado é quanto:

   a. ao treinamento e desenvolvimento de RH ( )

   b. ao nível de comunicações ( )

   c. à estruturação da atividade de RH ( )

   d. à política salarial adotada pela empresa ( )

4. A legislação e o mercado são dois dos fatores externos que influenciam no PE de RH. Qual é o terceiro?

   Resposta: ....

5. Lembre-se do conceito de sistema organizacional aberto. Você concorda com a afirmativa de que o PE de RH só é viável em um sistema organizacional aberto?

   Sim ( ) Não ( )

Gabarito

Questionário de autoavaliação:

1. Não.
2. Estratégico ... produtividade ... interesses.
3. Alternativa c.
4. Atividade econômica.
5. Sim.

Testando o QI estratégico da empresa:

Se você respondeu "sim" a todas as questões, o QI estratégico de sua empresa é excelente. Se você respondeu "não" principalmente às questões a, c, g e j, sua empresa precisa revisar com urgência suas políticas estratégicas.

Referências bibliográficas

ACKOFF, R. L. *Planejamento empresarial*. Trad. Marco Túlio de Freitas. Rio de Janeiro: Livros Técnicos e Científicos Editora, 1975.

ANSOFF, H. I. *Estratégia empresarial*. Trad. Antônio Zoratto Sanvicente. São Paulo: McGraw-Hill, 1980, p. 23.

BERTERO, C. Or. O administrador de RH e o planejamento empresarial. *Revista de Administração de Empresas*, Fundação Getulio Vargas, n. 22, v. 1, p. 11-13, jan.-abr. de 1982.

BOWER, M. *The will to manage*. Nova York: McGraw-Hill, 1966. p. 23.

CARVALHO, A. V. de. *Administração de RH em época de transição*. São Paulo: IOB Informações Objetivos, [s.d.], p. 15. (Coleção Empresarial, v. 47)

_______. de. *Recursos humanos*: desafios e estratégias. São Paulo: Pioneira, 1989, p. 47.

NASCIMENTO, L. P. do. *Elaboração de projetos de pesquisa*. São Paulo: Cengage, 2011.

VANCIL, R. F.; LORANGE, P. Strategic planning in diversified companies. *Harvard Business Review*, p. 81-90, jan.-fev. 1975.

VASCONCELLOS FILHO, P. Afinal, O que é planejamento estratégico? *Revista de Administração de Empresas*, Fundação Getulio Vargas, Rio de Janeiro, p. 10, abr.-jun. 1978.

capítulo 3

Gestão participativa em Recursos Humanos

Objetivos do capítulo

1. Levar o leitor a uma visão sistêmica do que vem a ser a gestão participativa em Recursos Humanos.
2. Analisar os instrumentos de gestão participativa em RH, como uma função organizacional ativadora das mudanças organizacionais.
3. Ao acompanhar e assimilar o conteúdo deste capítulo, você estará em melhores condições de:
   a. entender e praticar a gestão participativa em RH à luz das mudanças ambientais onde sua empresa se faz presente;
   b. conhecer melhor a importância e o alcance da gestão participativa em RH.

O Ocidente ainda insiste em vender a ideia de adotar a administração participativa em suas organizações. É de se perguntar: essa ideia precisa ser vendida?

Dr. Kaoru Ishikawa, conhecido cientista japonês

Introdução

Este capítulo pretende dar continuidade a um assunto já tratado antes, embora busque outros enfoques. Anteriormente, abordamos a estratégia e outros aspectos. Agora, a ideia é explicar da questão do compartilhamento de experiências, habilidades e conhecimentos entre pessoas, considerando a participação o ponto de partida para a resolução de problemas de ordem pessoal dos indivíduos que convivem em um mesmo ambiente, no qual, para atingir alvos comuns, a colaboração de cada ser humano torna-se imprescindível.

O *objeto de estudo* tem a intenção de apresentar uma teia ou rede de procedimentos interligados de que trata a gestão participativa de Recursos Humanos, de forma abrangente, por considerar que toda gestão lida com pessoas.

Como *objetivo*, o texto sugere a análise cuidadosa de diferentes perfis, tanto do gestor como dos colaboradores, para se obter contribuições valiosas para os propósitos do empreendimento.

O *problema* em relação ao qual foi desenvolvido este capítulo se resume na seguinte questão: apesar das diferenças individuais, é possível que, com a utilização da gestão participativa, se consiga a colaboração espontânea das pessoas na consecução das metas por meio dos esforços produtivos comuns?

Como *justificativa*, podemos conceber que a capacidade de conviver e comunicar-se com parceiros profissionais, sejam eles líderes, liderados, clientes, consumidores, fornecedores e acionistas, deverá sofrer transformações.

As diferenças individuais, sendo tratadas e se relacionando por meio de um processo de gestão participativa, devem, por *hipótese*, se desenvolver de maneira amistosa e produtiva, em busca de resultados promissores.

Nessa circunstância, os processos e as pessoas – *variáveis* – representam os fatores que provocam mudanças de comportamento passíveis de serem observadas por meio de seus efeitos.

Na elaboração e no desenvolvimento do capítulo foi adotada como *metodologia* a pesquisa bibliográfica de caráter teórico, na qual uma série de obras foi consultada na tentativa de enriquecer o texto com os estudos aprofundados de diferentes teorias e dos conhecimentos aplicados pelos interessados na evolução e crescimento dos seres humanos comprometidos com a melhoria do relacionamento interpessoal.

Esta Introdução pôs em evidência o objeto de estudo, o objetivo e outros aspectos, e finaliza, a seguir, com a apresentação da estrutura do capítulo mediante o resumo do conteúdo de cada tópico.

O primeiro tópico aborda o ambiente ou cenário da gestão participativa onde estão presentes turbulências, reflexão, quebras de paradigmas, inovação, descentralização de decisões, diversidade de empresas, visão de funcionário *versus* colaborador, enfim, uma gama variada de aspectos que oferecem mudanças a cada momento.

O tópico seguinte traz um conjunto de teorias e estudos de diversos autores que fundamentaram a gestão participativa, no qual fatores como tarefas, estruturas, relacionamento, comportamento e participação concorreram para a tônica do texto.

O terceiro tópico versa sobre as diferentes situações da gestão participativa no que diz respeito às funções exercidas por líderes, o relacionamento com grupos de trabalho e as forçosas e valiosas comunicações, exigidas ao longo de todo o percurso da vida profissional.

Na sequência, temos a oportunidade de conhecer as dificuldades e vantagens que a delegação proporciona, pois, além de servir como instrumento de liderança, mostra quais procedimentos essenciais são exigidos para obtenção de êxito no desenvolvimento das atividades de gestão participativa.

O quinto tópico explana sobre procedimentos recomendados em reunião de trabalho, atividade presente na maioria das empresas. São apresentadas e detalhadas as vantagens e as dinâmicas para a obtenção de resultados organizacionais mais expressivos.

Depois, o assunto a ser desenvolvido é a tomada de decisões com as várias etapas do processo, abrangendo a identificação do problema, levantamento e análise de informações, escolha de alternativas e a decisão propriamente dita.

Encerrando o capítulo, inserimos as considerações finais, que produzem um relatório sucinto dos assuntos abordados ao longo deste capítulo.

3.1 Cenário da gestão participativa

O cenário da economia mundial, e particularmente no Brasil, se apresenta em constante turbulência, deixando as organizações em estado de alerta e até confusas. A competitividade mais acirrada, que se apresenta nesse contexto, leva a grande maioria das empresas a lançar mão de um padrão de excelência em uma versão mais rigorosa a fim de alcançar resultados mais positivos. Esse é o preço que as empresas pagam para não sucumbir em face dos novos desafios.

Assim, esse é o momento apropriado de grandes e profundas reflexões a respeito do que acontece no mercado globalizado, levando as organizações a apostar cada vez mais em seus recursos humanos, em suas previsões, planejamentos, inovações e lançamentos, de forma acelerada, porém com muita cautela e responsabilidade.

A gestão participativa tem sido a tônica em muitas organizações, normalmente naquelas que convivem ou experimentam o ar da competitividade externa.

Essas, além de procurar zelar pelo nome e credibilidade, além de atualizar seus processos produtivos, precisam também se responsabilizar pelos seus atos, pelos impactos de seus produtos e serviços, caso queiram manter-se vivas no sistema econômico contemporâneo.

Diante dos novos paradigmas e das incessantes inovações, torna-se imprescindível a descentralização das decisões. Para isso, é dada ênfase à estruturação de equipes interdisciplinares na organização, que possam discutir e analisar o futuro da empresa, com estratégias e táticas, estando, assim, mais bem preparadas a apoiá-la para atingir os desafios globais.

Tal movimento, "aparentemente", dá fim à era mecanicista para focar na humanista. Contudo, muitas empresas que dizem seguir esse modelo apresentam, nos bastidores, relações de trabalho que funcionam de acordo com o discurso do mestre, em que o "dono" manda e o trabalhador obedece às ordens, ou seja, somente os gerentes e a direção podem pensar.

A título de ilustração, trazemos o exemplo de uma antiga brincadeira que era regulada por esses moldes: "Fareis tudo que seu mestre mandar? Ao que todos respondiam: faremos todos". Essa rigidez não fornece a possibilidade de o ser humano produzir com prazer, com disposição, obturando, assim, seu desejo, sua motivação.

Outra novidade primordial que ocorre na organização é a da mudança de nomeação: funcionários agora são chamados colaboradores. Trata-se de uma tática, uma vez que, assim, podem exercer funções participativas, interdependentes e integradas.

Diante das realidades atuais a que estão sujeitas as organizações, o ser humano passa a ser peça-chave do seu desenvolvimento, o qual prima pela eficácia, tanto em seu processo de gestão com base no apoio de todos os seus clientes internos e externos como na manutenção da sua produtividade e crescimento.

Sabemos que ainda há enormes restrições e barreiras, em muitas organizações, principalmente por parte dos empregados, em adotar e aceitar naturalmente o termo "colaboradores" por não soar como um tratamento sincero.

O cenário atual nos mostra funcionários que perguntam: "colaborador em quê? Para quê? Como?". Quando eles se propõem a colaborar, seus chefes ou gerentes não lhes abrem espaço para isso.

Em outras situações, chegam realmente a colaborar, entretanto, nunca lhes é dada a oportunidade de enxergar sua participação nos lucros, nos resultados ou em quaisquer outros tipos de reconhecimento. Nesse cenário, o que muitos funcionários podem visualizar é o prejuízo que, quando acontece, os atinge com cortes e reduções de quadro.

É bem verdade que nesse cenário temos uma gama bastante variada de empresas. Entre elas, encontramos as que praticam uma gestão participativa honesta e humana, enquanto outras não evoluíram. Nessas últimas, a percepção que seus contratados têm é a de que ser considerado empregado ou funcionário, que é a realidade, recebendo salários, benefícios e tratamento dignos, é muito melhor do que ser considerado colaborador e não ser tratado com respeito.

A nova face de uma gestão "inteligente" é a de estar aberta ao diálogo, à troca de ideias. Ela deve envolver seus colaboradores de forma que se sintam não apenas envolvidos, mas também comprometidos com os objetivos e resultados da empresa, em vez de se sentirem como massa de manobra e manipulados pela gestão, cuja finalidade é a de apenas fazer uso deles para depois descartá-los, como acontece em algumas empresas que não acompanharam as novas práticas de gestão.

É imprescindível que os colaboradores sintam que a empresa não os "use", pelo contrário, aposte e invista neles, dando-lhes oportunidades de ampliar seus conhecimentos, sendo fonte de aprendizagem para que possam crescer e encontrar novos caminhos.

Por outro lado, cabe aos colaboradores estarem atentos às oportunidades, não se deixando levar pelo aprisionamento, e sim apostarem em si mesmos.

Lembramos que a empresa e as relações de modo geral são guias ou referenciais para crescermos, mesmo diante das dificuldades, dos obstáculos e dos impasses. Ninguém nasce sabendo nem consegue saber tudo. A aprendizagem é uma via de mão dupla.

Entendemos que muitas organizações, por atuar em mercados competitivos, nem sempre têm condições de despender muito tempo no ensino e na preparação de novos colaboradores.

Se essa for a realidade da organização, então, esta deve procurar atrair colaboradores mais qualificados para que não seja exigido deles aquilo que não possuem inicialmente. Formar um novo colaborador no nível desejado, para qualquer organização, leva tempo e exige paciência e a disposição de um líder.

Cabe ressaltar, diante do contexto atual, que a participação de todos é primordial, no entanto, a tão alardeada democracia tende a deixar os parceiros das organizações sem bússolas, ou seja, sem parâmetros para se orientar de acordo com as normas comuns e necessárias a todas elas.

Esse tem sido um tema bastante abordado em nossa época em razão da falta de qualificação gerencial necessária para nortear o ser humano na sua caminhada em uma organização.

Não nos referimos ao autoritarismo que comanda e domina, anulando a subjetividade das pessoas, aniquilando a criatividade que é de extrema importância para os diversos tipos de produção. Referimo-nos à autoridade em termos de conhecimento, até mesmo a reconhecida pelos membros da equipe.

O Capítulo 1, no tópico "Ênfase no indivíduo e no grupo", nos trouxe o processo de desenvolvimento organizacional que procura dar ênfase às novas formas de os colaboradores lidarem com seu grupo de trabalho, a fim de refletirem em conjunto, tendo em vista a elaboração de um plano de ação que possa ser eficaz em face das novas exigências ambientais.

De sua parte, o planejamento estratégico de RH[1] tem por objetivo maximizar os recursos da organização por meio de equipes motivadas.

Contudo, de nada adianta um excelente programa de DO, com base em ações táticas bem-definidas, se o elemento humano do processo for negligenciado.

Assim, como acontece com certas expressões que viram modismos e logo se desgastam por sua aplicação inadequada (como "administração por objetivos", "psicologia comportamental na empresa" etc.), a gestão participativa corre também esse risco, caso não lhe seja dada uma conotação prática, focada na melhoria dos resultados da organização.

O conceito e a aplicação de gestão participativa têm sido confundidos com "relações humanas no trabalho", "liderança gerencial", "trabalho em grupo" etc.

Embora a organização utilize esses recursos para tornar possível sua aplicação, como veremos no decorrer deste capítulo, a gerência participativa é, essencialmente, uma filosofia de ação administrativa voltada para melhorar a identificação entre capital e trabalho.

Podemos dizer que a organização inovadora aposta nos seus colaboradores, se eles tecerem laços sociais de modo civilizatório, para dirimir os conflitos internos mais acentuados e, assim, contribuir para as mudanças nas relações de trabalho e, consequentemente, no aumento da produtividade. Ressaltamos que essa é uma visão humanista que está em pauta nas organizações que visam sua sobrevivência.

L. Coch e J. R. French (1948), consultores de psicologia comportamental nos Estados Unidos, já afirmavam há algum tempo: "quando os gerentes e empregados dis-

[1] Veja o Capítulo 2, Figura 2.2, p. 47.

cutiam as mudanças tecnológicas que se faziam necessárias, a produtividade aumentava e diminuía a resistência às mudanças, quando tais processos eram iniciados".

Ora, se, à época em que Coch e French formularam seu enunciado, o avanço tecnológico já provocava mudanças acentuadas no modo de pensar e de agir dos gerentes. Atualmente, tal revolução é muito mais rápida, necessária e complexa, baseada na tecnologia da informação, exigindo mais disponibilidade, flexibilidade e envolvimento de todas as áreas e funções de uma organização.

Por outro lado, permanece inalterado o princípio do diálogo entre gerentes e seus colaboradores para uma efetiva execução das reformas indispensáveis ao progresso e à própria sobrevivência da empresa em um contexto cada vez mais competitivo.

Destacamos que pensar apenas em "sobrevivência" é algo pobre para uma organização. Torna-se importante pensar em uma constante busca pelo crescimento, pois só assim é possível alcançar o sucesso em qualquer nível.

Quem busca se aperfeiçoar está no caminho do crescimento e desenvolvimento voltado não somente para a empresa, mas também à sua valorização pessoal e profissional. Desse modo, está investindo em si mesmo, garantindo seu lugar no mercado de trabalho.

É sabido que as relações cooperativas de trabalho são indispensáveis para o aprimoramento e a manutenção de um ambiente profissional onde exista confiança entre os integrantes de uma organização – que pode ser entendido como toda a empresa ou uma simples equipe de trabalho. Essa integração, bem como uma maior assimilação das tarefas que lhes são passadas, leva os membros da organização a ser mais produtivos, contribuindo para o aumento da capacidade de competir no mercado externo.

A atual conjuntura sociocultural-econômica mundial exige cada vez mais a participação e a integração entre colaboradores e gestores na tomada de decisões ou na administração responsável de conflitos.

Adiante, voltaremos às questões que põem em evidência o ser humano, dando destaque à sua singularidade, isto é, a particularidades ou diferenças, pois é importante que cada indivíduo possa saber qual é o seu papel e lugar na organização. Desse modo, torna-se possível que cada um acredite na capacidade de juntar forças, compartilhar sugestões e agregar valor tendo em vista à melhoria de trabalho e de vida.

3.2 Antecedentes da gestão participativa de RH ou de pessoas

A gestão compartilhada ou participativa pode ser identificada como um processo exercido sobre certo grupo de trabalho, visando obter, espontaneamente, de seus membros a máxima eficiência do esforço conjugado para o alcance de metas propostas a esse mesmo grupo.

É extremamente essencial que esse grupo saiba como suas ações afetam os resultados globais da organização, ressaltando que esse ponto é um dos mais importantes elementos de motivação.

A gestão participativa em RH diz respeito à gestão, gerência ou administração de quaisquer áreas ou funções de uma organização, pois todas elas gerem pessoas. Portanto, quando aqui for mencionado gerente ou gestor participativo de RH, estamos tratando de um gerente ou gestor que lidera pessoas em quaisquer áreas, funções e tipos de organização.

O enunciado de Lawrence A. Appley, ex-presidente da American Management Association, "Trabalhando com outras pessoas, e por intermédio delas, é como o gerente realiza seu trabalho", objetiva, por meio da gestão participativa:

- a correta e inteligente utilização dos recursos humanos, materiais e financeiros disponíveis;
- a direção efetiva de equipes de trabalho – integradas e motivadas;
- a consecução de metas previamente determinadas.

A mais apropriada utilização dos instrumentos de apoio ao processo de gestão participativa de RH somente é possível por intermédio de uma atuação mais consciente e decisiva que deve ser exercida pelo gerente. Em virtude da subjetividade, devemos levar em consideração o inesperado, as falhas, as contingências. Daí a importância do desenvolvimento contínuo de técnicas e métodos de gestão participativa de RH.

Graficamente, podemos representar o conceito dinâmico de gestão participativa de RH como mostrado na Figura 3.1.

Desse modo, a gestão participativa de RH pode ser entendida a partir do momento em que o grupo age voluntariamente na prática e no apoio ao dirigente da equipe.

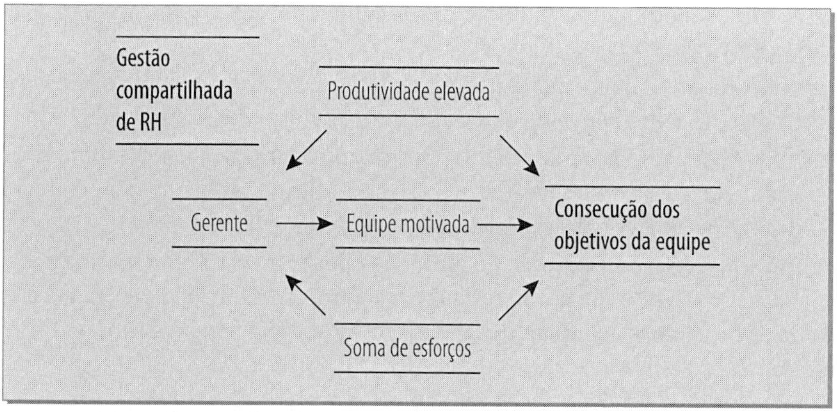

Figura 3.1 – Fluxo do conceito dinâmico de gerência participativa.

3.2.1 Dinâmica da gestão participativa em RH

Conforme vimos, a gestão participativa é um processo que objetiva influenciar os membros de determinado grupo de trabalho. Isso envolve, basicamente, a relação entre as tarefas e os quadros da empresa, com objetivos definidos, visando à motivação para a conquista destes.

Para podermos entender melhor a implantação da gestão participativa em uma organização convém analisarmos, ainda que de forma sucinta, alguns dos principais movimentos ativadores desse processo.

3.2.2 Movimento de administração científica

O enfoque central desse movimento, também chamado Escola Clássica de Administração, afirma que uma pessoa será um bom gerente na medida em que planejar cuidadosamente suas atividades, bem como organizar e supervisionar as funções de seus auxiliares, além de exercer a delegação, a orientação e a coordenação de tais tarefas, com foco nos resultados esperados.

As duas principais correntes da Escola Clássica de Administração são: taylorismo e fayolismo.

Taylorismo

Segundo Motta (1994), Frederick Winslow Taylor (1856-1915), engenheiro norte-americano, é considerado um dos fundadores do movimento de administração científica, o qual consiste, basicamente, nos seguintes princípios:

- *primeiro* – quanto mais dividido for o trabalho em uma organização, mais eficiente será a empresa;
- *segundo* – quanto mais o agrupamento de tarefas em departamento obedecerem ao critério de semelhança de objetivos, mais eficiente será a empresa;
- *terceiro* – um pequeno número de subordinados para cada chefe e alto grau de centralização das decisões, de forma que o controle possa ser cerrado e completo, tenderá a tornar as organizações mais eficientes;
- *quarto* – o objetivo da ação de organização é focar mais nas tarefas que nos seres humanos. Dessa forma, ao organizar, o administrador não deverá levar em conta os problemas de ordem pessoal daqueles que vão ocupar a função. Deverá criar uma estrutura ideal.

Como se vê, o princípio central do taylorismo é de natureza puramente tecnológica, isto é, o aumento da produção só será possível por meio da aplicação de técnicas e métodos empregados pelos trabalhadores.

Para obter esse aumento da produção, Taylor, como engenheiro, baseou-se na linha de produção para desenvolver seus experimentos, segundo os quais os gerentes de todos os níveis (diretores, chefes, supervisores, mestres, capatazes etc.) devem:

- subdividir tarefas mais amplas em tarefas mais simples;
- agrupar essas tarefas quanto aos seus objetivos;
- centralizar suas decisões ao máximo;
- priorizar as tarefas, e não seus executores.

Os princípios tayloristas contribuíram para sistematizar o estudo da organização, com profunda influência sobre a atividade administrativa. Entretanto, percebemos nas ideias de Taylor um sentido predominantemente mecanicista, não dando a devida atenção aos aspectos humanos da empresa e ignorando o empregado como um ser social que tem desejos, necessidades e expectativas.

Para o gerente participativo, é importante o estudo dos princípios de Taylor, especialmente para assimilar e praticar certos pontos, como:

- analisar cuidadosamente o trabalho do empregado, tendo em vista a possibilidade de adaptação das tarefas ao funcionário e vice-versa, quando for possível, factível e viável;
- selecionar, da melhor forma possível, os colaboradores para o exercício eficaz de determinadas tarefas;
- gerenciar a execução das tarefas, sem perda da liberdade e da habilidade do colaborador.

Fayolismo

Outra figura de destaque do movimento de administração científica foi Henri Fayol, engenheiro francês (1841-1925). Ele teve a oportunidade de aplicar seus princípios quando era diretor da companhia Commentry-Fourchambeau-Decazeville, na França.

Cabe a Fayol a clássica divisão das funções gerenciais: planejar, organizar, coordenar, comandar e controlar.

O princípio central do fayolismo é: "em toda classe de empresas, a capacidade essencial dos agentes inferiores e a capacidade essencial dos grandes chefes é um tipo de capacidade administrativa".

Dessa forma, a contribuição central das ideias de Fayol à gestão participativa é a de que todo gerente, independentemente de seu nível hierárquico, deve saber prever, organizar, dirigir, coordenar e controlar suas tarefas.

As visões de Taylor e de Fayol se completam quando sabemos que o primeiro percebia a empresa de baixo para cima, dando ênfase à tarefa, enquanto Fayol considerava a organização de cima para baixo, pondo em evidência a estrutura. O que havia de comum na visão de ambos era o foco nos níveis de rentabilidade.

O esquema apresentado na Figura 3.2 fornece uma ideia geral dos princípios defendidos por Taylor e Fayol, que deram origem e sustentação à Escola Clássica de Administração.

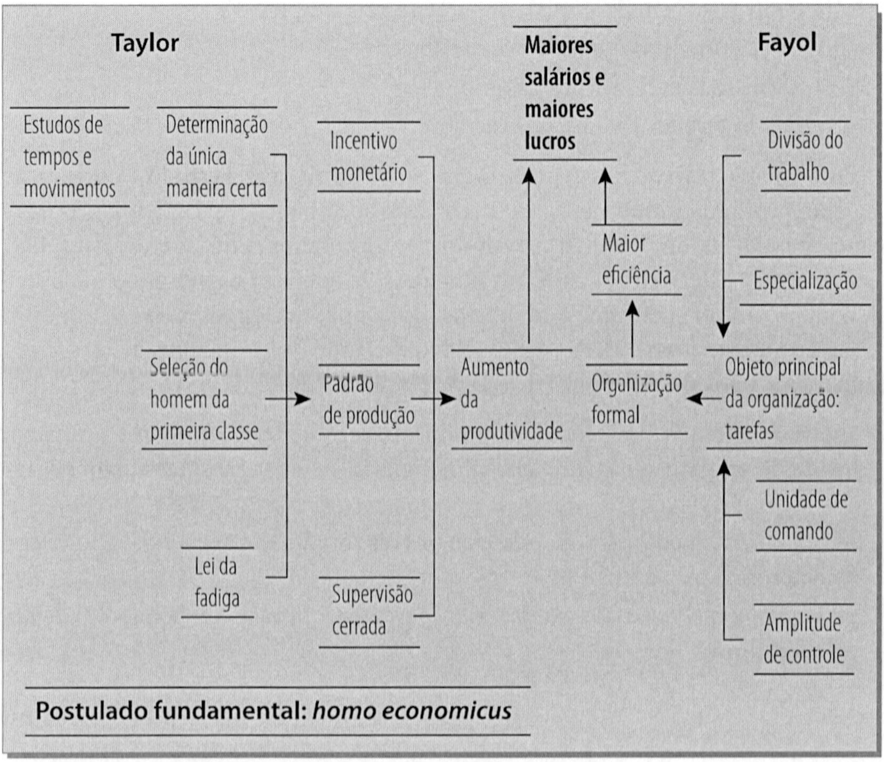

Figura 3.2 – Princípios do taylorismo e do fayolismo.

Fonte: Motta, 1994, p. 11.

3.2.3 Movimento de relações humanas

Em oposição à Escola Clássica, o movimento de relações humanas interessou-se, principalmente, pelo estudo da empresa como um sistema de controle (tomado como sistema de gestão), com base no reconhecimento das motivações individuais do empregado.

Para a Escola de Relações Humanas, a organização é vista como uma entidade dinâmica, enquanto o movimento de administração científica tem um enfoque estático.

A grande contribuição do movimento de relações humanas para a formação do gerente participativo situa-se no fato de que a organização deve ser encarada como um sistema vivo, móvel e adaptável, na qual estão presentes pessoas que reagem e respondem a estímulos que não podem ser identificados com precisão.

A precursora da Escola de Relações Humanas foi Mary Parker Follet, cujos primeiros trabalhos datam de 1920 a 1921.

Para Mary Parker, qualquer conflito empresarial pode ser resolvido por um dos seguintes métodos:

- método da força;
- método da barganha;
- método da integração.

De acordo com a Escola Clássica, o primeiro método é o mais recomendado para resolver conflitos na companhia. Contudo, para Follet, a melhor solução é o método da integração entre os interesses da organização e do trabalhador.

A chamada *lei da situação*, proposta por Mary Parker, tem particular significado para o gerente participativo. De acordo com esse princípio, o ser humano não deve obedecer a outro ser humano, mas sim atender a uma avaliação imparcial de fatos e interesses.

Dessa forma, para Follet, o empregado, como ser humano dotado de uma particularidade própria, encontra sua melhor expressão por meio da **integração e não apenas por intermédio de si mesmo.**

Pesquisa motivacional de Elton Mayo

George Elton Mayo, psicólogo industrial australiano, começou a lecionar na Universidade de Harvard, Estados Unidos, por volta de 1920. A contribuição de Mayo para a consolidação do movimento de relações humanas foi decisiva, com influência duradoura sobre a literatura e prática de relações humanas na empresa.

Entre 1924 e 1931, Mayo e sua equipe conduziram uma cuidadosa pesquisa sobre motivação no trabalho. Esse estudo ficou conhecido como os *experimentos de Hawthorne*, cidade próxima de Chicago, onde funciona uma fábrica de equipamentos telefônicos da Western Electric Co.

Essa companhia, à época, desejava identificar os fatores que podiam afetar a produtividade no trabalho. Assim, os estudos em Hawthorne produziram importante desenvolvimento na compreensão do relacionamento entre o empregado e suas tarefas.

A descoberta mais significativa dos estudos de Mayo refere-se ao fato de que, apesar das mesmas condições físicas do trabalho, como iluminação, assento, ventilação etc., a produtividade de um grupo de operárias que montavam relés de telefone aumentava constantemente.

Quais as razões que levavam a esse comportamento?

Após cuidadosas e demoradas entrevistas com as funcionárias da Western, descobriram que as principais causas desse comportamento eram que as operárias:

- tinham permissão para se comunicar entre si;
- foram envolvidas, por suas respectivas chefias, no que estavam fazendo, sendo informadas a respeito das mudanças que seriam implementadas.

Elas tinham a oportunidade de, com os pesquisadores, discutir essas alterações.

Em termos de gerência participativa em RH, a pesquisa de Hawthorne indica que o empregado se sente extremamente motivado quando:

- pode usufruir de um razoável sistema de comunicações formais e informais;
- é parte integrante do processo de produção;
- tem liberdade para discutir métodos e técnicas de trabalho com sua chefia;
- recebe estímulos de suas lideranças imediatas em relação ao nível de assertividade naquilo que está realizando;
- tem abertura para falar com a liderança imediata, sem receios, sobre as melhores maneiras de realizar determinadas práticas para aumento da produtividade e melhoria da qualidade relacionada ao que se está produzindo.

Esses princípios, embora originários da área industrial, são plenamente recomendados para os demais setores da empresa, sendo utilizados até os dias atuais.

Desenvolvimento do movimento de relações humanas

Após os experimentos conduzidos por Mayo, as pesquisas acerca das relações entre o homem e seu trabalho continuaram com F. Roethlisberger e W. Dickson, dois psicólogos norte-americanos que publicaram os resultados de uma pesquisa feita em determinada sala de equipamento de PBX.

Essa publicação, *Management and the Werker* (Harvard University Press, 1956), de acordo com Motta (1994), tornou-se um clássico em administração, pois mostra que:

- o pequeno grupo de homens que trabalhava na sala havia se desenvolvido espontaneamente em uma equipe dotada de líderes naturais que tinham chegado a essa posição pelo consentimento ativo do grupo;
- a atitude do grupo em relação aos incentivos financeiros era de completa indiferença;
- os valores e costumes do grupo eram mais importantes aos indivíduos que o compunham que os benefícios pecuniários.

A lição que o gerente, o qual deseja praticar gestão participativa, pode extrair dessas conclusões é a da existência de um código de conduta espontânea em um grupo de trabalho bem integrado e motivado por lideranças naturais.

Chester I. Barnard foi outro cientista social que muito contribuiu para o desenvolvimento do movimento de relações humanas. Ele caracteriza a empresa como um sistema social com base em organizações formais e informais, as quais podem levar adiante suas metas por meio do que denomina *motivação não econômica*.

Procurando explicar a dinâmica do comportamento cooperativo com o ser humano, Barnard (1979) acentua que:

> os motivos dos indivíduos que entram em cooperação são quase, invariavelmente, motivos compostos, fisiológicos e sociais, no sentido de que são pelo menos social e fisiologicamente condicionados [...]. Cooperação e organização, como são observadas e experimentadas, são sínteses concretas de fatos opostos, bem como de pensamentos opostos e emoções dos seres humanos.

Que proveito o gerente participativo de RH[2] pode tirar das observações de Barnard?

Uma das atribuições do executivo é, justamente, a de facilitar a síntese de forças contraditórias em ação concreta a fim de reconciliar forças, interesses, condições, posições e ideias conflitantes; em resumo, trata-se de um princípio de síntese esposado pela Escola de Relações Humanas.

Princípios gerais do movimento de relações humanas

Em oposição ao denominado *homo economicus*, pregado pelo movimento de administração científica, a Escola de Relações Humanas propõe, em seu lugar, o *homo social*, cujo modelo pode ser assim sintetizado:

- o comportamento do empregado não pode ser reduzido a um princípio puramente mecanicista;
- o ser humano é, ao mesmo tempo, produto de valores sociais e biológicos;
- independentemente de sua individualidade, todo ser humano tem necessidades de segurança, aprovação social, prestígio e autorrealização.

Para a Escola de Relações Humanas, a motivação, conforme estudaremos em detalhes mais à frente, é a grande mola propulsora que leva o colaborador a agir tendo em vista a consecução das metas de seu grupo de trabalho.

No conceito do movimento de relações humanas, o tipo de participação mais eficaz é, obviamente, o democrático, no qual o empregado tem toda a possibilidade de opinar sobre suas tarefas.

Resumindo, o movimento de relações humanas pode ser representado como no gráfico da Figura 3.3.

É importante ressaltar que a motivação encontra-se dentro das pessoas, e nem sempre as organizações com ambientes altamente competitivos têm tempo e condições de ficar tentando estimulá-la a fim de que os colaboradores produzam em causa delas.

Sabemos que muitos funcionários se apresentam altamente motivados no momento das entrevistas de seleção e admissão, demonstrando serem, em sua maioria, excelentes nas características exigidas pelas organizações. Porém, passada essa etapa, a motivação tende a declinar, dando lugar para queixas, conflitos acirrados, inércia; questões que levam as organizações a criar recursos para tentar envolver as pessoas no trabalho.

Isso acontece em razão de as organizações precisarem atender a suas metas mensais, anuais, que foram negociadas com seus clientes, considerando todos os seus compromissos, inclusive aqueles pertinentes às remunerações.

---

[2] O gerente participativo de RH pode ser entendido como qualquer gerente ou gestor com a missão de conduzir e liderar pessoas, não é apenas aquele que conduz os destinos do órgão de Recursos Humanos.

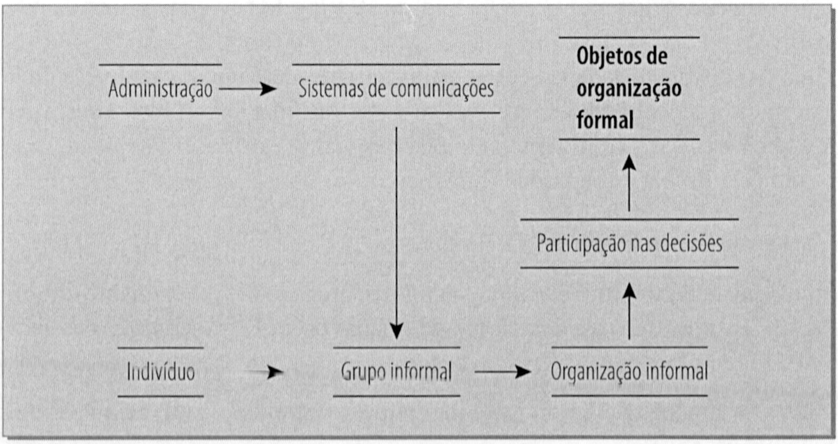

Figura 3.3 – Esquema de funcionamento da Escola de Relações Humanas.
Fonte: Motta, 1994, p. 27.

Diante desses fatos, uma das melhores formas de resgatar a motivação é a de estimular o contato entre as equipes, levando-as a criar meios próprios de animar o ambiente de trabalho, isto é, que cada um possa expor suas ideias em relação àquilo que possa interessar à grande maioria. Isso pode ser feito por meio de enquetes ou mesmo por meio de levantamento das necessidades entre os funcionários.

Pesquisas realizadas ao longo da história do mundo empresarial mostram que a questão salarial não é a principal, apesar de ser de extrema importância. Pensamos, nesse caso, que a interação ou a valorização pessoal fala mais alto em qualquer situação.

Perguntas para reflexão

1. É possível a implantação do processo de gerência participativa apenas por meio da aplicação dos princípios do movimento de relações humanas? Por quê?
2. Alguns estudiosos afirmam que a gestão participativa em RH é incompatível com a linha de produção contínua. Concorda com esse enfoque? Por quê?
3. Você vê alguma relação entre qualidade e produtividade do trabalho e a gerência participativa em RH? Qual?

3.2.4 Movimento comportamentalista (behaviorista)

Conceituação e importância

A corrente comportamentalista (ou behaviorismo, do inglês, *behavior* = comportamento) surgiu como resultado da simbiose das ideias centrais de dois movimentos anteriores (administração científica e relações humanas).

Esse terceiro enfoque fundamenta-se no comportamento administrativo, rejeitando, porém, a concepção central da Escola de Relações Humanas em que a satisfação do empregado, por si só, gera a eficiência no trabalho.

Um dos líderes do movimento comportamentalista é Herbert Alexander Simon, cujas ideias centrais se encontram no seu livro *A capacidade de decisão e liderança* (1963).

A base da obra de Simon repousa no princípio da tomada de decisões, porquanto, para o autor, **decidir** vem antes de **agir**.

Em termos de gerência participativa em Recursos Humanos, Simon (1963), argumentando a respeito da dicotomia empresa × personalidade, afirma que:

> a organização é importante porque o ambiente organizacional que envolve os indivíduos gera a maioria das forças modeladoras e orientadoras do desenvolvimento de suas qualidades e hábitos pessoais e porque proporciona àqueles que ocupam posições de responsabilidade os meios para exercer autoridade e influenciar os demais.

Para Simon, não se pode compreender o comportamento de um gerente e sua influência sobre os demais membros da equipe senão em função da posição que ocupa na empresa. Essa é uma das principais contribuições da Escola Comportamentalista para se compreender melhor a dinâmica do processo de direção de Recursos Humanos na organização.

Por outro lado, Simon não esclarece bem se essa posição ocupada pelo gerente situa-se apenas no campo formal, ou se inclui, igualmente, a questão do relacionamento informal.

Outro conhecido autor que contribuiu bastante para o desenvolvimento da corrente comportamentalista foi Chester I. Barnard (1979), já citado neste capítulo.

Na mesma linha de pensamento de Simon, Barnard dá destaque especial à tomada de decisões como centro da administração. Para tanto, desenvolve uma abordagem inovadora do conceito de autoridade baseada na comunicação entre gerente e liderado. Barnard (1979) acentua que o empregado, na empresa, somente deve aceitar uma comunicação, reconhecendo-lhe a devida autoridade, desde que essa comunicação ocorra em razão das seguintes condições simultâneas:

- o receptor deve entender a comunicação;
- no momento de sua decisão, é preciso que o receptor acredite que a comunicação não seja incompatível com o propósito da organização;
- no momento de sua decisão, é preciso que o receptor acredite que a comunicação seja compatível com seu interesse pessoal como um todo;
- o receptor deve estar, mental e fisicamente, apto para concordar com a comunicação.

Para o gerente participativo, é importante a contribuição da Escola Comportamentalista em termos de tomada de decisões, um processo essencial para essa corrente administrativa.

No entanto, novos estudos e teorias orientam, de forma mais humana, como o colaborador deve conduzir suas tarefas, dinamizá-las e aplicá-las.

Teorias X e Y de Douglas McGregor

Uma das contribuições mais significativas para o estudo da gerência participativa em RH deve-se a Douglas McGregor, antigo professor de administração industrial do Massachusetts Institute of Technology, nos Estados Unidos, cujas ideias se encontram em seu principal livro, *O lado humano da empresa.*

Para McGregor (1980), o processo de gerência participativa recebe influência marcante de quatro variáveis, a saber:

- as características do gerente;
- as atitudes, necessidades e outros aspectos individuais dos empregados;
- características da empresa, tais como finalidade, estrutura e natureza das tarefas a serem executadas;
- os meios social, político e econômico, em que a organização se faz presente.

McGregor conclui suas observações, afirmando ser a liderança (= gerência participativa de RH) mais uma relação entre gerente e a situação do que um padrão universal de características próprias de certas pessoas.

Como mostra o Quadro 3.1 a seguir, a teoria X e a teoria Y representam, no pensamento de McGregor, dois enfoques extremos do trabalho e do indivíduo.

Quadro 3.1 – Comparação dos pontos principais das teorias X e Y, de Douglas McGregor

Teoria X	Teoria Y
1. O trabalho é desagradável para a maioria das pessoas.	1. Se as condições forem favoráveis, o trabalho é tão natural quanto um jogo.
2. A maioria das pessoas não é ambiciosa, tem pouco desejo de responsabilidade e prefere ser dirigida.	2. Autocontrole é, na maioria das vezes, indispensável para alcançar as metas organizacionais.
3. A maioria das pessoas tem pouca capacidade criativa para solucionar problemas organizacionais.	3. A capacidade criativa na solução de problemas organizacionais está amplamente presente nas pessoas.
4. A motivação ocorre apenas nos níveis fisiológicos e de segurança.	4. A motivação ocorre tanto nos níveis de afiliação, estima e autorrealização, quanto nos fisiológicos e de segurança.
5. A maioria das pessoas deve ser cerradamente controlada e comumente coagida para que sejam alcançados os objetivos organizacionais.	5. Se adequadamente motivadas, as pessoas podem se autodirigir e ser criativas no trabalho.

De acordo com o que estabelece a teoria X, os empregados preferem ser dirigidos, não desejam maiores responsabilidades e querem segurança, acima de tudo. Resumindo, as pessoas trabalham basicamente por dinheiro, vantagens extras e medo de serem punidas.

Nota-se também, na teoria X, certa correspondência de ideias com a Escola de Administração Científica, conforme veremos no tópico 3.3, "Gestão participativa".

Por outro lado, McGregor formula a teoria Y, partindo de premissas antagônicas à teoria X. Pela teoria Y, o empregado é criativo e responsável e o trabalho não constitui um castigo. O desempenho profissional baseia-se nos seus sentimentos de autoestima, autorrealização e de pertencer a um grupo social (empresa).

Desse modo, a teoria Y somente poderá ser aplicada com sucesso por meio da gestão compartilhada de RH. A teoria Y corresponde a estilos de liderança desenvolvidos pela Escola de Relações Humanas e Liderança Situacional, de Hersey e Blanchard (1977), conforme veremos adiante.

Estilo participativo de Rensis Likert

Outro conhecido estudioso de estilos administrativos, Rensis Likert, coordenador de pesquisas sociais do Institute for Social Research, nos Estados Unidos, e seguidor das ideias de McGregor, propõe a tese de que a gerência participativa em RH é da mesma essência que a própria função administrativa.

Likert, com base em estudos desenvolvidos em centenas de organizações de todos os tipos e portes, propõe um modelo de organização fundamentado em quatro tipos de sistemas:

- sistema nº 1 – explorador e autoritário;
- sistema nº 2 – benevolente e autoritário;
- sistema nº 3 – consultivo;
- sistema nº 4 – participativo e grupal.

A contribuição maior de Likert, citado por Dreake e Smith (1977), situa-se no desenvolvimento do modelo nº 4, pois os resultados de suas pesquisas o apontaram como o sistema mais eficaz. Assim, os princípios fundamentais do sistema nº 4 são:

- relacionamento gerente/auxiliar com apoio mútuo;
- desenvolvimento de métodos de supervisão grupal;
- envolvimento de gerente e colaboradores nas decisões relativas às tarefas e às delegações de responsabilidade.

Parte das perguntas encaminhadas na fase exploratória das pesquisas de Likert (apud Dreake e Smith, 1977) é a seguinte:

- Qual é a liberdade que os subordinados sentem ao falar com o gerente sobre o seu trabalho?

- Como é sentida a responsabilidade para atingir as metas da organização?
- Como é aceita a comunicação no sentido "chefia para subordinados"?
- Até que ponto os chefes estão a par dos problemas de seus subordinados?
- Os subordinados são envolvidos nas decisões relativas a seu trabalho?
- Como as metas organizacionais são utilizadas para os controles de custos, produtividade e outras mais?

Desse modo, o estilo de liderança proposto por Rensis Likert, a ser adotado pelo gerente participativo em seu desempenho profissional, deve fundamentar-se nas exigências situacionais criadas no âmbito de sua equipe, tendo como filosofia de ação a teoria Y e o sistema nº 4.

3.3 Gestão participativa

3.3.1 Gestor participativo de RH como líder

Gestor participativo de pessoas é aquele que exerce sua função tanto na área de recursos humanos, quanto em outros segmentos da empresa, como produção, marketing, patrimônio, comercial, financeiro etc., tomando parte ou acompanhando o mesmo pensamento ou sentimento de seus seguidores, focado nos desafios da organização (visão, objetivos e metas estratégicas).

Manifestação do processo de liderança

O conceito de gestão participativa em RH (veja o tópico "3.2 Antecedentes da gestão participativa de RH ou de pessoas") confunde-se e identifica-se com o próprio conceito de liderança, segundo o qual os liderados agem espontaneamente no apoio e prática à orientação emanada de seu líder. Assim, podemos afirmar que todo gerente participativo de RH é, basicamente, um líder de grupo de trabalho, conforme veremos a seguir.

É sabido que a questão de liderança tem sido analisada mais à luz de mistério, encantamento e magia, do que propriamente como um valioso e indispensável recurso administrativo à disposição do gerente participativo.

Este tópico trata, especificamente, do processo de liderança de grupos de trabalho na empresa. Como já vimos, esses grupos formais são caracterizados por várias unidades, como divisões, departamentos, seções, setores, equipes etc., que funcionam nas organizações (veja o tópico "3.3.2 Gestor participativo de RH e o grupo de trabalho").

Em essência, o processo de liderança envolve três aspectos:

- como uma pessoa pode se tornar líder;
- como o líder se comporta;
- o que torna o líder eficiente e eficaz.

Desses três pontos, sem dúvida, o último é o mais importante para a moderna gestão participativa em RH.

Como surge o processo de liderança? Estudiosos apontam três correntes significativas que procuram explicar como se manifesta o processo de liderança:

- a teoria da manifestação natural;
- a teoria da manifestação social;
- a teoria do equilíbrio.

Teoria da manifestação natural

O enfoque, aqui, está voltado para a personalidade do líder. Para seus defensores, o processo de liderança de grupos pode ser explicado, de forma resumida, isolando-se as características psicológicas e físicas que individualizam o líder de outros membros de seu grupo de referência.

Assim, a manifestação natural indica o surgimento do chamado líder nato, o qual se constitui um somatório ideal de atributos, entre os quais se destacam: inteligência, carisma, linguagem influente, autodomínio, entre outros aspectos.

Resumindo, pela teoria natural, o líder traz consigo, ao nascer, certas potencialidades que o habilitam a exercer a liderança em qualquer nível, até mesmo no campo profissional. Dessa forma, o líder já nasce feito, desenvolvendo apenas os caracteres biológicos que o credenciam para o trabalho de direção de grupos.

Teoria da manifestação social

Também denominada teoria situacional, a teoria da manifestação social afirma que o condutor de grupos surge como produto de determinada situação social. Para a teoria social, todos os indivíduos têm possibilidade de exercer determinado tipo de liderança.

A escola social não despreza os fundamentos biológicos mencionados pela teoria natural. Apenas coloca os fatores ambientais como decisivos para o surgimento do líder. Para a corrente social, o dirigente de grupos aperfeiçoa-se no contato com os problemas diários do processo de liderança.

A teoria da manifestação social do processo de liderança apresenta o fato de que cada um de nós possui, no seu íntimo, o desejo de mando, de domínio sobre alguém. Daí a explicação dos processos de liderança exercidos em casa, no trabalho, no clube e em outros grupos sociais.

Teoria do equilíbrio

Esta terceira corrente relativa ao processo de manifestação da liderança advoga, essencialmente, ser o líder um produto de fatores naturais e, ao mesmo tempo, sociais. Dessa maneira, o líder deve possuir algumas características naturais e, ao mesmo tempo, outras de natureza ambiental.

A prática empresarial revela que o gerente participativo de RH deve aprimorar seus conhecimentos e potencialidades internas, assimilando métodos e técnicas que vão ajudá-lo a melhor desempenhar o processo de liderança.

Ralph M. Stodgill (1948), estudioso da dinâmica de grupos de trabalho, afirma com muita propriedade que:

> a liderança não é uma questão de *status* passivo ou mera posse de uma determinada combinação de características. Parece ser mais uma relação operacional entre os membros do grupo, na qual o líder adquire *status* por meio da participação ativa e da demonstração de sua capacidade de levar a bom termo trabalhos que exijam cooperação.

A liderança é um processo dinâmico e contínuo presente nas relações diretas entre o gerente participativo de RH e os membros de sua equipe de trabalho, pois é na convivência com os problemas cotidianos que molda suas características de líder.

Assim, no contexto da dinâmica empresarial surge, com maior nitidez, a influência interpessoal exercida em situações diversas, nas quais o gestor participativo busca influenciar seus colaboradores para a consecução espontânea dos propósitos do grupo de trabalho focada nos desafios, objetivos da organização.

Cabe aos gerentes, a todo instante, avaliar se os propósitos dos grupos de trabalho estão alinhados e contribuindo para o sucesso da organização.

Exercício nº 1

Veja "Explicação preliminar" no Capítulo 1, p. 33.

Assunto: Imparcialidade do gerente participativo

Veja o gabarito ao final deste capítulo.

Fonte: Adaptação de Auren Uris, 1979.

Assinale com um "x" a resposta que considera certa. O gabarito encontra-se no final deste capítulo.

1. Um membro de seu grupo de trabalho diz-lhe que um colega está sempre procurando ocasiões para desacreditá-lo perante seu pessoal e seu superior. Como você agiria:

( ) a. livrar-se-ia do auxiliar acusado de "fofoqueiro".

( ) b) diria ao informante que cuide de sua própria vida e deixe a dos outros em paz.

( ) c) conversaria com o acusado para descobrir o porquê de sua atitude.

( ) d) tiraria a limpo a informação para verificar até que ponto é verdadeira.

2. Dois funcionários merecem uma promoção e somente há uma vaga para ser preenchida. É uma escolha difícil porque ambos têm o mesmo tempo de serviço e não há diferenças acentuadas entre o desempenho de ambos. Contudo, um deles é seu amigo e o outro nem tanto. Ao tomar a decisão final, o que faria você:

( ) a. escolheria o amigo, pois isso dar-lhe-ia maior confiança.

( ) b. escolheria o outro para mostrar que está sendo justo.

( ) c. faria com que se submetessem a um teste.

( ) d. tiraria a sorte com uma moeda.

3. Um auxiliar seu cometeu um erro sério, tendo sido descuidado e inepto. Você sabe que seria um grande desabafo passar-lhe uma forte repreensão. Que atitude tomaria?

( ) a. passaria a repreensão.

( ) b. controlar-se-ia para provar a si mesmo e a seu grupo que é capaz de fazê-lo.

( ) c. deixaria o caso em branco em nome da harmonia.

4. Você recusaria um pedido razoável de concessão de um privilégio a alguém que não aprecia, mesmo que não fosse considerado injusto em seu procedimento?

( ) a. Sim ( ) b. Não

5. Um de seus colaboradores fez um trabalho notável. Por intermédio de uma palavra sua de elogio, ele poderá obter uma promoção, passando a trabalhar em outra unidade da empresa. Contudo, sua ausência deixaria uma séria lacuna entre o pessoal de sua equipe. Como você agiria:

( ) a. não o deixaria sair da unidade.

( ) b. recomendá-lo-ia para uma promoção e arranjar-se-ia como pudesse.

( ) c. seguraria a promoção, enquanto treinasse um substituto.

6. Você soube algo chocante a respeito de um colega. Ele é jogador inveterado e agiu de maneira errônea e imprópria. De acordo com o que se pôde observar, as fraquezas do referido indivíduo não se refletem no trabalho, no qual se revela bastante eficaz. Quais dos exemplos, a seguir, descreveriam melhor sua reação:

( ) a. se eu fosse seu chefe, o despediria na hora.

( ) b. deveria conversar com ele amigavelmente, fazendo-o refletir que sua maneira de agir poderá prejudicá-lo.

( ) c. pela maneira de tratá-lo, vou deixar bem claro que desaprovo sua conduta.

Comportamento do gestor participativo de RH como líder

Para conciliar as várias posições acerca dos estilos de liderança, surgiram três tipos clássicos de processos que visam dirigir pessoas rumo a objetivos predeterminados:

liderança participativa ou democrática – consiste no processo pelo qual o gerente orienta e auxilia seu grupo de trabalho a encontrar, por si mesmo, a solução de seus problemas. A liderança participativa está presente nas escolas de relações humanas e comportamentalista, bem como na liderança situacional;

liderança centralista ou autocrática – caracterizada pela dominação pessoal do gerente sobre seus auxiliares. Corresponde ao estilo gerencial preconizado pelo taylorismo e fayolismo;

liderança livre ou liberal – caracterizada pela ausência de qualquer tipo de controle sobre o grupo, pois este é que determina o que deve fazer e quando deve fazer as tarefas que lhe cabem.

O estilo de liderança a ser adotado pelo gestor em seu desempenho profissional deve fundamentar-se nas exigências situacionais criadas no âmbito de sua equipe, tendo como filosofia de ação o processo democrático calcado na teoria Y, de McGregor, e no sistema participativo, de Likert.

Por outro lado, a vivência do dia a dia das relações de trabalho revela que, por vezes, o gerente participativo se vê na contingência de adotar certas providências que estariam mais enquadradas em uma forma de liderança autocrática ou até liberal. Claro está que traços comportamentais relativos a esses tipos de liderança não devem fazer parte constante do desempenho das tarefas do gerente participativo, aparecendo mais como manifestações emergenciais em face de determinadas situações de liderança.

Nessa linha de raciocínio, a liderança autocrática aparece como instrumento de obtenção exclusiva de resultados, enquanto a liderança participativa, sem se esquecer da consecução de metas, volta-se para o sentido de integração dos membros da equipe de trabalho.

Com relação à tomada de decisões, Tannenbaum e Schmidt (1958), assinalam uma estreita relação entre o comportamento participativo do líder (ou gestor) e o processo democrático, como mostra a Figura 3.4.

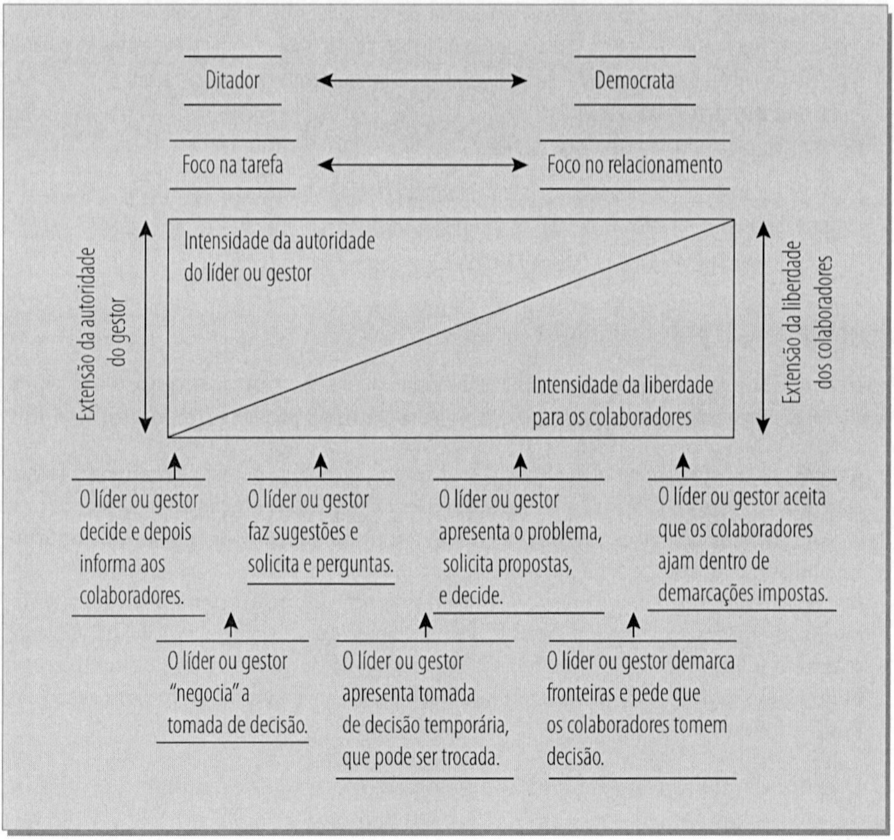

Figura 3.4 – Processo contínuo de comportamento do líder.
Fonte: Adaptado de Hersey e Blanchard, 1977, p. 90.

O Quadro 3.2 resume bem os traços principais dos três processos clássicos de liderança.

Quadro 3.2 – Traços comparativos de estilos de liderança

Liderança autocrática	Liderança democrática	Liderança livre
Interesses próprios à custa dos liderados.	Interesses do próprio grupo e da empresa.	O próprio grupo fixa seus interesses.
Impõe-se apoiada na obediência.	Autoridade na cooperação voluntária.	O grupo age longe de controle e de autoridade.
Disciplina é produto de regulamento rígido.	Disciplina é produto da solidariedade de propósitos.	Pouca ou nenhuma cooperação no acatamento da autoridade.
Usa mais o processo coercitivo e raramente o persuasivo.	Usa mais o processo persuasivo e raramente o coercitivo.	Raramente o persuasivo. Jamais o coercitivo.
Desconfiança íntima dos liderados.	Transfere confiança aos liderados.	Confunde confiança com excesso de liberdade.
Comanda, controla e dirige de perto.	Orienta, educa e motiva.	Ausência de controle e de comando.
Quer obediência imposta.	Deseja obediência consentida.	O grupo determina o grau de obediência.

Questionário parcial de autoavaliação

Veja: "Orientação inicial" no Capítulo 1, p. 33

Veja o gabarito ao final deste capítulo.

1. A gerência participativa em RH pode ser identificada como um processo exercido sobre determinado .... de trabalho, objetivando obter, espontaneamente, de seus membros a máxima .... do esforço, conjugado tendo em vista a consecução das .... propostas por esse mesmo ....
2. De quem é o princípio administrativo: "Quanto mais dividido for o trabalho em uma organização, mais eficiente será a empresa"?..
3. A teoria da manifestação social afirma que o líder já nasce feito.

   ( ) Certo ( ) Errado

Na teoria X, de Douglas McGregor, os empregados preferem ser ...., não desejam maiores responsabilidades e querem .... acima de tudo. Resumindo, as pessoas trabalham basicamente por .... vantagens extras e medo de serem punidas.

3.3.2 Gestor participativo de RH e o grupo de trabalho

Um dos motivos pelos quais os grupos são tão frequentes é que eles desempenham ampla gama de funções tanto para seus membros como para a organização maior.

Edgard H. Schein

"O homem é um ser social", já dizia Aristóteles, na Grécia antiga. A natureza do ser humano é impelida para a convivência com seus semelhantes. Atividades como falar, trabalhar, olhar e trocar ideias, entre outras, somente podem ser viáveis mediante a convivência social.

Chegamos ao mundo banhados pela cultura que nos cerca e, assim, somos constituídos e formados com a ajuda do outro. Aos poucos, somos inseridos em grupos maiores dos quais recebemos influências positivas e negativas.

Cabe ao ser humano, reter o que contribui para seu crescimento e se separar do que lhe faz mal, do que pode lhe deixar em um estado de estagnação, até mesmo pela própria inibição. Trata-se de um processo longo e, muitas vezes, árduo.

Diante de algum sofrimento e/ou mal-estar, que comprometem seu vínculo com as pessoas com quem convive e atua, não somente no campo de trabalho, mas também no social, é de praxe que seja encaminhado para um tratamento, tendo em vista sua fragilidade emocional.

Podemos considerar um grupo de trabalho como a reunião de duas ou mais pessoas que se encontram em interação profissional e, por isso, são capazes de ação conjugada a fim de alcançar objetivos comuns.

O gestor participativo de RH tem papel decisivo na direção, coordenação e motivação de seu grupo de trabalho. Sem uma orientação efetiva, provavelmente nenhum grupo profissional poderia agir com acerto para atingir seus fins.

Grupos de trabalho e seus tipos

Podemos caracterizar os grupos de trabalho como: grupos formais que se subdividem em permanentes e temporários e grupos informais que se desdobram em horizontais, verticais e mistos.

Grupos formais

Grupos formais de trabalho são agrupamentos criados pela direção da organização, cuja finalidade é a execução de tarefas específicas, que devem ter foco nos desafios e objetivos da organização.

A motivação dos membros desses grupos aparece justamente pela forma como os líderes evidenciam àqueles a importância de cada um alcançar as metas que, se atingidas, contribuirão para seu crescimento e o da organização.

Em face de sua duração, os grupos formais da empresa podem ser divididos em dois segmentos:

- *grupos formais permanentes* – são os grupos de trabalho que prestam serviços especializados (assessorias) e comissões permanentes;
- *grupos formais temporários* – são as chamadas "comissões transitórias", convidadas ou convocadas a atuar por tempo determinado pela empresa, findo o qual o grupo se desfaz.

Funções dos grupos formais

Entre as várias funções específicas desempenhadas pelos grupos formais permanentes ou temporários, merecem citação:

- auxiliar no desempenho de tarefas que sejam complexas e interdependentes;
- desenvolver melhor a criatividade dos membros no que tange a novas ideias e soluções para antigos problemas profissionais;
- colaborar na implementação de decisões complexas.

Grupos informais

Como é sabido, nas organizações ocorrem paralelamente duas situações quanto aos grupos informais:

- criação de funções informais dentro do grupo formal;
- desenvolvimento voluntário de grupos totalmente informais, independentemente de grupos formais ou da vontade da direção.

Tipos de grupos informais

Um dos estudos mais completos sobre a constituição de grupos informais é o trabalho proposto por M. Dalton, *Men who manage* (1959), em que:

- *grupos informais horizontais* – constitui-se na associação informal de empregados que pertence mais ou menos à mesma categoria profissional, trabalhando na mesma área física;
- *grupos informais verticais* – são grupos constituídos de membros de diferentes níveis hierárquicos em determinada unidade de trabalho (departamento, setor, divisão etc.). Os grupos, informais verticais surgem porque seus integrantes necessitam uns dos outros para a consecução de suas metas;
- *grupos informais mistos* – participam integrantes de categorias profissionais diferentes, de unidades diversas de trabalho e de localização física variada. Surgem em razão de interesses comuns que a estrutura formal não consegue atender.

Como vimos, os grupos formais e informais na empresa servem a vários objetivos ao mesmo tempo. O Quadro 3.3 oferece uma visão geral das inúmeras funções cumpridas pelos grupos na organização.

Quadro 3.3 – As várias funções dos grupos nas organizações

Para a organização	Para o liderado
Executam tarefas que não poderiam ser cumpridas por indivíduos trabalhando sozinhos.	Ajudam na aprendizagem sobre a organização e seu ambiente.
Permitem que uma multiplicidade de talentos e habilidades sejam usadas em tarefas.	Ajudam os liderados a conhecer a si mesmos.
Permitem que a tomada de decisão considere e avalie várias e conflitantes visões do problema.	Ajudam os liderados a aprender novas habilidades.
Oferecem meios eficientes para o controle organizacional do comportamento individual.	Permitem a obtenção de certas recompensas desejadas e que não estariam disponíveis para o liderado sozinho.
Facilitam mudanças nas políticas e nos procedimentos organizacionais.	Permitem a obtenção de certas importantes necessidades pessoais, especialmente as de aceitação social.
Aumentam a estabilidade organizacional, transmitindo aos novos membros os valores e as crenças da organização.	

Fonte: Nadler, Hakman e Lawler. 1983, p. 103.

Grupo de trabalho eficiente

Entre as características que levam o grupo de trabalho a um desempenho profissional eficiente, segundo Likert (1979), destacam-se:

- os membros e os líderes têm alto grau de confiança uns nos outros;
- quanto mais importante um valor se afigura a um grupo, maior é a probabilidade de que o membro individual o aceite;
- os membros são peritos em todos os diversos papéis de liderança e de agremiação necessários à interação entre líderes e membros, bem como entre membros uns com os outros;
- todas as atividades de interação, solução de problemas e tomada de decisões por parte do grupo têm lugar em uma atmosfera solidária;
- o grupo empenha-se em ajudar cada membro a se desenvolver na plena medida de sua capacidade;
- a atmosfera solidária dos grupos altamente eficientes incentiva a criatividade.

O gerente participativo de RH deve consultar as finalidades do grupo de trabalho que dirige, no qual a função principal que exerce é a de ajudar os colaboradores, tendo por propósito atingir objetivos previamente determinados na forma de padrões de desempenho.

Para alcançar padrões de liderança desejados, o gerente participativo deve informar ao grupo de trabalho a razão de sua estrutura que é composta por: finalidades, dinâmicas e razões do grupo.

Grupo de trabalho e seu moral

Como já vimos, o trabalho em equipe é postulado essencial do processo de liderança participativa. Assim, o "espírito de equipe" é produto da unidade de propósitos de seus integrantes, que possibilita uma ação dinâmica conjunta no atendimento dos objetivos do grupo.

Isso é caracterizado pelo enunciado: *moral do grupo de trabalho*. A prática de providências concretas, representadas pelas medidas prévias que exprimem de forma clara e completa um objeto ou ação em particular, bem como a sustentação desse moral da equipe, são de responsabilidade exclusiva do gerente participativo.

Não é tarefa fácil definir o que seja "moral de grupo". Podemos afirmar que determinado grupo está com o moral alto, significando que vai bem e que age espontaneamente na consecução de seus propósitos, ou, ao contrário, seu moral está baixo, quer dizer, não consegue produzir a contento, tem conflitos sérios e baixa produtividade.

De outro modo, os colaboradores não podem achar que as organizações são locais onde eles podem tratar e resolver seus problemas particulares, como um lugar para fazer terapia. Muitos administradores pensam que os líderes, os gerentes, os chefes, enfim, têm de despender tempo útil de suas rotinas gerenciais, tentando encontrar maneiras de motivar empregados que são poços de "problemas".

Muitos, quando estavam no processo seletivo, eram as pessoas mais motivadas possíveis, hiperativas, comunicativas, com excelente relacionamento, produtivas, entre outros fatores desejáveis. Tempos depois, os líderes se deparam com pessoas totalmente apagadas, tendo de tentar acender suas chamas de produtividade.

As organizações têm compromissos a serem atingidos, diariamente, visando atender a requisitos constantes de pedidos de clientes. Não se tem muito tempo, em ambientes competitivos, a ser gasto com tentativas de "empurrar" empregados totalmente apagados.

Por isso, o processo seletivo deve ser cada vez mais criterioso para detectar pessoas que enganam sobre suas reais personalidades e características pessoais para o trabalho.

Como se vê, o moral alto é a grande força integradora dos membros de um grupo de trabalho.

Entre outras, o grupo de trabalho com moral elevado possui as seguintes características:

- apresenta tendências a manter espontaneamente sua unidade;
- tem um mínimo de atritos internos;

- apresenta aptidões para mudanças e ajustamentos em sua dinâmica e constituição;
- demonstra que as relações humanas são efetivas e duradouras.

O grupo tem aspirações realistas. Há vontade de união, preservando-a no interesse de todos os seus membros.

Por fim, a aplicação de certos princípios leva o grupo de trabalho a agir com moral elevado. Tais princípios são:

- o problema é definido e limitado. O grupo deve ser motivado a opinar. Em seguida, as sugestões precisam ser analisadas pelo gerente participativo, elegendo-se as melhores que atendam às necessidades e aspirações da equipe (veja o tópico "3.6 Tomada de decisões");
- o gerente necessita identificar-se com seus auxiliares sem perder sua posição de liderança espontânea perante o grupo;
- os membros do grupo precisam sentir que são importantes e o gerente deve deixá-los bem à vontade, tanto para opinar como para agir em razão das metas da equipe;
- o gerente participativo deve procurar conhecer todos os membros de seu grupo de trabalho. Os novos integrantes devem ser integrados aos demais, incentivando-se o conhecimento mútuo entre eles;
- o gerente participativo deve estimular, por todos os meios possíveis, a consciência de grupo no planejamento e execução dos trabalhos em equipe;
- o gerente deve ter o senso de oportunidade nas críticas e elogios aos membros de seu grupo de atuação.

Exercício nº 2

Assunto: Autoavaliação de participação em trabalho de grupo

Você já deve ter participado de grupos informais horizontais (veja tópico "Grupos informais"), mesmo não sendo um grupo de natureza profissional. Procure avaliar como foi sua integração nesse grupo, respondendo às questões a seguir.

1. Como foi minha atuação geral na equipe?
2. Consegui integrar-me ao grupo, procurando ajustar-me a suas regras? Se não, por quê?
3. O que eu desejava, de fato, ao ingressar no grupo?
4. Que resultados foram alcançados, participando do grupo?
5. Qual foi minha contribuição efetiva ao grupo?
6. Tive alguma influência na dinâmica do grupo? Se não, por quê?

Perguntas para reflexão

1. Você acha que a satisfação do empregado, por si só, gera eficiência e eficácia no trabalho? Por quê?
2. Concorda com a teoria X, de Douglas McGregor, segundo a qual a maioria dos empregados deve ser bem controlada em seu trabalho para atingir os objetivos e as metas da empresa? Por quê?
3. Procure resumir, em uma frase curta, o que entende por gerência participativa em RH.
4. Até que ponto o meio ambiente tem influência no processo de liderança de grupos de trabalho?
5. Por que, em sua opinião, em muitas empresas, os grupos informais de trabalho funcionam melhor que os grupos formais?

3.3.3 Gestor participativo de RH e as comunicações no trabalho

Uma organização produtiva, que nega sistematicamente maior participação da força de trabalho, necessita de um sistema de comunicação coletiva que faça a mesma coisa, reproduzindo um estilo e conteúdo convenientes a esse sistema.

Eduardo Stein

Importância das comunicações na gestão participativa

Um dos mais importantes acontecimentos dos últimos tempos no mundo dos negócios tem sido a crescente preocupação dos gestores em geral com os problemas de comunicação. Não há dúvida de que a complexidade cada vez maior e mais intensa da civilização – do ponto de vista tecnológico e financeiro – seja outro fator decisivo no estudo do processo da comunicação que, mesmo com seus ruídos e suas falhas, faz parte da vida do ser humano e deve ser esclarecido, cada vez mais, diante dos conflitos e mal-estar iminentes.

Chester I. Barnard (1979) afirma que a "principal função do gerente é estabelecer e manter um sistema de comunicações" (veja os tópicos "Desenvolvimento do movimento de relações humanas" e "Conceituação e importância" dentro de "Movimento comportamentalista"). Herbert Simon (1963), um dos sistematizadores da teoria comportamentalista, diz que "não pode haver organização sem comunicação, pois sem esta o grupo não pode influenciar o comportamento do indivíduo".

A questão da comunicação é muito importante para a integração de qualquer grupo de trabalho. É sabido que a comunicação eficiente é muito mais do que o emprego de uma língua comum, com seus grupos de palavras e frases. Envolve, ao mesmo tempo, a identificação e o reconhecimento de diferenças no modo de as pessoas pensarem e agirem. Por essa razão, o desenvolvimento administrativo das empresas e das pessoas inclui a comunicação como um elemento-chave para seu funcionamento e integração.

O gerente participativo de RH é um profissional que planeja, organiza, orienta, supervisiona, coordena e dirige a ação de seus auxiliares. É, pois, um elemento típico de ação administrativa. Está voltado para dentro e para fora de seu grupo e de sua empresa. Portanto, para que sua equipe possa atingir um nível de evolução dinâmica, é necessário que formule e estabeleça um sistema eficiente e atualizado de comunicações.

Para o gerente participativo, comunicar é um processo ativo, a ponto propiciar a troca de informações e ideias com a finalidade de aumentar a sua capacidade de influenciar e tomar decisões compartilhadas.

Uma das características mais importantes que são exigidas de um gerente dinâmico e capaz é sua habilidade em comunicar-se de forma eficiente. É fazer que instruções, relatórios e outros meios de comunicação sejam bem compreendidos e as sugestões viáveis, aceitas.

Considerando-se que, em média, um gerente participativo emprega cerca de 80% de seu tempo comunicando-se, torna-se necessário compreender mais a fundo o processo de comunicação, sua dinâmica e implicações.

Conceituação

Na perspectiva empresarial, a comunicação pode ser definida como a transmissão de ideias, por meio da qual se tem como finalidade a integração de um grupo de trabalho na compreensão e execução dos objetivos da unidade.

Esse conceito envolve os componentes básicos do processo de comunicação, os quais são apresentados na Figura 3.5.

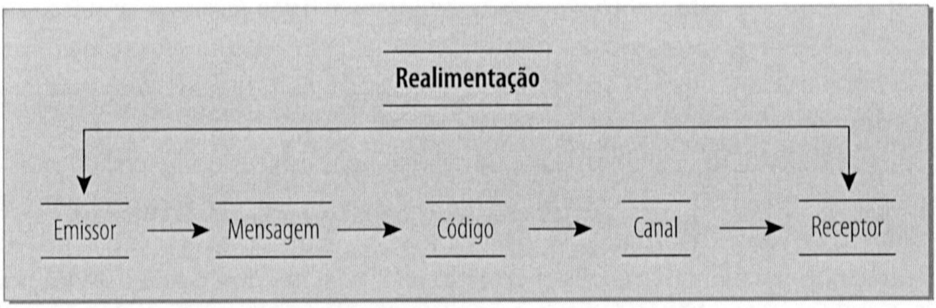

Figura 3.5 – Componentes do processo de comunicação.

Emissor

É o transmissor ou fonte primária da mensagem comunicada. Também chamado comunicador ou remetente, o emissor é o elemento desencadeador do processo de comunicação.

O emissor corresponde ao primeiro fator proposto por Harold D. Lasswell (1948) em matéria de estruturação de uma comunicação eficiente.

De acordo com Charles Sanders Peirce (2005), o sistematizador da semiótica ou semiologia – ciência que estuda os signos e sinais e/ou sistema de sinais, utilizados em comunicação –, o signo pode ser compreendido como "*quem* comunica".

Já a maneira como a mensagem será compreendida, gerando retorno, é de responsabilidade do receptor. Por essa razão, cabe ao emissor escolher:

- o conteúdo adequado da mensagem;
- a utilização correta de símbolos, os quais possibilitam o código correto;
- o canal aberto para veicular a mensagem.

Todas essas providências do emissor visam, essencialmente, tornar a mensagem compreendida pelo destinatário.

Para que o gerente participativo possa aumentar a eficiência de suas mensagens, deve basear-se, entre outros, nos seguintes fatores:

- desenvolvimento de suas habilidades de comunicação: escrita e falada (codificadoras), leitura e audição (descodificadoras) e pensamento (raciocínio);
- atitudes;
- nível de conhecimentos.

Como veremos a seguir, esses aspectos são extremamente importantes e decisivos para que o emissor possa comunicar-se de maneira clara, objetiva e racional, fazendo-se entender plenamente pelo receptor.

Mensagem

A mensagem é o conteúdo da comunicação, constituindo-se o segundo fator do modelo de Lasswell (1948), traduzido na pergunta: comunica o *quê*?

Quando falamos, o discurso constitui a mensagem; quando escrevemos, a escrita é a mensagem; ao gesticularmos, os movimentos que fazemos são a mensagem.

A mensagem, segundo Blikstein (1985), pode ser identificada como "o conjunto de signos que o remetente envia ao destinatário a fim de estimulá-lo a produzir uma resposta".

Literalmente, signo pode ser chamado "símbolo" ou "sinal". As palavras faladas ou escritas em uma mensagem constituem, em sua maioria, símbolos.

O conteúdo da mensagem depende, essencialmente:

- da escolha adequada das palavras;
- da organização dessas palavras em frases.

Toda mensagem constitui um código (veja o tópico a seguir) estruturado, e faz-se necessário que o receptor conheça esse mesmo código para poder entender o conteúdo da mensagem que recebe da fonte ou emissor.

A comunicação na empresa deve oferecer ao receptor o mecanismo de funcionamento do código da mensagem, pois somente assim ele poderá interpretar a mensagem, economizando esforço e tempo.

Código

Código pode ser entendido como de signo elaborado durante a redação da mensagem, na qual é confrontado cada um de seus elementos para extrair o sentido.

De acordo com Abraham Moles (1978), o código é "todo o conjunto de conhecimentos que emissor e receptor possuem em comum antes do recebimento da mensagem".

Os sinais existem em número limitado – formas de linguagem humana, as letras da linguagem escrita etc. – mas sua combinação possibilita um número ilimitado de mensagens.

Por outro lado, as regras da sintaxe limitam a combinação de sinais, circunscrevendo-os a determinados significados. Quando ocorre, isso recebe o nome de semântica ou código.

A linguagem humana, com seus símbolos e regras perfeitamente definidos, constitui o código mais importante e mais utilizado que existe. Por essa razão, seu estudo se apresenta muito mais complexo que o estudo dos demais códigos.

Codificação e decodificação

O processo de transformação de determinada ideia em mensagem, com seus símbolos, é um processo de codificação. Assim, quando o emissor faz a conexão de uma ideia a um estímulo, formando um sinal, está elaborando uma codificação.

Já o receptor, ao receber o signo ou sinal, assimilando seu significado, está procedendo ao processo inverso da codificação, isto é, está decodificando a mensagem recebida.

Percebe-se, desse modo, que a meta central do processo de comunicação se situa, basicamente, na decodificação dos símbolos que compõem a mensagem.

O processo de codificação/decodificação, para ser eficaz e atingir seus objetivos, exige que o emissor conheça e domine o código utilizado na elaboração e transmissão da mensagem.

Canal

O canal, também chamado "veículo", é o componente físico utilizado pelo emissor para levar a mensagem ao receptor. Na linguagem publicitária, o termo "mídia" é utilizado para identificar os canais ou veículos de comunicação de massa (jornais, televisão, rádio etc.).

Os canais podem ser utilizados pelo emissor de forma isolada ou simultaneamente. Dá-se importância à escolha do canal em que a mensagem será veiculada, pois essa escolha poderá influenciar a forma pela qual o receptor entenderá a mensagem enviada pela fonte.

Entre os fatores a serem considerados na escolha de um canal de comunicação, de acordo com Faria e Suassuna (1982), podem ser citados:

- disponibilidade financeira;
- preferência dos receptores;
- recursos técnicos disponíveis;
- adaptação ao conteúdo da mensagem;
- poder de impacto;
- amplitude e profundidade desejadas;
- facilidade de manipulação.

A escolha do canal pelo emissor corresponde à quinta pergunta que Lasswell (1948) formulou: "Comunica por que meio? Como comunica?".

O Quadro 3.4 mostra alguns dos canais pelos quais o gestor participativo de RH pode se comunicar com seus auxiliares.

Quadro 3.4 – Instrumentos – canais/meios – de comunicação na empresa

	Instrumento	Qualidade	Defeitos ou limitações	Conclusões
1	Conversa informal	Natural-prático--bilateral.	Pode facilmente degenerar em conversa sem objetivos.	Instrumento essencial e de uso constante; precisa ser subordinado ao planejamento para não degenerar.
2	Entrevista	Bastante pessoal e natural. Permite comunicação recíproca. Pode ajudar a levantar o moral.	É difícil encontrar ou preparar bons entrevistadores (trabalho estatístico, mais que técnico).	Instrumento básico muito usado e, quando bem usado, de possbilidades ilimitadas.
3	Aviso por sistema de alto-falantes	Rápido. Permite à administração alcançar todos os empregados ao mesmo tempo.	Impessoal, unilateral Serve apenas para mensagens curtas.	Embora não essencial, constitui auxílio valioso em algumas situações.
4	Telefonema	Muito útil. Prático. Bilateral. Rápido.	Não permite a comunicação face a face.	Indispensável.
5	Reunião parlamentar	Permite comunicação a um número limitado de pessoas.	É unilateral e quase impessoal.	Útil em determinadas situações. Seu uso deveria ser muito restrito.
6	Reunião didática	Instrumento muito útil ao treinamento empresarial.	Exige o concurso de indivíduos técnicos e técnicas de ensino.	São eficientes em alguns tipos de treinamento.

Quadro 3.4 – Instrumentos – canais/meios – de comunicação na empresa. (*continuação*)

	Instrumento	Qualidade	Defeitos ou limitações	Conclusões
7	Reunião de debate	Permite comunicação nos dois sentidos. Bem liderada, pode levar a conclusões das quais o grupo participa e aceita.	É difícil encontrar ou formar líderes de reuniões.	É instrumento de inestimável valor em muitas situações.
8	Pesquisa de atitude e opinião	É capaz de revelar assuntos interessantes e desconhecidos. Potencialmente, representa um levantador do moral.	É instrumento complexo que demanda, em geral, o concurso de especialistas para não incorrer em conclusões precipitadas. As revelações podem estar erradas.	Instrumento de grande valor, quando usado com critério.
9	Comunicação em quadro de aviso	Rapidamente atinge grande número. Útil.	Impessoal. Unilateral.	Instrumento muito valioso.
10	Comunicação nos envelopes de pagamento	Geralmente desperta a atenção.	Só permite comunicações muito breves.	Instrumento útil para comunicações muito breves.

Fonte: Hoyler, 1970, p. 31.

Receptor

Também conhecido como destinatário, o receptor é, em princípio, o indivíduo que recebe a mensagem e, após decodificá-la, deve produzir uma resposta esperada pelo remetente.

O receptor corresponde ao quarto fator do modelo proposto por Lasswell, ou seja, "comunica a *quem*?".

Quando o emissor elege determinado código para a comunicação de sua mensagem, deve cuidar que ele seja do conhecimento do receptor. Da mesma forma, quando a fonte seleciona o conteúdo de uma mensagem com a finalidade de que esse conteúdo tenha algum significado para o destinatário.

Ao escrevermos, nosso leitor é que tem importância. Ao falarmos, é nosso ouvinte o centro de nossa preocupação. Assim, a atenção com o receptor é um princípio orientador para qualquer emissor da comunicação.

O modelo de Shannon e Weaver

Claude E. Shannon e Warren Weaver (1949) inspiraram o modelo conceitual analisado nos tópicos anteriores, sendo representado na Figura 3.6. O esquema destinava-se, em sua origem, a físicos e matemáticos, caracterizando um novo componente importante no processo de comunicação: o ruído.

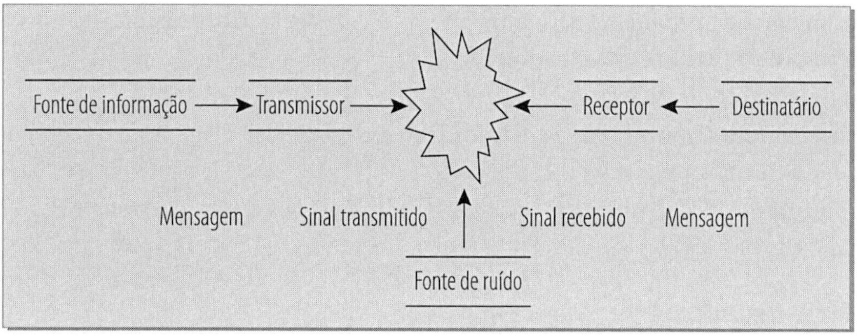

Figura 3.6 – Processo básico de comunicação, segundo Shannon e Weaver.

Ruído

O ruído é identificado na comunicação humana como o conjunto de barreiras, obstáculos, acréscimos, erros e distorções que prejudicam a compreensão da mensagem em seu fluxo "emissor – receptor" e vice-versa.

Com base no modelo proposto por Shannon e Weaver (1949), podemos definir o modelo de comunicações na organização como mostrado na Figura 3.7.

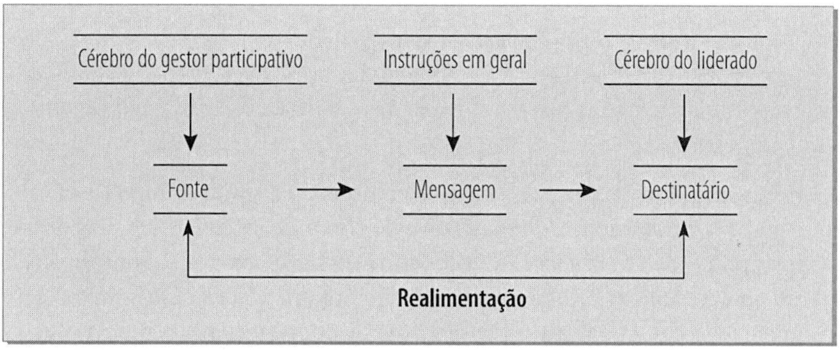

Figura 3.7 – Processo de comunicação entre o gerente participativo e seu destinatário.

Entre os fatores que dão lugar aos ruídos na comunicação, podem ser citados:

- ausência de identificação entre o emissor e o receptor;

- mensagem mal estruturada, seja no uso inadequado de códigos, seja no emprego deficiente de canais;
- deformação do conteúdo da mensagem durante o processo de transmissão entre a fonte e o destinatário;
- omissão de detalhes importantes da mensagem em nome de uma aparente objetividade ou comodidade;
- deformação ao falar, escrever, ouvir e/ou ler, tanto do emissor como do receptor;
- problemas de ordem pessoal entre a fonte e o destinatário, prejudicando a assimilação da mensagem transmitida;
- manifestação de boatos;
- ausência de tempo hábil para codificar e decodificar a mensagem, prejudicando sua compreensão;
- sobrecarga ou, ao contrário, escassez de informações durante a transmissão de mensagem.

Sistema de comunicação[3]

Com base nos estudos dos diversos autores que tivemos a oportunidade de acompanhar, podemos apresentar uma sugestão de como funciona um sistema de comunicação, partindo do princípio que o sistema apresenta mão dupla. Nessa visão, são considerados os seguintes aspectos:

- *emissor* da mensagem;
- *codificação* da mensagem;
- *mensagem* com orientações e ensinamentos;
- *recepção* da mensagem pelo colaborador;
- *decodificação* da mensagem, demonstrando entendimento;
- *feedback* ou emissão, dando conta da recepção;
- *receptor* (que no primeiro momento foi o emissor) toma ciência do resultado da emissão inicial daquelas novas informações e conhecimentos (mensagem) que o colaborador recebeu.

Ao observarmos a Figura 3.8, vejamos como foi realizado o fluxo de comunicação: o gestor (no momento, *emissor*) teve de comunicar (*codificar*) suas orientações e ensinamentos (*mensagens*) ao subordinado (*receptor*), que, por sua vez, demonstrou ter entendido (*decodificação*) e dado conta (*feedback* e *emissão*) ao gestor (no momento, *receptor*) das novas informações e conhecimentos (mensagem).

[3] Conforme Nascimento e Carvalho, 2007.

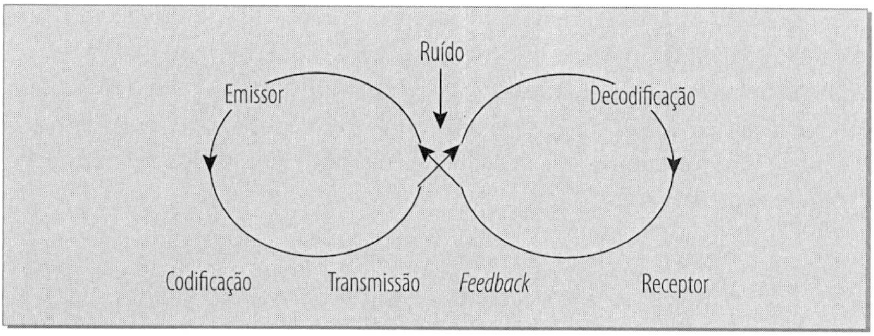

Figura 3.8 – Fluxo da comunicação.

Fonte: Nascimento e Carvalho, 2007, p. 88 e 89.

Quando o gestor participativo de RH comunica ao colaborador suas responsabilidades e autoridades, com as informações, os conhecimentos e treinamentos, aliados a uma verificação de como se encontra o parceiro, o gestor está, na realidade, não apenas verificando se o imediato entendeu a mensagem, como também demonstrando ter confiança no subordinado que, por sua vez, se sente prestigiado pela chefia imediata.

O que se percebe é um conjunto de fatores que proporcionam ao subordinado uma sensação agradável e reconfortante. A reação a essa sensação se reflete no comportamento e no desempenho melhorado que esse subordinado há de ter.

Por extensão, quando outros subordinados veem seu companheiro ser prestigiado em razão de seu desempenho e comportamento anterior, automaticamente fazem uma comparação com a sua própria atuação. Poderão, então, chegar à conclusão de que, caso seu desempenho melhore, possivelmente obterão as mesmas oportunidades que foram conquistadas pelo outro; contudo, alguns subordinados poderão achar-se injustiçados por não terem sido eles os escolhidos.

As condições de ambiente, o *layout*, os equipamentos, os meios de comunicação, a remuneração, os companheiros de trabalho, a criatividade, a permissão para errar, a permissão para divergir, o respeito, o reconhecimento e a participação nas decisões, são fatores, entre outros já mencionados, que, na maioria das vezes, têm o poder de influenciar o comportamento e, consequentemente, o resultado final das atividades no que se refere ao desempenho.

Gerente e liderados – como se comunicam

Podemos apontar cinco elementos essenciais em todo o processo de comunicação empresarial: um comunicador (gerente) que transmite (diz, instrui, orienta) mensagens (relatórios, sugestões etc.) ao destinatário (colaborador, empregado, profissional, funcionário, cliente, fornecedor) a fim de influenciar o comportamento deste que revela sua resposta (*feedback*).

Tais elementos podem ser mais bem compreendidos à luz do modelo de Harold D. Lasswell (1948): "quem diz o quê, por que meio, a quem e para quê?".

Como já tivemos oportunidade de ver, os grupos de trabalho (veja o tópico "3.3.2 Gestor participativo de RH e o grupo de trabalho") são constituídos por pessoas que interagem de forma dinâmica e se relacionam com outros grupos de referência, dentro e fora da organização.

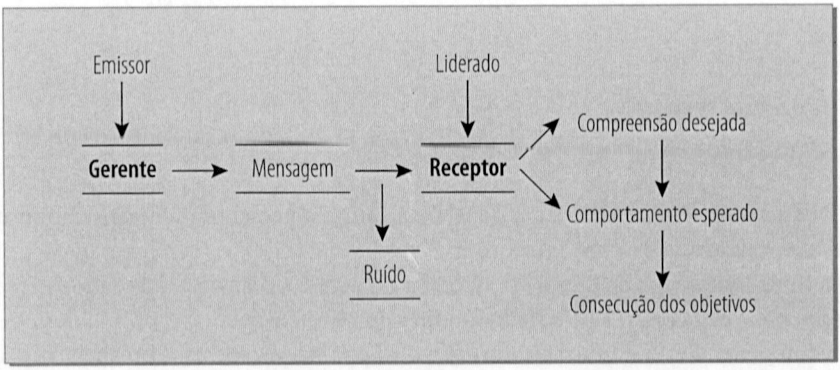

Figura 3.9 – Fluxo da comunicação entre gerente e colaborador.

Esse processo de movimento simultâneo, para acontecer com um mínimo tolerável de desvios e atritos, e um máximo possível de integração, depende, essencialmente, de um bem cuidado e eficiente sistema de comunicações.

A comunicação é um instrumento de gerência compartilhada que visa integrar a equipe de trabalho para o alcance de suas metas. A Figura 3.9 procura mostrar essa conexão entre o gerente participativo de RH e seu liderado.

Leve em consideração que, na administração participativa, o receptor deve ser o núcleo central do processo de comunicação na organização. Além disso, para o gestor participativo, a importância das comunicações decorre do fato de que, quando feitas de modo claro, objetivo e dinâmico, contribuem sobremaneira para aumentar a produtividade do receptor, conforme mostra a Figura 3.10.

O esquema mostra que a comunicação eficiente influencia, e muito, todos os aspectos da personalidade do liderado. Dessa forma, pode-se afirmar que as comunicações constituem o elo entre o que o gerente orienta e o que seu grupo de trabalho assimila e pratica.

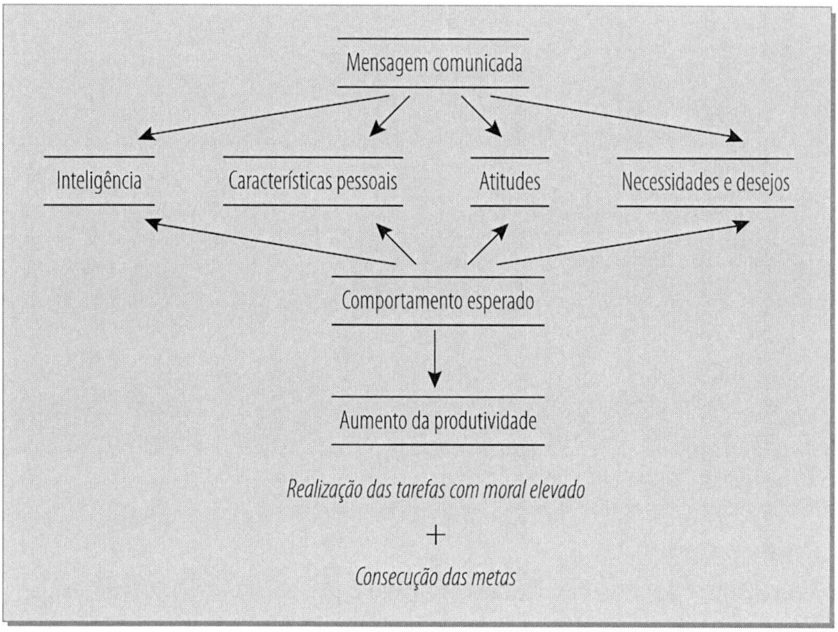

Figura 3.10 – Esquema mostrando a influência da comunicação no comportamento do receptor.

Exercício nº 3

Um colega seu de muitos anos que trabalha em outro setor da organização foi recentemente promovido a gerente de uma unidade e veio procurá-lo para obter ajuda. Ele está encontrando sérias dificuldades para eliminar certos "ruídos" com seus auxiliares, principalmente no que diz respeito à utilização de um "código" adequado e perfeitamente compreensível entre ambas as partes.

Prepare uma relação de providências que possam garantir a eficiência das comunicações de seu colega no grupo. Procure explicar, de maneira objetiva e clara, cada uma das medidas sugeridas.

Campo das comunicações na empresa

A dinâmica e o funcionamento de uma empresa dependem do fluxo de comunicações que podem fluir para baixo (descendentes), para cima (ascendentes) e para os lados (horizontais).

A Figura 3.11 dá uma ideia desse tríplice processo.

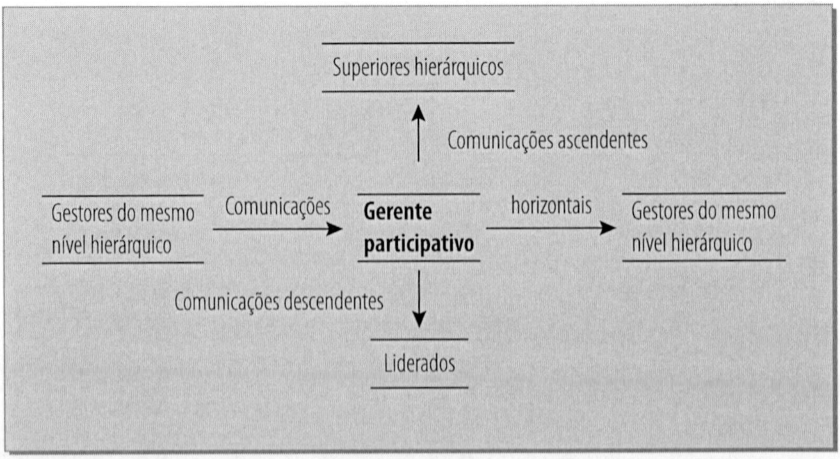

Figura 3.11 – Esquema das comunicações do gerente participativo.

Comunicações descendentes

As comunicações de cima para baixo envolvem o próprio conceito dinâmico de gerência: fazer que as coisas aconteçam por intermédio dos liderados. O gerente participativo de RH, para fazer que as tarefas sejam cumpridas, necessita transmitir a seus colaboradores, de várias formas, instruções, diretrizes, ordens, procedimentos e objetivos.

Basicamente, segundo Katz e Kahn (1976), são cinco os tipos de comunicações descendentes:

- diretrizes especiais para as tarefas: instruções de cargo;
- informação destinada a produzir compreensão das tarefas e suas relações com outras funções organizacionais: lógica do cargo;
- informação sobre procedimentos e práticas organizacionais;
- *feedback* para o empregado sobre seu desempenho;
- informação para desenvolver um senso de missão: argumentação sobre objetivos.

A transmissão de ordens

A comunicação de ordens é fundamental para fazer a empresa funcionar. Ela está presente, de forma oral e escrita, em grande parte das comunicações para baixo (descendentes).

Basicamente, a ordem envolve as diretrizes e os procedimentos. A diretriz é uma orientação de caráter permanente que sustenta a tomada de medidas específicas. Pode-se dizer que as diretrizes, por sua própria natureza, são rígidas e oriundas dos escalões superiores da organização. Elas constituem os parâmetros pelos quais os gerentes participativos de RH devem agir em suas áreas de influência. Já o procedimento é a representação detalhada das etapas, rotinas e métodos específicos a serem seguidos na execução do que foi determinado pela diretriz. Para auxiliarmos o leitor na compreensão do conceito desses dois tipos de ordem, podemos dizer que o procedimento é a diretriz vestida com macacão de trabalho e ferramenta na mão.

Sem ordem não pode haver coordenação, pois esta é um fator decisivo que faz funcionar qualquer organização. Isso significa que a ordem deve ser encarada como um desdobramento natural da sociedade estruturada em níveis hierárquicos.

O conceito dinâmico de comunicar ordens nasce das próprias condições de trabalho, nas quais existe sempre a relação entre o gerente participativo de RH e seu colaborador. Desse modo, a ordem é função da tarefa e da situação.

Resumindo, pode-se dizer que os três grandes princípios que regem a transmissão de uma ordem são:

- a ordem é, simplesmente, uma manifestação formal da autoridade de quem a transmite;
- a ordem só é eficiente quando comunicada, visando a um plano específico de trabalho a ser executado pelo auxiliar;
- a ordem é um produto natural do princípio da divisão racional do trabalho.

O funcionário, como decorrência do treinamento que recebe, sabe, ou pelo menos deveria saber, o que a empresa espera dele, como deve proceder e quais os padrões de desempenho a alcançar. Satisfeitas essas premissas, a comunicação de ordens pelo gerente participativo de RH pode reduzir-se ao indispensável. Assim, pode-se concluir que, quanto maior a necessidade de ordens, menor é o treinamento recebido pelo colaborador.

O gerente participativo de RH, ao comunicar uma ordem, não pode omitir o fato de que palavras e frases idênticas produzem diferentes reações, conforme o lugar e a oportunidade em que é transmitida.

Dessa maneira, o gerente não deve apoiar-se somente em sua autoridade formal para fazer que seu liderado cumpra uma ordem, mas criar condições favoráveis para que esta seja cumprida espontaneamente.

Comunicações ascendentes

As comunicações de baixo para cima têm como finalidade verificar se os liderados (receptores) entenderam, assimilaram e agiram em função da orientação recebida do gerente participativo de RH (emissor).

Como é sabido, o gerente necessita manter um sistema de controles administrativos, isto é, precisa saber o que está se passando no âmbito dos receptores de sua comunicação.

O processo de comunicação só completa seu ciclo (veja Figura 3.5) quando o último e mais importante elo da cadeia, o destinatário, compreende e age conforme o esperado, e, desse modo, apresenta-se a necessidade do componente bilateral da comunicação, o *feedback* à mensagem transmitida pelo emissor. É quando surge a comunicação ascendente.

Tipos de comunicação ascendentes

Entre os meios utilizados nas comunicações de baixo para cima (ascendentes), merecem citação:

- relatórios transmitindo dados estatísticos (unidades produzidas ou vendidas; pessoal contratado ou demitido etc.);
- relatórios financeiros (aumento e oscilações do capital; nível de investimentos; contas a pagar e a receber; receita e despesa etc.);
- opiniões, ideias, sugestões, reclamações, queixas e críticas;
- reclamações apresentadas de forma clara e evidente, seguindo procedimentos adequados para informar a chefia imediata, exigindo, de modo geral, solução.

Comunicações horizontais

Onde há trabalho em grupo há, paralelamente, necessidade de comunicações horizontais internas e externas. Pesquisas administrativas têm concluído que, mais do que nas comunicações descendentes e ascendentes, as mais sérias barreiras ou ruídos no entendimento entre emissor e receptor, e vice-versa, situam-se no campo das comunicações horizontais.

Para que se evite ao máximo a presença de distorções nas comunicações em um mesmo nível hierárquico, é preciso que a organização tenha uma política de coordenação administrativa bem-definida, como também suas linhas mestras em matéria de tomada de decisões devem ser ampla e claramente divulgadas.

A organização deve incentivar as consultas paralelas em relação, principalmente, ao nível técnico e científico, bem como desenvolver uma postura de interdependência funcional, pois nenhuma pode, hoje, agir isoladamente, sem nenhuma colaboração das demais unidades da organização.[4]

Todo gerente participativo de RH sabe que, antes de se voltar para quaisquer das direções já mencionadas, necessita desenvolver sua capacidade de receber e enviar mensagens, capacidade essa que se traduz, principalmente, no cultivo das habilidades de ouvir e ler, conforme veremos a seguir.

Habilidade de ouvir

> As palavras dos sábios, ouvidas em silêncio valem
> mais do que os gritos de quem governa entre tolos.
> *Livro do Eclesiastes, Capítulo 9, verso 17*

[4] Consulte o vol. 1, Cap. 1, de *Administração de Recursos Humanos*, o tópico 1.3.1 Tipos de sistemas empresariais, p. 5.

Saber ouvir, para depois falar, é uma qualidade cada vez mais rara entre nós. Em muitas ocasiões, quando, por força das circunstâncias, somos obrigados a ouvir alguém, fazemo-lo mais sob a influência de nossa própria experiência condicionante. Isso significa que, em vez de ouvirmos o que os outros nos dizem, na realidade, estamos ouvindo, apenas, aquilo que nossa mente quer que ouçamos. Acabamos adotando um comportamento mental preconcebido quando ouvimos o outro.

Numa época de crescente poluição sonora, como a que vivemos atualmente, torna-se indispensável que o gerente participativo saiba ouvir seus auxiliares.

Podemos listar algumas das mais frequentes situações de trabalho nas quais se faz presente a necessidade de o gerente ouvir seu colaborador, ou seja, entrevistas:

- com candidatos ao preenchimento de cargos na unidade;
- de avaliação de desempenho;
- sobre problemas de queixas e reclamações;
- sobre problemas de trabalho.

O gerente participativo, se quiser ser um bom ouvinte, deve buscar respostas objetivas sobre as seguintes questões:

- o que o emissor quer dizer com sua mensagem?
- por que o emissor está comunicando sua mensagem?
- o que o emissor está omitindo em sua mensagem?

Habilidade de ler

> Ler faz um homem completo.
> *Francis Bacon*

Além de saber ouvir, o gerente participativo necessita desenvolver o hábito da leitura. Somente ouvindo e lendo o máximo que for possível terá condições de melhor comunicar-se com seus liderados.

Ler significa, entre outras coisas, decifrar ou interpretar o significado de alguma coisa, reconhecer, perceber algo. Assim, o ato de ler não traduz, apenas, percorrer

com os olhos o que está escrito, mas, sobretudo, identificar o conteúdo das palavras e frases lidas.

A leitura, como forma de comunicação receptiva para o gerente participativo de RH, consome boa parte de seu tempo. Mesmo os gerentes que lidam mais com atividades operacionais passam razoável tempo de seu expediente lendo relatórios, memorandos etc. relacionados a suas atividades.

Tipos de leitura

Os estudiosos localizam três principais tipos de leitura:

- *leitura apreciativa* – romance, poesia, literatura em geral;
- *leitura crítica* – seções especializadas de jornais e revistas, editoriais etc.;
- *leitura assimilativa* – livros técnicos e científicos, compêndios, dicionários etc.

O gerente participativo utiliza os três tipos de leitura anteriormente mencionados, com predominância da leitura assimilativa.

Como ler bem

Os olhos e a mente cooperam para a leitura: os olhos para ver, a mente para compreender. O objetivo da leitura é compreender o sentido do que se lê, de forma rápida e fácil.

A seguir, três linhas que podem ser lidas com interpretações diversas quanto ao seu sentido:

- p r h w;
- maçã-lápis;
- a criança precisa de carinho.

As interpretações às quais se pode chegar são:

- na primeira linha a informação não tem sentido;
- na segunda, temos uma composição formada por duas palavras que não guardam relação entre si, somando nove letras;
- por fim, a terceira linha é composta por cinco palavras que guardam relação entre si e têm sentido.

Este é um dos segredos da leitura rápida e eficiente: ler pelo significado.

Segue algumas regras essenciais, conforme Laird e Laird (1959), para tornar, de forma racional, a leitura rápida e objetiva:

- leia frases, não palavras. Observe mais palavras durante as pausas dos olhos. Dirija a concentração para as palavras, não para as letras;
- leia a metade superior das palavras, não a metade inferior delas;
- habitue seus olhos a mover-se constantemente da esquerda para a direita, eliminando os movimentos de retorno. Compreenda a palavra da primeira vez para não ter de olhar para trás;
- esforce-se em perceber o significado. Leia uma linha de jornal somente com duas pausas de olhos. Para uma linha de livro técnico, esforce-se em cobri-la com quatro ou cinco pausas;
- mantenha lábios e língua imóveis. Reprima qualquer tendência de soletrar ou pronunciar as palavras. Evite o "falar para dentro", também. Se você lê menos de 350 palavras por minutos, é provável que esteja repetindo ou soletrando o que lê. Raramente a leitura é silenciosa até que seja alcançada uma velocidade de 400 palavras por minuto;
- mantenha-se alerta para perceber mais rapidamente o significado. Tente ler cinco palavras mais rapidamente a cada dia durante um mês, assimilando o significado de frases cada vez mais extensas. Busque as ideias, não espere que elas venham à sua cabeça. Seja constante até que haja adquirido o hábito de ler mais rapidamente. Chegue à meta de 400 palavras ou mais por minuto.

Resumindo, podemos afirmar que o desenvolvimento do hábito de ler depende dos seguintes fatores:

- do âmbito da percepção do leitor – número de palavras percebidas em cada fixação visual.
- do âmbito do conhecimento – número de palavras percebidas que o leitor é capaz de identificar.

Perguntas para reflexão

1. Alguns estudiosos afirmam que, a despeito dos muitos livros e cursos sobre comunicações que têm surgido ultimamente, é cada vez mais séria a questão das comunicações na empresa. Você concorda? Caso não concorde, justifique sua resposta.
2. Ultimamente, muitos executivos têm se queixado de que há excesso de reuniões e de muitos papéis em organizações que se autoproclamam como modelos de racionalidade e desburocratização. Por que, em sua opinião, isso acontece?
3. Tendo em vista o conteúdo da questão 2, sugira, de forma resumida, como a empresa deve agir para implantar um sistema claro, objetivo e moderno de comunicações formais.

4. Você concorda com a tese de alguns especialistas de que, quanto mais intensiva for a manifestação de comunicações informais na organização, mais deficiente é o seu sistema de comunicações formais? Por quê?

Exercício nº 4

Assunto: Comunicações no trabalho do gerente participativo

Veja o gabarito ao final deste capítulo.

Assinale com um "x" a resposta que considera a mais correta:

1. Seu grupo de trabalho lhe dirige uma solicitação: "há rumores sobre o aumento de despesas em nosso setor. Poderíamos ver a especificação das contas?". Você, por outro lado, tem certeza de que seu diretor vetaria tal proposta. Como agiria:
   ( ) a. informaria seu diretor a respeito da solicitação e tentaria convencê-lo a atender o pedido do grupo;
   ( ) b. diria ao grupo que as contas não poderão ser especificadas, e tentaria explicar o porquê, com base no andamento dos negócios;
   ( ) c. tentaria demonstrar ao grupo que não é necessário que vejam as contas para que diminuam as despesas.
2. A fim de certificar-se de que um relatório informal de rotina é realmente necessário, você deixa de enviá-lo. Nenhum dos que comumente o recebem faz menção da omissão. Como agiria:
   ( ) a. concluiria que o relatório não é importante, deixando, portanto, de enviá-lo;
   ( ) b. examinaria o relatório para verificar se preenche os quesitos a que se destina;
   ( ) c. verificaria se a verdadeira finalidade do relatório e os fins para os quais foi criado continuam a ser mantidos.
3. Você mantém reuniões semanais com seu grupo. Sua finalidade original era resolver os problemas do grupo, mas agora se transformaram em causas de aborrecimentos. Você resolveria o problema:
   ( ) a. interrompendo-as quando surgisse uma oportunidade, por ocasião das férias, por exemplo;
   ( ) b. chamando a atenção do grupo para os moldes originais das reuniões, fazendo que retornem ao ponto certo;
   ( ) c. encorajando as queixas, caso soubesse que mais tarde poderia controlar a situação.
4. Você despediria um auxiliar por ter espalhado um boato maldoso a seu respeito?
   a. Sim ( ) b. Não ( )
5. Você se desviaria de seu caminho – pequena distância, por exemplo – apenas para dizer "oi" a um colaborador que não vê há duas semanas?
   a. Sim ( ) b. Não ( )
6. Nas reuniões de seu grupo, determinado auxiliar toma a palavra sempre que pode, monopolizando o tempo disponível para debates. Como você agiria:
   ( ) a. faria todo o possível para impedi-lo de falar;
   ( ) b. deixaria que ele falasse à vontade;
   ( ) c. procuraria proporcionar outras ocasiões menos formais, em que o auxiliar pudesse se manifestar.

7. **Quando as informações desagradáveis – afastamentos temporários, maiores restrições nos regulamentos, por exemplo – provêm de seus superiores e não de você, costuma deixar bem claro essa procedência?**

   a. Sim ( )   b. Não ( )

Comunicações orais

> Homens razoáveis geralmente concordam,
> desde que saibam do que estão falando.
> *Beardesley Ruml*

A linguagem oral é o principal meio de comunicação utilizado pelo ser humano. Igualmente, na organização, o gerente participativo recorre, em boa parte de seu trabalho, à forma verbal como sistema de apresentação de seu pensamento.

Pesquisas recentes confirmam que as comunicações orais constituem a primeira e mais importante forma de trocar informações entre as pessoas, representando cerca de 60% do tempo útil de cada um dos membros de uma equipe de trabalho.

Saber expressar-se verbalmente é comunicar a alguém seu próprio pensamento, de forma que assegure sua completa compreensão pelo receptor. Nenhuma atividade profissional pode ser bem compreendida sem a linguagem oral, constituindo-se esta em um complemento indispensável às comunicações escritas.

Por sua própria natureza, a comunicação oral exige o contato pessoal direto (mesmo usando-se o telefone ou outro qualquer instrumento de comunicação verbal). Assim sendo, o gerente participativo de RH pode, com maior segurança, criar e manter um clima de confiança em sua equipe, procurando eliminar qualquer tipo de ruído ou distorção nas comunicações enviadas ou recebidas.

Além de ser mais fácil de controlar, a comunicação verbal é extremamente flexível, possibilitando ao emissor adaptar-se a cada situação surgida durante o diálogo com o receptor. É bem mais fácil, por exemplo, alterar uma instrução verbal do que modificar parágrafos de uma ordem por escrito.

Dicção e voz

Dicção é a arte de pronunciar palavras. Ela identifica o próprio ato de dizer, constituindo-se na qualidade superior da voz falada. Entre os fatores que levam a uma boa dicção, destaca-se a respiração, à qual se desdobra nas seguintes fases:

- inspiração;
- pausa;
- expiração.

Para melhorar a dicção, de acordo com Penteado (1964), é recomendável:

- respeitar a correta pronúncia das palavras;
- fazer soar nas frases as palavras tônicas;
- saber pronunciar os finais das frases, sem enfraquecê-las, para não torná-las inexpressivas;
- saber dizer as frases, flexionando e utilizando todas as possibilidades de colorido da voz;
- o timbre de voz deve estar de acordo com o sentimento que se procura expressar;
- as imagens faladas devem ter "vida";
- a voz falada compreende cerca de cinco ou seis notas. É preciso saber usá-las para dar relevo e harmonia à exposição oral;
- é preciso aprender a usar a arte do silêncio, de onde nasce a força das pausas;
- a voz é o nosso instrumento de expressão individual. Precisamos conhecê-la perfeitamente para sermos donos absolutos desse instrumento valioso;
- articular bem, articular claro, articular exageradamente evita cansar a voz.

O problema dos boatos

Há alguns anos, uma pesquisa patrocinada pela empresa norte-americana de consultoria Towers, Perrin, Forster & Crosby, de Nova York, fez um levantamento representativo de um universo de 10 mil empregados, no qual foi revelado que 40% deles acreditavam em boatos (*O Globo*, 1985).

Aliás, a maneira mais rápida, barata e eficiente de se avaliar a qualidade do sistema de comunicações de uma organização é ouvir, informalmente, o que dela dizem seus funcionários, pelos corredores – nas conversas informais, na hora do cafezinho, nos banheiros etc.

Quando não se estabelecem canais adequados de informações descendentes, ascendentes e horizontais, os funcionários da empresa criam e estabelecem seus próprios sistemas informais de comunicações. E é justamente nesse contexto confuso e indefinido que surgem, prosperam e se disseminam os boatos e rumores infundados.

A organização, em virtude da intensidade e proximidade de contatos interpessoais, é um campo fértil para a proliferação de boatos. Por isso mesmo, a organização deve adotar providências para diminuí-los.

Sabe-se que é praticamente impossível eliminar de vez os boatos na organização. Entretanto, eles podem ser minimizados a um nível que não prejudique a produtividade da empresa e o andamento da dinâmica empresarial. Para que isso aconteça, as raízes dos boatos devem ser combatidas, entre outras, pelas seguintes medidas:

- estruturar um plano adequado e eficaz de comunicações aos colaboradores, procurando transmitir segurança, clareza e objetividade quanto às políticas e instruções da empresa;

- reduzir ao máximo os focos de "profissionais do boato";
- estimular as comunicações diretas aos colaboradores;
- na medida do possível, atender às queixas e reclamações legítimas dos empregados.

Comunicações escritas

> Bem escrever é, ao tempo, bem pensar, bem sentir e bem apresentar;
> é ter ao mesmo tempo alma, espírito e gosto.
> *Buffon*

Produto do considerável aumento da distância entre os vários escalões hierárquicos da organização – mormente nas organizações maiores e mais complexas – a comunicação escrita vem sendo utilizada cada vez mais pela administração, visando aproximar os funcionários. De outro modo, muitas comunicações escritas distanciam as pessoas, em vez de aproximá-las. Principalmente quando essas comunicações não são elaboradas com o cuidado necessário. Por meio da escrita, podemos informar, analisar e persuadir, como também podemos facilmente frustrar ou aborrecer o leitor.

Como já vimos, desenvolvendo hábitos positivos de ouvir e de ler, o gerente participativo de RH estará em melhores condições para comunicar-se pela forma escrita.

Características da comunicação escrita

Ao elaborar comunicações administrativas – relatórios, memorandos, fax, ofícios, cartas –, o gerente participativo de RH deve adotar um estilo claro e objetivo, o qual se constitui na principal característica da comunicação escrita na empresa.

Essa clareza e objetividade na comunicação administrativa envolvem, entre outros, os seguintes aspectos:

- emprego de frases certas;
- escolha de frases que exijam construção gramatical com pontuação simplificada;
- adoção de verbos de voz ativa;
- revisão de frases e de parágrafos, dando destaque à clareza do texto emitido;

- a comunicação escrita deve ser facilmente assimilada pelo destinatário;
- sempre que possível, buscar a palavra ou a frase que transmita uma ideia pelo caminho mais curto possível.

A linguagem escrita na organização, além de ter sua marca ou sua característica, deve, necessariamente, conter informações de natureza técnico-científica de interesse dos receptores que delas precisam tomar conhecimento. Assim, a linguagem de vendas, por exemplo, tem um conteúdo e uma dinâmica bem diversos da linguagem industrial, à qual, por sua vez, é bem diferente da linguagem administrativa.

A linguagem da comunicação escrita

A linguagem empresarial, utilizada pelo gerente participativo de RH para comunicar-se com os integrantes de seu grupo de trabalho, é um fator extremamente importante para incentivar o diálogo. E este é uma premissa decisiva para um sistema integrado de equipe coesa e consciente a respeito dos objetivos a serem atingidos. A Figura 3.12 mostra a representação desse elo.

Ao transmitir uma instrução, o gerente participativo utiliza certo tipo de linguagem empresarial visando despertar a atenção de seu liderado para o conteúdo da mensagem, despertar o interesse dele no cumprimento da instrução recebida e, por fim, levá-lo a agir para o cumprimento dessa missão.

Ocorre que, muitas vezes, a atenção do liderado nem sequer foi despertada para o que seu gerente quer transmitir. Por vezes, o interesse é atingido, porém, a ação não é bem executada.

A comunicação escrita na forma de instruções, por exemplo, é recomendável quando o que se pede ao destinatário é uma ação complexa, exigindo providências precisas e padronizadas. Trata-se, no caso, de complementar as instruções verbais.

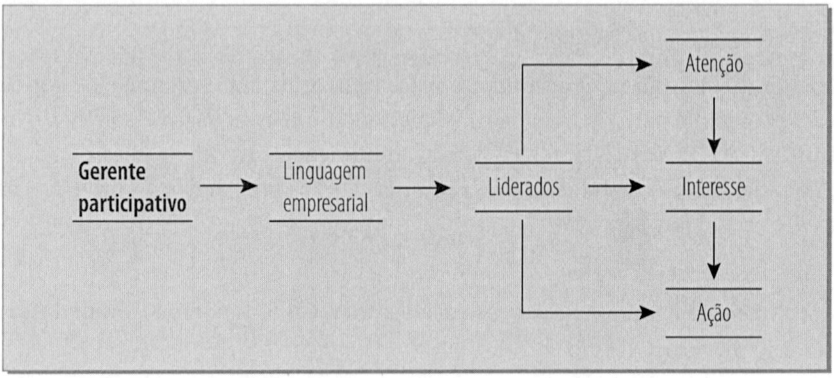

Figura 3.12 – A linguagem empresarial como elo entre o gerente e o liderado.

Limitações das comunicações escritas

As três principais limitações existentes quanto ao uso das comunicações escritas somente ocorrem quando:

- existem certas particularidades que o emissor não deseja transmitir ao receptor, por exemplo, diretrizes ou procedimentos acerca de gestão de RH da empresa;
- se torna extremamente difícil colocar em uma comunicação escrita todos os imprevistos e eventualidades a que está sujeito o receptor;
- com o tempo, a comunicação escrita tende a constituir-se um entrave para o dinamismo da ação grupal. Existem inúmeras situações do dia a dia empresarial que não podem ser resolvidas, pura e simplesmente, recorrendo-se ao manual de procedimentos.

Para que esses e outros problemas não prejudiquem as comunicações escritas na organização, o gerente participativo deve proceder a uma clara diferenciação entre o que se pode identificar como instrução escrita compulsória e informações puramente opcionais.

Ao mesmo tempo, os colaboradores devem saber que as comunicações escritas, principalmente no que se referem à expedição de ordens, estão sujeitas às revisões permanentes.

Por fim, a cúpula da empresa deve delegar à gerência participativa poderes para agir, tomando decisões, quando necessário (veja os tópicos "3.4, Delegação" e "3.6 Tomada de decisões"), desde que as informações escritas sejam insuficientes e desatualizadas.

Principais obstáculos às comunicações escritas

Os ruídos mais comuns, em matéria de comunicações escritas na organização, podem ser assim caracterizados:

- ausência de clareza e objetividade nos textos comunicados;
- comunicações contraditórias e até conflitantes;
- excesso burocrático, dificultando a recepção às comunicações;
- ausência de controle sobre as comunicações feitas;
- confusão quanto ao sentido de certas palavras básicas da mensagem veiculada;
- despreparo do receptor ao receber a mensagem;
- interpretações truncadas e equivocadas, tanto do emissor como do receptor;
- mensagens longas e cansativas, sem conteúdo.

Planejando as comunicações escritas

Para superar os inúmeros obstáculos e distorções às suas comunicações escritas, o gerente participativo de RH deve saber planejar suas mensagens, buscando respostas adequadas às seguintes questões:

A. "O que desejo comunicar?"
   A.1 – Instruções
   A.2 – Alterações estruturais da unidade e da organização
   A.3 – Rotinas de trabalho
B. "Quem pretendo alcançar?"
   B.1 – Toda a organização
   B.2 – Somente alguns setores
   B.3 – Pessoalmente, a cada empregado
C. "Quais veículos devo utilizar"?
   C.1 – Reuniões
   C.2 – Cartazes e outros recursos audiovisuais
   C.3 – Memorandos
   C.4 – Fax, e-mail e MSN
   C.5 – Telefone
   C.6 – Entrevistas individuais
D. "Quais os meios de controle disponíveis para proceder ao *feedback* da comunicação?"

Somente depois de responder cuidadosamente a cada uma das questões anteriores é que o gerente participativo de RH estará em condições de escrever uma mensagem, tendo em vista:

1º – provocar no liderado uma ação direta;

2º – produzir no liderado a satisfação pelo trabalho executado.

A American Management Association (AMA) sistematizou alguns princípios essenciais a uma comunicação escrita ou verbal. É o chamado "decálogo da boa comunicação", ou seja:

- procure tornar suas ideias claras antes de comunicar-se;
- examine o verdadeiro sentido de cada comunicação que tiver de fazer;
- considere todos os aspectos físicos e humanos envolvidos em sua comunicação;
- ao planejar suas comunicações, consulte outras pessoas, quando necessário;
- lembre-se, ao fazer sua comunicação, de verificar o conteúdo básico de sua mensagem;
- aproveite a oportunidade da comunicação transmitindo algo útil para orientar o receptor;
- controle sua comunicação acompanhando-a em suas várias etapas;
- comunique hoje tendo em vista o futuro;
- por fim, procure não somente compreender, mas, principalmente, ser compreendido.

Exercício nº 5

Assunto: Dinâmica das comunicações

Veja o gabarito ao final deste capítulo.

Indique se o que segue é verdadeiro ou falso, preenchendo os espaços correspondentes com as letras V ou F, respectivamente:

( ) Nem sempre é o emissor a fonte primária da mensagem comunicada.

( ) O processo de transformação de determinada ideia em uma mensagem, com seus símbolos, é um processo de decodificação.

( ) A manifestação de boatos gera, via de regra, ruídos nas comunicações escritas e verbais.

( ) A transmissão de ordens constitui uma forma exclusiva de comunicação descendente.

( ) A leitura assimilativa ocupa-se, essencialmente, de consultas a romances, poesias, contos etc.

( ) Ler frases, não palavras, é uma das regras essenciais para se desenvolver a leitura rápida e eficiente.

( ) A comunicação verbal é muito mais fácil de ser controlada do que a comunicação escrita.

( ) Em termos de comunicações administrativas, não há nenhuma relação entre dicção e voz.

( ) A adoção de verbos de voz passiva é indispensável para o sucesso de uma comunicação escrita.

( ) O uso de pronomes pessoais auxilia muito na redação de uma comunicação administrativa.

Perguntas para reflexão

1. É possível falar-se em grupo de trabalho com moral elevado em uma organização cuja política salarial não é dinâmica e atualizada? Por quê?
2. Muitos especialistas afirmam que a eficiência de uma comunicação está mais centrada na escolha de um canal adequado do que dispor de um excelente código para suas mensagens. Você concorda com esse argumento? Por quê?
3. Como montar um sistema de comunicação que funcione em certa empresa cuja principal característica é desenvolver uma administração centralizada?
4. É possível compatibilizar-se administração participativa e a obtenção de resultados como meta central da organização? De que modo?
5. A disseminação de boatos em uma organização têm relação com a política de RH da própria empresa? Qual?

Questionário parcial de autoavaliação

Veja o gabarito ao final deste capítulo.

1. "Colaborar na implantação de decisões complexas" constitui uma das funções dos:

   ( ) a. grupos informais;

   ( ) b. grupos informais mistos ;

   ( ) c. grupos formais;

   ( ) d. grupos informais verticais.

2. De quem é o enunciado: "a principal função do gerente é estabelecer e montar um sistema de comunicações"?

Resposta: ....

3. Entre os fatores que dão lugar aos .... na comunicação, destaca-se a .... mal estruturada, seja no uso inadequado de ...., seja no emprego deficiente de canais.
4. A linguagem escrita é o principal meio de comunicação utilizado pelo ser humano.

   ( ) Certo ( ) Errado.
5. A pergunta de Lasswell, "comunica por que meio?", diz respeito:

   ( ) a. à localização de ruídos na comunicação;

   ( ) b. à identificação do receptor;

   ( ) c. à escolha do código;

   ( ) d. à escolha do canal.

3.4 Delegação

> O que você está fazendo não está certo. Desse jeito você vai ficar cansado demais, e o povo também. Isso é muito trabalho para você fazer sozinho.
>
> *Livro do Êxodo. Capítulo 18, verso 17*

O texto acima é parte de uma história bíblica que ocorreu há cerca de 3.500 anos, quando Israel era um povo nômade, caminhando pelo deserto rumo à Terra Prometida. Jetro, sogro de Moisés, sugeriu-lhe que escolhesse dirigentes de grupos menores para julgar as causas de importância relativa e dedicasse mais tempo para os grandes temas relacionados à conduta ética e religiosa do povo. Moisés seguiu o conselho de Jetro e conseguiu conduzir melhor o povo.

Como se vê, delegação é um tema bastante antigo. Não existe gestão participativa em RH sem uma efetiva delegação de tarefas e atribuição de responsabilidade, inclusive pelos resultados. Cabe, então, a pergunta: "Como gerente, você está delegando autoridade e responsabilidade?".

A atividade de delegar busca diferenciar o que são atribuições urgentes e tarefas importantes. Dessa maneira, um gerente pode dedicar boa parte de seu trabalho para resolver problemas urgentes, sobrando-lhe pouco espaço para solucionar questões realmente importantes em nível de gerência. Existe a premissa de que "nem tudo que é urgente é importante e nem tudo que é importante é urgente".

Somente por meio da delegação, o gerente participativo poderá libertar-se de detalhes operacionais e dedicar-se mais às funções administrativas-chave de planejar, organizar, liderar e coordenar as atividades de sua unidade de trabalho.

Na pirâmide organizacional, não se delega responsabilidade e, sim, autoridade. É sempre dos presidentes, diretores, executivos, líderes, gerentes e chefes a responsabilidade pelos impactos e resultados de suas organizações ou de suas áreas ou unidades. Por exemplo, em caso de acidentes fatais em organizações de produtos e/ou serviços, a autoridade está com engenheiros-chefes de áreas de produção, engenharia, segurança etc., entretanto, a responsabilidade será sempre dos "donos" dessas organizações.

3.4.1 Conceituação

A delegação de tarefas pode ser identificada como o processo administrativo de agir por intermédio de outros, confundindo-se com o próprio conceito de gerência participativa de RH (veja o tópico "3.2.3 Movimento de relações humanas").

Como estudamos até agora, dirigir Recursos Humanos não constitui uma tarefa fácil. A grande e complicada diversidade individual dos membros de um grupo de trabalho exige, da parte da gerência participativa de RH, o cuidado e o empenho necessários para dispor de auxiliares motivados e integrados ao espírito de equipe (veja o tópico "Grupo de trabalho e seu moral").

O ideal de um gerente dinâmico e capaz consiste em ter o liderado certo no lugar certo. Assim, a capacidade de liderar uma equipe está relacionada com o emprego da delegação como instrumento sistemático de liderança participativa.

Por outro lado, formados por uma filosofia que visa unicamente medir a eficiência do gerente pelo critério centralizador e absorvente na execução acumulada de atribuições, muitos dirigentes de grupos não conseguem ou não querem delegar aos liderados parte de funções complementares que caberiam, de fato, a seus auxiliares.

É sabido que esse tipo de gerente vive com sua mesa de trabalho cheia, em desordem, enfrentando um ambiente de trabalho tenso com uma série de malefícios psíquicos e materiais.

Quando o excesso de trabalho mal distribuído e executado se torna uma regra no grupo, estamos diante de um gerente que centraliza tudo em suas mãos, incentivando a ideia do dirigente insubstituível para o cargo que ocupa, gerando:

- a ausência de confiança nos colaboradores;
- um ambiente de trabalho não cooperativo.

Essas distorções somente podem ser corrigidas por meio de um seguro sistema de delegação de atribuições.

3.4.2 Delegação e suas dificuldades

Entre as razões pelas quais o gerente hesita em delegar tarefas, está uma indefinição a respeito da área de responsabilidades e de autoridade como uma das mais frequentes no meio empresarial.

Quando o gerente não conhece seus limites de ação, torna-se evidente que não terá as condições mínimas necessárias para delegar atribuições de forma clara e objetiva. Soma-se a esse aspecto, a desorganização funcional, pois torna-se difícil delegar no caos.

É preciso levar em conta que a delegação é um processo de ação administrativa, no qual o auxiliar é responsável perante seu gerente pelos resultados que obtém, enquanto o próprio gerente responde perante seu diretor por toda a unidade.

A insegurança de quem delega é outro motivo que leva muitos dirigentes de gru pos a não delegar tarefas a seus colaboradores. Sentindo insegurança no cargo que ocupa e no seu relacionamento com seus superiores, colegas e liderados, o gerente indeciso tem receio de não mais ser considerado indispensável à equipe e à empresa.

Paralelamente, há ocasiões em que a insegurança na delegação ocorre pelo fato de que a organização não facilita o processo, impedindo que decisões sejam tomadas pelos escalões hierárquicos inferiores. O clima criado pela cúpula empresarial exerce uma influência dinâmica na eficiência com que o gerente participativo delega atribuições.

Outra objeção levantada em relação à prática da delegação é de que se trata de um processo demorado, principalmente quando se dispõe de prazo curto. As vantagens que se obtêm, ao longo do tempo, como redução de custos, frequência, motivação do auxiliar etc., entretanto, são bem maiores que o tempo dedicado à preparação do colaborador que vai executar as tarefas.

Por exigir um trabalho prévio, a delegação necessita ser bem planejada, pois a atribuição de responsabilidades e autoridade ao acaso proporciona resultados negativos à empresa, ao gerente e ao liderado.

3.4.3 Delegação e suas vantagens

Quando bem programada e executada, a delegação de tarefas apresenta, entre outras, as seguintes vantagens:

- funciona como recurso valioso de motivação profissional, uma vez que o auxiliar sabe que, executando bem suas atribuições, terá oportunidade de fazer carreira na organização;
- o trabalho em grupo torna-se mais produtivo, com distribuição racional de tarefas e responsabilidades;
- a capacidade de execução das atribuições é aumentada de forma substancial;
- o gerente pode dedicar a maior parcela de seu tempo às atividades-chave ou de maior relevância de seu cargo;

- o grupo age espontaneamente e de forma integrada, mesmo na ausência eventual do gerente;
- a formação de profissionais com potencial de liderança na organização.

Assim, o gerente participativo de RH é aquele que, no exercício pleno da direção do grupo, consegue, com relativo êxito, especificar quais resultados são esperados de cada um de seus liderados e estes são encorajados a adotar procedimentos por meio do exercício da delegação de atribuições.

3.4.4 Delegação como instrumento de liderança

A delegação de tarefas constitui um instrumento de gerência participativa em RH (veja o tópico "3.3.1 Gestor participativo de RH como líder"), que visa distribuir as atribuições certas (o quê), para liderados certos (para quem), em lugares certos (onde) e no momento certo (quando).

Pode-se afirmar que a capacidade de liderar um grupo de trabalho está intimamente relacionada à eficiência com que é empregada a delegação.

Assim, delegar é a chave para a criação e sustentação de uma equipe produtiva, orientada para a ação conjunta rumo à consecução de seus objetivos e metas, desdobrados dos desafios estratégicos da organização.

3.4.5 Delegação e seus parâmetros

No seu dia a dia profissional, o gerente participativo de RH necessita adotar alguns procedimentos tidos como essenciais para o êxito na implantação e acompanhamento da delegação. Tais princípios são: a quem delegar; o que delegar, como delegar e por que delegar.

A quem delegar

Refere-se ao conhecimento que o gerente deve ter de seu auxiliar candidato à delegação, levando em conta a capacidade profissional dele na execução de tarefas.

Conhecer bem a quem delegar constitui a primeira providência a ser considerada no processo de delegação. Ao gerente participativo de RH compete conhecer seus colaboradores para colocá-los à altura das diretrizes do trabalho a ser desenvolvido.

Um erro muito comum em gerência é considerar certos auxiliares inabilitados para o exercício de determinadas atividades. A experiência, no entanto, tem demonstrado que, em muitas situações, a simples mudança do gerente ou do supervisor direto faz que o funcionário se recupere e passe a produzir mais e melhor. Isso porque simplesmente o liderado não estava suficientemente ajustado a determinado tipo de supervisão.

Ao escolher a quem delegar atribuições, o gerente participativo de RH deve adotar as seguintes providências:

- considerar não somente o candidato à delegação, mas igualmente o local onde o empregado vai atuar (ambiente, condições de trabalho etc.);
- proporcionar ao colaborador, antes da delegação efetiva, tarefas experimentais, dando ao candidato responsabilidades gradativas;
- verificar até onde vai o espírito de equipe do candidato à delegação, na colaboração com os demais membros do grupo;
- considerar todos os aspectos profissionais e individuais do auxiliar candidato à delegação.

Ao delegar de modo eficiente e adequado, o gerente participativo de RH obtém, entre outras, as seguintes vantagens:

- alívio da pressão do trabalho na equipe;
- a atividade do grupo torna-se mais rentável.

O que delegar

Este tópico refere-se à identificação, pelo gerente, das atividades a serem delegadas, tais como:

- prazos;
- características gerais do trabalho a ser delegado;
- etapas de execução, entre outros aspectos.

Como delegar

Significa identificar os métodos e técnicas pelos quais o colaborador vai executar suas tarefas (= procedimentos). É quando o gerente, sabendo a quem e como delegar, deve dosar a quantidade e a qualidade de trabalho a ser feito pelo candidato à delegação.

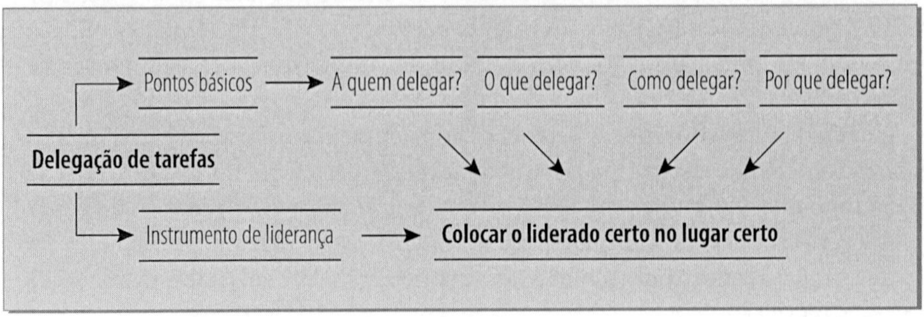

Figura 3.13 – Fluxo do processo de delegação de tarefas.

Por que delegar?

Não basta ao gerente conhecer bem seu liderado, orientá-lo quanto às atividades a serem executadas e destacá-lo no lugar adequado à delegação. Torna-se indispensável, também, informá-lo correta e integralmente sobre as razões que levam à delegação. Este item é importante para que haja uma boa harmonia entre o gerente, o colaborador e a empresa.

O processo de delegação de atribuições pode ser representado de maneira resumida conforme a Figura 3.12.

3.4.6 Delegação de atribuições

Teste

Segue-se uma série de questões tendo em vista apurar seu nível de delegação de tarefas. Veja o gabarito ao final deste capítulo.

		SIM	NÃO
1.	Seus liderados param de trabalhar sempre que você está ausente?	( )	( )
2.	Você tem condições de dedicar mais tempo às suas prioridades reais?	( )	( )
3.	Seus liderados sabem exatamente o que você espera deles?	( )	( )
4.	Sua unidade de trabalho é estruturada de modo a facilitar a delegação?	( )	( )
5.	Você passa muito tempo "apagando incêndios", lidando constantemente com emergências que exigem sua atenção especial?	( )	( )
6.	Seu trabalho enfrenta constantes crises de prazo final, ultrapassando algumas datas e satisfazendo outras bem em cima da hora?	( )	( )
7.	Você regularmente leva trabalho para casa, vai trabalhar mais cedo ou fica até mais tarde no serviço?	( )	( )
8.	Você e seu superior hierárquico concordam quanto ao grau de alcance exato de seu cargo, tendo em mente que você precisa de certo âmbito de iniciativa e liberdade?	( )	( )
9.	Você tem o hábito de proporcionar a seus liderados os meios para realizar suas tarefas: autoridade, conhecimento, instrumentos, máquinas, materiais etc.?	( )	( )
10.	Definiu os objetivos dos liderados em termos quantitativos e qualitativos?	( )	( )
11.	Você delega atribuições que outros podem fazer melhor que você?	( )	( )
12.	Está incentivando liderados-chave, que tenham mais experiências do que você em certas tarefas?	( )	( )
13.	Você faz da delegação um instrumento para treinar seus auxiliares e para avaliar a conveniência de promoções?	( )	( )

3.5 Reuniões de trabalho

> As boas reuniões proporcionam o melhor para as pessoas – as melhores ideias –, decisões e reações para o seu acompanhamento.
> *3M Equipe de Gerenciamento de Reuniões*

3.5.1 Conceituação e importância

A reunião de trabalho pode ser definida como o encontro de um grupo de profissionais com interesses afins, os quais, sob a coordenação de determinado participante, discutem e deliberam, se a estrutura da empresa assim o permite, a respeito de assuntos vitais para o sucesso dos negócios.

Pode-se afirmar que a reunião de trabalho constitui um dos meios mais usuais e importantes de comunicação entre o gestor participativo e sua equipe. Dessa maneira, a empresa dinâmica de nossos dias ainda não pode prescindir de reuniões periódicas de trabalho.

De outro modo, para que não aconteçam encontros improdutivos e desnecessários, gerando, por vezes, verdadeiras "febres de reuniões", o gerente participativo de RH deve tomar certos cuidados na preparação desses encontros. As reuniões, quando bem organizadas, revelam-se excelentes recursos para o exercício da liderança, servindo, até mesmo, como elemento de motivação e orientação aos colaboradores.

3.5.2 Vantagens da reunião de trabalho

Entre as principais vantagens proporcionadas pela reunião de trabalho eficiente, podemos destacar que esse recurso:

- encoraja seus participantes a tomar contato mais estreito com os problemas relacionados com seu trabalho em relação às demais atividades da unidade;
- contribui para que os membros da equipe expressem mais claramente suas ideias, opiniões e vivências profissionais;
- o gerente participativo de RH pode obter, com o devido tato, as opiniões dos participantes mais tímidos e reservados;
- cria, com a equipe, a consciência profissional em relação aos problemas do dia a dia empresarial;
- identifica, explora e procura encaminhar soluções para problemas específicos entre o gerente e seus liderados;
- decide sobre planos de ação administrativa;
- encoraja e desenvolve a confiança dos integrantes da unidade.

3.5.3 Dinâmica da reunião de trabalho

Há inúmeros trabalhos sobre a dinâmica de reuniões de trabalho, todos de razoável utilidade para o desempenho do gerente participativo de RH.

Parece-nos, entretanto, que a quinta fase ("como estar preparado para liderar uma reunião") do método TWI (*training within industry*, ou treinamento na indústria) é indicada particularmente para o gerente, constituindo-se das seguintes etapas:

5ª fase do TWI: preparando a condução da reunião

1. Faça o roteiro da reunião:
   1.1 determine assunto, motivo e objetivos;
   1.2 estabeleça os tópicos a serem abordados;
   1.3 procure prever o tempo destinado a cada um desses tópicos;
   1.4 procure explorar casos ilustrativos;
   1.5 anote o equipamento e material auxiliares, relacionando-os com os tópicos;
   1.6 preveja o momento mais oportuno para intervalos.
2. Organize o grupo:
   2.1 forneça com antecedência aos participantes, quando necessário, assuntos, objetivos e fatos (dados concretos);
   2.2 estabeleça quem e quantos deverão participar da reunião de acordo com o assunto e os objetivos;
   2.3 considere o aspecto: equilíbrio de nível entre os participantes;
   2.4 comunique com antecedência dia, local e hora da reunião.
3. Prepare material e equipamento:
   3.1 prepare, conforme roteiro, impressos, aparelhos, quadro de escrever e outros recursos porventura necessários;
   3.2 confira o material a ser distribuído;
   3.3 verifique lápis, papel etc.;
   3.4 teste os aparelhos;
   3.5 recapitule filmes, *slides* etc.
4. Prepare o local:
   4.1 verifique se cada um dos funcionários pode ver e ouvir bem;
   4.2 verifique mesas, cadeiras, luminosidade, ventilação etc.

5. Planejamento de uma reunião:
   5.1 adquira um conhecimento completo do assunto a ser discutido;
   5.2 prepare um roteiro da reunião;
   5.3 domine o assunto mediante o roteiro da reunião;
   5.4 prepare o material a ser distribuído;
   5.5 certifique-se de que o local da reunião está em ordem;
   5.6 estude as características dos participantes da reunião;
   5.7 predetermine o modo de manter o máximo interesse e entusiasmo por parte do grupo.

Além de preparar-se bem para a reunião de trabalho com seus liderados, o gestor participativo de RH deve saber conduzir os debates que, de modo geral, podem desvirtuar o sentido do encontro.

É ainda o método TWI, que nos fornece valiosas informações a esse respeito, a saber:

6ª fase do TWI: Como conduzir uma reunião

Ponto I: Prepare o grupo – Ponha o grupo à vontade:
- lembre os motivos que deram origem à reunião;
- determine os objetivos;
- indique os tópicos a serem abordados.

Ponto II: Apresente o assunto – Apresente os fatos com objetividade:
- seja lógico na exposição;
- ilustre o tema com auxílios audiovisuais;
- mantenha a discussão no âmbito do assunto;
- resuma com frequência.

Ponto III: Controle a participação – Anime a participação:
- distribua a atenção;
- auxilie o raciocínio de cada participante;
- mantenha a discussão no âmbito do assunto;
- resuma com frequência.

Ponto IV – Chegue a uma conclusão:
- indique os pontos que se destacaram na reunião;
- procure chegar a um resultado conclusivo;
- identifique a participação do grupo nos resultados;
- determine providências;
- agradeça a participação e observe o horário.

Questionário sobre reunião de trabalho

Assunto: Avaliação de reunião

Você já deve ter participado de reuniões de trabalho em sua organização. Levando-se em conta sua experiência, de suas lembranças e dos intercâmbios estabelecidos, procure responder ao questionário a seguir.

Veja o gabarito ao final deste capítulo.

	SIM	NÃO
1. Havia, realmente, necessidade de se promover a reunião?	( )	( )
2. A agenda da reunião foi bem apresentada, permitindo que todos os participantes entendessem de forma clara e objetiva os assuntos a serem analisados?	( )	( )
3. Todos os participantes da reunião tinham afinidade profissional em relação ao temário apresentado?	( )	( )
4. Houve uma apresentação adequada da reunião: acomodação física dos participantes, recursos audiovisuais empregados, impressos distribuídos etc.?	( )	( )
5. O tempo dedicado à reunião foi suficiente para esgotar os temas propostos?	( )	( )
6. O coordenador da reunião conhecia bem o assunto ou assuntos tratados?	( )	( )
7. A participação dos integrantes da reunião foi estimulada e bem distribuída, evitando-se a monopolização dos debates ou incentivando-se os mais tímidos e reservados?	( )	( )
8. A reunião chegou a resultados conclusivos?	( )	( )
9. Certos assuntos foram discutidos além da conta, enquanto outros temas igualmente importantes foram relegados a um segundo plano?	( )	( )
10. As decisões sobre os temas nem sempre foram as mais pertinentes e adequadas?	( )	( )

3.6 Tomada de decisões

A mais comum das fontes de erro nas decisões administrativas é a ênfase dada à descoberta da resposta certa e não à pergunta certa.

Peter F. Drucker

3.6.1 Conceituação e importância

A tomada de decisões é uma escolha consciente de uma linha de ação adotada pelo gerente participativo de RH, entre duas ou mais alternativas que são apresentadas a eles.

A importância da tomada de decisões decorre do fato de que é dessas decisões que depende a execução do programa administrativo sob a responsabilidade da gerência participativa em RH.

Herbert A. Simon (1963) caracteriza um denominador comum à tomada de decisões, ou seja:

> o indivíduo que decide é o homem no momento da escolha, prestes a decidir entre um e outro dos caminhos que partem da encruzilhada. Todas essas imagens falseiam a questão da decisão porque se encontram, apenas, no momento final. Elas ignoram a extensão integral, o complexo processo de reflexão, investigação e análise que precedem esse momento.

3.6.2 Etapas do processo de tomada de decisões

São quatro as etapas do processo de tomada de decisões: definição do problema, obtenção e análise de informações, escolha das alternativas e decisão.

Primeira etapa: Definição do problema

O gerente participativo de RH deve saber detectar, a qualquer momento, os problemas mais sérios que ocorrem em sua unidade de trabalho. Para isso, é preciso basear-se em fatos, isolando os aspectos secundários ou contraditórios.

É a etapa de formulação de questões centrais, por exemplo:

1. Qual é, na realidade, o problema surgido na unidade?
   - 1.1 consecução das metas individuais e/ou do grupo;
   - 1.2 desajuste no entrosamento entre os membros do grupo;
   - 1.3 problemas de ordem disciplinar;
   - 1.4 problemas de ordem operacional;
   - 1.5 algum acidente grave.
2. Onde surgiu o problema?
   - 2.1 entre os próprios membros do grupo;
   - 2.2 no contato com outros setores da organização;
   - 2.3 no relacionamento com os públicos externos da organização (fornecedores, autoridades, clientela).
3. Quando surgiu o problema?
   - 3.1 Há poucos dias;
   - 3.2 Há semanas;
   - 3.3 Há meses;
   - 3.4 Agora.
4. Por que surgiu o problema?
   - 4.1 causas primárias. Quais?
   - 4.2 causas secundárias. Quais?

5. Como surgiu o problema?
   5.1 constatação direta do gerente da unidade;
   5.2 do chefe imediato do funcionário envolvido;
   5.3 de quem mais.
6. Quem é, de fato, responsável pela solução do problema?
   6.1 o gerente da unidade;
   6.2 seu superior hierárquico;
   6.3 quem mais?

Respondendo de modo claro e objetivo a essas questões preliminares, o gerente participativo de RH estará em melhores condições para verificar, com a necessária isenção, as causas e não apenas os sintomas aparentes que determinado problema pode provocar na unidade que dirige.

Segunda etapa: Obtenção e análise de informações

Essa fase refere-se ao estudo consciente e imparcial de todos os fatos que, direta ou indiretamente, possibilitem o encontro de soluções adequadas para resolver o problema surgido.

Essas informações podem ser obtidas mediante o emprego de técnicas de comunicações verbais e/ou escritas (veja o tópico "3.3.3 Gestor participativo de RH e as comunicações no trabalho"), bem como consultando padrões e normas vigentes na organização.

Consultando os elementos envolvidos no problema, o gerente participativo de RH consegue, ao mesmo tempo, informações úteis para ter uma ideia mais abrangente e completa possível do que está acontecendo em seu grupo de trabalho.

Seguem algumas perguntas que contribuem para que o gerente obtenha informações relevantes (British Institut of Management, 1978):

- Especificou cuidadosamente aquilo de que necessita?
- Onde podem ser obtidas as informações?
- Sabe qual será o custo final da decisão?
- Aproveitou inteiramente a experiência de sua organização?
- A ajuda externa poderia ser utilizada com proveito?
- As informações são apresentadas de forma adequada?
- São seguras e válidas? As informações são suficientes para que sua decisão se baseie nelas? Enquanto reunia informações, alterou-se a área do problema?
- Seus objetivos ainda são relevantes e úteis?

Terceira etapa: Escolha das alternativas

A escolha de alternativas, como terceiro passo do processo decisório, constitui uma listagem de todas as possíveis linhas de ação para resolver determinado problema. Nesta fase, é recomendável não deixar de lado qualquer opção viável.

É justamente ao escolher alternativas que o gerente participativo de RH revela toda a sua criatividade e experiência. Nesse caso, a criatividade somente é possível se for adotado o comportamento refletido em "mente aberta", isto é, o gerente examina cuidadosamente uma ideia, verificando os motivos reais e aparentes de sua viabilidade, em vez de dizer que ela não dará certo.

Para auxiliar sua escolha de opções, o gerente participativo de RH deve fazer-se as seguintes perguntas, entre outras (British Institut of Management, 1978):

- Fiz uma lista de possíveis linhas de ação?
- Avaliei o provável resultado em cada caso?
- As áreas de problemas podem ser simuladas por técnicas científicas de análise?
- Seria útil um modelo de decisão de todo o problema?
- As questões essenciais foram deixadas de lado por questões secundárias?
- Precisará modificar seus objetivos originais?

As respostas adequadas a essas e a outras questões possibilitam ao gerente participativo de RH optar por uma série de linhas de ação, bem como escolher racionalmente a mais indicada.

Quarta etapa: Decisão

Depois de definir o problema objeto da decisão, obter todas as informações necessárias e escolher linhas de ação para solucionar a questão, o gerente participativo de RH estará em melhores condições de optar por uma dessas alternativas.

Para tornar a decisão a mais eficiente possível, faz-se necessário o exame cuidadoso dos seguintes pontos:

- identificação das prioridades;
- vantagens e desvantagens de cada alternativa prevista;
- analisar as informações, principalmente as relacionadas a tempo e custos de cada alternativa;
- antecipar possíveis dificuldades por ocasião da tomada de decisões, bem como táticas e ações operacionais para contorná-las.

A seguir, algumas questões tidas como vitais e que podem ajudar o gerente participativo de RH em matéria de tomada de decisões em sua parte final (British Institut of Management, 1978):

- O que fazer? Quando fazer?
- Quanto tempo será preciso para completar cada estágio?
- Quem implementará a decisão? Quem deve ser informado? Quando?
- Quem mais deve ser informado da decisão?
- Que eleito terá sua decisão sobre terceiros?
- Estabeleceu-se um sistema de acompanhamento e controle?

Exercício nº 6

Assunto: Tomada de decisões

Veja o gabarito ao final do capítulo.

O proprietário de uma fábrica de guarda-chuvas resolve aumentar sua linha de produção em face da procura de seus produtos. Para tanto, admitiu novos operários e criou tecnologia moderna com alto índice de rentabilidade.

Para dirigir os RH admitidos nessa nova unidade industrial, o fabricante necessita de um gerente participativo que conheça algo a respeito de guarda-chuvas.

Ao realizar uma pesquisa entre os próprios funcionários, o industrial descobre três pessoas capazes de ocupar a função. Esses profissionais possuem, entre outras, as seguintes características básicas:

> **Roberto**. Contador formado, seis anos de empresa. Faz, à noite, um curso de liderança. Casado, introvertido. Trabalha no setor administrativo da firma, conhecendo bem os custos operacionais da produção de guarda-chuva. É um indivíduo ambicioso no sentido de querer subir de carreira na empresa. Idade: 33 anos.
>
> **Joaquim**. Supervisor da linha de produção, com oito anos de companhia em montagem de guarda-chuvas. Também é ambicioso. Tem o segundo grau completo e está estudando à noite com intuito de cursar uma faculdade. Idade: 23 anos.
>
> **Osvaldo**. Excelente vendedor, extrovertido, formado em administração de empresas. Igualmente ambicioso, responsável pela distribuição do produto. Idade: 25 anos.

Caso fosse o industrial, quem você escolheria entre esses três candidatos? Por quê?

Questionário final de autoavaliação

Veja o gabarito no final do capítulo.

1. O primeiro parâmetro a ser considerado pelo gerente participativo de RH ao delegar atribuições é responder a uma das seguintes perguntas:

   ( ) a. Por que delegar?

   ( ) b. O que delegar?

   ( ) c. A quem delegar?

   ( ) d. Como delegar?

2. A atividade de delegar busca diferenciar o que são atribuições .... e tarefas importantes. Dessa maneira, um gerente pode dedicar boa parte de seu trabalho para resolver problemas ...., sobrando-lhe pouco espaço para solucionar questões realmente, ... a nível de gerência.

3. "Como delegar" identifica as razões que levam à delegação.

   ( ) Certo ( ) Errado

4. Qual é o título da 6ª fase do TWI?

   Resposta: ....

5. A terceira etapa do processo de tomada de decisões é:
   ( ) a. escolha de alternativas;
   ( ) b. obtenção e análise de informações;
   ( ) c. decidir;
   ( ) d. definição do problema.

3.7 Considerações finais

Este capítulo nos transmite conhecimentos sobre o processo de gestão participativa, com a possibilidade de tais estudos nos colocar diante das diversas razões de convivência interpessoal nas organizações.

Ressaltamos o resultado das pesquisas conduzidas por vários estudiosos, de diferentes segmentos, em termos de disposições ou medidas antecipadas necessárias, as quais precisamos assumir, para atingir objetivos. Além disso, mediante essas disposições, explanadas neste capítulo, é possível ampliar o conhecimento referente aos aspectos práticos ligados aos antecedentes da gestão participativa e da figura do gestor que atua como líder em grupos de trabalho e se comunica de forma apropriada para conquistar e se fazer entender por seus imediatos.

Vimos os procedimentos da delegação, das reuniões de trabalho e da tomada de decisões, informações e conhecimentos úteis na condução de empresas e/ou de setores organizacionais.

Gabarito

Gabarito do Exercício nº 1 ("Imparcialidade do gerente participativo")

1. A alternativa d é a mais recomendada no caso.
2. A alternativa c é a solução mais correta e racional.
3. A decisão mais realista é a alternativa a. "O autocontrole, nas circunstâncias já descritas, traria consequências piores para você e o culpado do que uma sincera explosão" (Uris, 1979).
4. Alternativa b.
5. O mais indicado seria a alternativa b.
6. Alternativa c.

Gabarito do Questionário parcial de autoavaliação (Veja "Explicações preliminares", p. 33).

1. Grupo/equipe... eficiência... metas/objetivos/propósitos... grupo/equipe.
2. Frederick Winslow Taylor (se você respondeu simplesmente "Taylor" está certo).
3. Errado.
4. Dirigidos/guiados... segurança... dinheiro.

Gabarito do Exercício nº 4 ("Comunicação no trabalho do gerente participativo")

1. A alternativa a é a mais indicada para o caso.
2. A decisão indicada na alternativa c é a mais correta.
3. Alternativa c.
4. Alternativa b. Procurar a fonte do boato é difícil. "Você deve fazer distinção entre os que passam adiante o boato e os que lhe deram origem" (Uris, 1979).
5. A alternativa a é a mais indicada, principalmente se você é, de fato, um gerente participativo.
6. Alternativa c.
7. Alternativa b. "Frequentemente, a sua importância, aos olhos de seus auxiliares, é medida de acordo com a sua coragem em assumir as responsabilidades desse gênero" (Uris, 1979).

Gabarito do Exercício nº 5 ("Dinâmica das comunicações")

1. F
2. F
3. V
4. V
5. F
6. V
7. V
8. V
9. F
10. F

Gabarito do Questionário parcial de autoavaliação

1. Alternativa c.
2. Chester I. Barnard.
3. Ruídos/obstáculos... mensagem... códigos.
4. Errado.
5. Alternativa d.

Gabarito do Questionário final de autoavaliação

1. Alternativa c.
2. Urgentes/imediatas... urgentes/imediatas... importantes/imprescindíveis.
3. Errado.
4. "Como conduzir uma reunião".
5. Alternativa a.

Gabarito do Teste de delegação de atribuições

1. Se você respondeu "não" às questões 1, 5 e 6 e "sim" às demais, pode-se dizer que tem boa predisposição para delegar tarefas a seus auxiliares.
2. Já o inverso, isto é, "sim" às perguntas 1, 5 e 6 e "não" às demais, indica que você precisa reciclar-se com urgência em matéria de delegação de atribuições.

Gabarito do Questionário sobre reuniões de trabalho

1. Respondendo "sim" às questões 1 a 8 e "não" às questões 9 e 10, pode-se afirmar que a reunião foi bastante produtiva.
2. Contudo, se você assinalou "sim" em todas as questões, a coordenação da reunião apresentou falhas quanto ao controle do grupo e tomada de decisões.
4. Por fim, se você respondeu "sim" à questão 1, a reunião foi pura perda de tempo e de dinheiro para sua empresa.

Referências bibliográficas

BARNARD, C. I. *As funções do executivo*. Trad. Flávio Moraes de Toledo Piza. São Paulo: Atlas, 1979.

BLIKSTEIN, I. *Técnicas de comunicação escrita*. São Paulo: Ática, 1985. (Coleção Princípios)

BRITISH INSTITUTE OF MANAGEMENT. Como tomar decisões. *Revista Idort*, São Paulo, mar.-abr. 1978.

COCH, L.; FRENCH Jr., J. R. P. Overcoming resistence to change. *Human Relations*, v. 1, 1948.

DALTON, Melville. *Men who manage*: fusions of feeling and theory in administration. Nova York: Wiley, 1959.

DREAKE, R.; SMITH, Pr. *Ciência do comportamento na indústria*. Trad. Cyro Bernardes. São Paulo: McGraw-Hill, 1977.

FARIA, A. N.; SUASSUNA, N. *A comunicação na administração*. Rio de Janeiro: Livros Técnicos e Científicos Editora, 1982. (Coleção Sesat)

HERSEY, P.; BLANCHARD, K. H. *Psicologia para administradores de empresas*. Trad. Dante Moreira Leite. São Paulo: EPU, 1977.

HOYLER, S. *Manual de relações industriais*. São Paulo: Livraria Pioneira Editora, 1970. v. 3, p. 31.

O GLOBO, 18 maio 1985. p. 35.

KATZ, D.; KAHN, R. L. *Psicologia social das organizações*. Trad. Auriphebo Simões. 2. ed. São Paulo: Atlas, 1976.

LAIRD, D. A.; LAIRD, C. A. *Psicologia practica de los negócios*. Barcelona: Edicciones Omega, 1959.

LASSWELL, H. D. *Power and personality*. Nova York: W. W. Norton & Company, 1948.

LIKERT, R. *Novos padrões de administração*. Trad. Albertino Pinheiro Jr. 2. ed. São Paulo: Livraria Pioneira Editora, 1979.

McGREGOR, D. *O lado humano da empresa*. Trad. Margarida C. Oliva. São Paulo: Martins Fontes, 1980.

MOLES, A. *Teoria da informação e percepção estética*. Rio de Janeiro: Tempo Brasileiro; Brasília: UNB, 1978. (Coleção Biblioteca Tempo Universitário)

MOTTA, F. C. P. *Teoria geral da administração*: uma introdução. 18. ed. São Paulo: Pioneira, 1994.

NADLER, D.; HAKMAN, R., J.; LAWLER, E. E. *Comportamento organizacional*. Trad. José Eduardo Teixeira Leite. Rio de Janeiro: Campus, 1983. p. 103.

NASCIMENTO, L. P. do N. *Elaboração de projetos de pesquisa*. São Paulo: Cengage, 2011.

NASCIMENTO, L. P. do; CARVALHO, A. V. de. *Educação e desempenho profissional*. Rio de Janeiro: Qualitymark, 2007.

PEIRCE, C. S. *Semiótica*. Trad. José Teixeira Coelho Neto. São Paulo: Perspectiva, 2005.

PENTEADO, J. R. W. *A técnica da comunicação humana*. São Paulo: Pioneira, 1964.

SHANNON, C. E.; WEAVER, W. *The mathematical theory of communication*. Urbana, Ill.: University of Illinois Press, 1949.

SIMON, H. A. *A capacidade de decisão e liderança*. Rio de Janeiro: Fundo de Cultura, 1963.

STODGILL, R. M. Personal factors associated with leadership. A survey of the Literature. *Journal of Psychology*, 1948.

URIS, A. *Liderança*. Trad. Maria Thereza Quintella. 7. ed. São Paulo: Ibrasa, 1979.

capítulo 4

Estresse no trabalho

Objetivos do capítulo

1. Apresentar ao leitor uma reflexão a respeito do estresse, abordando conceitos, modalidades, consequências e como lidar com ele.
2. Possibilitar o entendimento das manifestações do estresse no trabalho.
3. Analisar a interligação do estresse pessoal com o profissional.

> O trabalho não é um preço que o homem paga por estar no mundo,
> mas uma forma de transformar o mundo para melhor.
> *Tiago de Melo*

Introdução

Este capítulo pretende trazer contribuições a respeito de um tema atual e polêmico: o estresse no trabalho. Para isso, buscamos traçar um panorama, mesmo que sucinto, sobre o que é o estresse, com a finalidade de, assim, desdobrarmos sua interface com o trabalho.

Temos como referência a prática científica, que investe na descoberta das novas patologias que acometem o ser humano. E, sem deixar de lado questões gerais que perpassam o assunto em pauta, nosso foco está voltado para o estresse no trabalho, sem a pretensão de esgotarmos o tema.

A cultura do excesso engloba o consumo desenfreado, a exacerbação do individualismo, a demanda pelo prazer, pela perfeição, pela felicidade plena, pelo sucesso a qualquer preço. Isso, ilusoriamente, funciona como a solução para uma insatisfação permanente, ou seja, para o mal-estar que é inerente à condição humana. Nesse caso, entendemos que o estilo de vida vigente pode acarretar ao homem um nível de exigência tão elevado, que as pressões chegam a ponto de se tornar insuportáveis.

Podemos destacar os recursos tecnológicos, com suas mais variadas ofertas e supostas facilidades, que satisfazem grande parte das necessidades materiais do homem, fazendo praticamente tudo por ele, ao passo que podem ser considerados fonte de sofrimento, pois há um preço alto a pagar por sua aquisição. Esse preço está relacionado às exigências profissionais e à carga de trabalho a que o indivíduo se submete a fim de obter um *status* social ideal que é inalcançável, que vai além de suas possibilidades.

Referimo-nos aqui às pessoas compulsivas, sem limites, pois consomem e acabam sendo consumidas, física e emocionalmente, o que podemos considerar um comportamento patológico – o hábito de adquirir e acumular objetos como se estes fossem capazes de promover uma felicidade plena. De modo diverso de pessoas que dificilmente se deixam capturar pelas promessas e seduções de um mercantilismo sem limites, já que elas têm em vista não serem movidas pela impulsividade. No entanto, o contexto atual contribui para que mesmo as pessoas menos ansiosas passem por situações de estresse.

A contemporaneidade apresenta-se com uma faceta específica: o excesso. Nessa linha, temos como pano de fundo o capitalismo que, em sua vertente moderna, traz em seu bojo o consumismo. Este apresenta várias características. Uma delas está relacionada ao *frisson* mercantilista, ou seja, ao fascínio a que as pessoas ficam submetidas diante de ofertas do mercado sem conseguir conter seus impulsos, indo além dos seus limites.

Caracteriza-se também pelo acúmulo de informações, de produções, que têm ligação com a rapidez da sucessão dos fatos externos, obrigando o ser humano a alterar seu ritmo interno, afetando seu campo emocional a ponto de encontrar, muitas vezes, dificuldades para elaborar seus conflitos, suas tensões, suas angústias.

Por outro lado, o mercado impõe competitividade acirrada, produções incessantes, lucro ilimitado, dedicação total, sem espaço para falhas e, para isso, é preciso fazer o melhor, dar o máximo de si, ter um excelente desempenho, indo além das limitações, cumprindo uma série de exigências, tentando lidar, em todos os momentos, com a iminência de perdas.

O ser humano vê-se, dessa forma, diante de uma série de desafios: pressões para aumentar os lucros, diminuição do salário, cobrança de resultados, além da busca pelo reconhecimento de seu trabalho.

A preocupação excessiva com a profissão leva o trabalhador a uma má qualidade de vida, pois vive sob pressão emocional – os problemas no trabalho terminam por influenciar o ambiente profissional e o familiar, o que poderíamos considerar um círculo vicioso.

Diante da globalização, o alto nível de exigência no setor profissional leva os trabalhadores a ter necessidade de estar informado sobre o que acontece no mundo inteiro, aumentando sua preocupação quanto à busca constante por saber, por atualizar-se.

Desse modo, de um lado vive o ser humano, com sua singularidade e sua história, do outro, a empresa, mais precisamente a área de Recursos Humanos, em constante estado de esgotamento, frustrações e desgastes durante a busca por soluções imediatas para as incessantes situações de questões insolúveis, como o alto nível de exigência do desempenho dos seus colaboradores e o cumprimento de prazos em tempo muito curto.

Em sua grande maioria, pela exigência de metas inalcançáveis, as empresas contribuem para o desencadeamento de quadros de estresse. Nesse processo, os valores morais e éticos se perdem em favor de convicções mercadológicas, comprometendo a subjetividade.

Em uma época regida pela hegemonia de verdades absolutas, o profissional pode sentir-se incapaz, desprotegido, possivelmente com a sensação de impotência emocional, desvalorização, cansaço, os quais poderiam ser reconhecidos como indicadores do estresse.

Pesquisadores e cientistas têm-se debruçado sobre o conceito de estresse, recorrendo a várias formas e fórmulas na tentativa de solucioná-lo. No entanto, o que sabemos, através de depoimentos e, principalmente, pareceres médicos, é que os índices de estresse crescem de maneira alarmante. Além disso, ouvimos, comumente, que uma pessoa, diante de uma situação em que a resistência física ou psíquica se esgota, está com estresse.

É preciso, assim, atentar-se para a diferença entre momentos de tensão, que fazem parte do cotidiano do ambiente profissional, e um quadro de estresse, que pode se manifestar de diversas formas e que indica maior gravidade.

Segundo o professor Antonio Vieira de Carvalho (1989), "embora os interesses entre capital e trabalho não sejam necessariamente os mesmos, o atual contexto socioeconômico do país obriga empregados e empregadores a buscarem o diálogo e a negociação".

Vale destacar que, com a globalização na contemporaneidade, a relação capital-trabalho expandiu-se, o que tem favorecido outras culturas e que, no entanto, pode ser interpretado como uma ameaça, principalmente a países menos desenvolvidos. Porém esse aspecto, que chega, muitas vezes, a se figurar como impasse, também pode ser motivo para despertar maiores conhecimentos, trocas e ganhos.

Este deve ser, portanto, o momento de a empresa repensar suas estratégias de produção, investindo em sua equipe de trabalho, uma vez que esta é a base de seu funcionamento. Temos notícias de organizações que oferecem incentivos materiais com a finalidade de despertar maior motivação, na tentativa de proporcionar um ambiente de trabalho mais ameno. No entanto, a motivação, por ser própria ao homem, precisa ser estimulada.

Outro ponto a ser considerado de extrema importância é a segurança do trabalhador, uma vez que esse tem sido um dos fatores mais emblemáticos para as empresas em consequência do crescente índice de acidentes de trabalho relacionado, principalmente, ao alarmante nível de estresse que tem afetado tanto sua vida pessoal como profissional.

No entanto, cabe a indagação: na medida em que o aspecto emocional de uma pessoa pode comprometer ou alavancar a produtividade, devem as empresas simplesmente atender às necessidades dos funcionários na coletividade e atentar para a subjetividade, levando em consideração a particularidade de cada funcionário A partir desta questão, versaremos a respeito de vários aspectos inerentes ao tema do estresse no trabalho em suas diferentes apresentações. Vamos discorrer sobre sua origem, os sinais a ele associados, suas fases, seus sintomas, sua relação com acidentes de trabalho, entre outros fatores referentes a esse estado emocional que afeta a vida do trabalhador.

O *objeto de estudo* é uma pesquisa sobre o estresse e suas diferentes características, apoiada por estudos desenvolvidos por inúmeros pesquisadores.

O *objetivo* do texto é o de apresentar as diferentes formas e características do estresse no trabalho, levando em consideração a situação do colaborador no contexto do ambiente de negociação.

O *problema* a ser resolvido é apresentado pela pergunta: existe a possibilidade de se eliminar ou diminuir o estresse no trabalho, ou mesmo de utilizá-lo de maneira a tornar a vida profissional mais atrativa e confortável?

Como *justificativa*, esperamos que os responsáveis pela condução dos processos de gestão, com os conhecimentos adquiridos, passem a lidar com ações e pessoas de maneira mais humana.

O conhecimento e o domínio sobre as causas e os efeitos do estresse, aliados ao conjunto de práticas com o apoio das sugestões metodológicas, proporcionariam aos gestores, por *hipótese*, a possibilidade de obter resultados vantajosos e de sucesso para a empresa.

É possível que as ações propostas e aplicadas, com base nos conhecimentos adquiridos, possam resultar em prática saudável em todos os aspectos, produzindo respostas positivas para o fortalecimento da organização.

Podemos adiantar que o conjunto de procedimentos relativos ao tratamento do estresse – *variáveis* –, com fundamento teórico empregado, se constitui fator decisivo que implica mudanças, as quais poderão ser constatadas nos resultados a serem obtidos pela empresa em seu ambiente de negociação.

Para atingir o objetivo estabelecido, assumiu-se como metodologia uma pesquisa bibliográfica de caráter científico para a melhoria nos processos do planejamento estratégico.

O capítulo está estruturado de modo a dar uma sequência lógica que permita ao leitor tomar conhecimento dos conteúdos, como também visualizar conceitos, procedimentos e objetivos.

A Introdução pôs em evidência, como acabamos de constatar, o objeto de estudo, objetivo, problema, justificativa, hipóteses, variáveis e a metodologia utilizada para sua elaboração. A seguir, apresentando a estrutura do capítulo com o resumo do que será abordado.

No primeiro tópico, falamos da importância e do conceito do estresse.

No tópico seguinte, abordamos a forma como ele, na forma de opressão e desconforto, se manifesta, apontando os sintomas, as principais causas associadas ao ambiente de trabalho e suas consequências.

O terceiro tópico procura definir as questões de relacionamento do colaborador com outros, consigo mesmo, com a empresa, bem como com empecilhos e com a produtividade.

O tópico sequente apresenta a dinâmica do processo do estresse, discorrendo sobre suas origens e características, seus aspectos positivos e negativos, mostra sua situação no trabalho em termos de aliado e incentivador, com abordagens sobre motivação e segurança no trabalho.

No quinto tópico são apresentadas as questões sobre prevenção, identificação, sintomas e providências a serem tomadas. Apontamos como conduzir o problema, observamos aspectos de desenvolvimento da saúde mental, dos conflitos entre empresa e colaboradores, das atividades tanto de lazer quanto de trabalho, bem como das que inibem o aparecimento do estresse.

No sexto, examinamos como o problema pode ser tratado, considerando-se a reação emocional, os aspectos de baixa imunidade na qual as resistências físicas ficam debilitadas, a necessidade de se levar em conta a individualidade das pessoas e o modo próprio de se tratar cada um, além de abordar os avanços tecnológicos nessa área.

Fechando este tópico apresentamos as considerações finais a respeito do que foi explanado.

4.1 Importância e conceito

A palavra estresse tem origem no latim, passando a ser utilizada na língua inglesa com o significado de "opressão, desconforto e adversidade". (Spielberger apud Lipp, 1996).

O estresse pode ser conceituado a partir de várias perspectivas. Uma delas é a noção desenvolvida por Hans Selye, médico endocrinologista da Universidade de Montreal, segundo o qual o estresse é "um conjunto de relações que o organismo desenvolve ao ser submetido a uma situação que exige esforço para adaptação" (*Revista Saúde*, 1993, p. 45).

Conforme pesquisas realizadas pelo autor, o estresse pode se manifestar em três estágios: alerta, resistência e exaustão.

O estágio de alerta compreende o momento em que o indivíduo se protege contra uma situação de ameaça, de perigo, cuja resposta pode se apresentar como "ataque" ou como "fuga", denominando a Síndrome de Emergência de Cannon. Assim, o gasto de energia é direcionado para uma resposta motora (muscular) eficiente – reação do sistema nervoso periférico simpático – para afastar ou inibir o agente estressor.

O estágio de resistência está relacionado ao consumo de grande quantidade de energia (corpo e mente), pois o agente estressor se mantém atuando sobre a pessoa, que passa de um estado de cansaço ao de desgaste. Esta é uma fase em que tais sinais manifestam o comprometimento físico e emocional.

O estágio seguinte é o de exaustão ou esgotamento, em que a pessoa perde o controle sobre a situação estressante por não conseguir manejá-la. Como resultado, temos a incidência de doenças e até mesmo de colapsos, isto é, esgotamento em alto grau.

Admitimos que essa conceituação seja restrita ao campo biológico, porém, temos em conta que a noção de estresse pode ser tomada de forma mais ampla, considerando-se o ser humano em suas dimensões psíquicas e sociais. Desse modo, seria interessante tomar como parâmetro a noção de tensão. Ela exige do indivíduo uma sobrecarga emocional que pode ser sentida em diversos graus, até sua presença constante, principalmente em uma época em que a pressa é a tônica.

Nesse caso, poderíamos traçar uma relação entre tensão e energia. De acordo com Freud (*Revista Saúde*, 1993, p. 45), a energia que se acumula causa desconforto, pois ultrapassa o limite do bem-estar, provocando tensão. Por outro lado, quando a energia é liberada, obtém-se uma sensação de conforto, sendo fonte de prazer. Mas, se esse estado de tensão se mantém ou se acentua, isto é, se a energia não se escoa, o resultado é a manutenção do desprazer.

Com base nesses argumentos, é possível fazer uma analogia entre a propagação da tensão, desprazer e o estresse, uma vez que esse último se caracteriza por ser um estado de tensão permanente, que não se esgota.

Quanto às situações potencialmente geradoras de estresse, poderíamos exemplificar, referindo-nos a dois polos de um mesmo eixo presente no ambiente empresarial: de um lado, há pessoas que ocupam cargos mais elevados, que têm grande poder de decisão, como os gestores, e que poderiam estar mais suscetíveis ao estresse; do outro, pessoas sem poder de decisão que também poderiam vivenciar situações de estresse.

Nesse sentido, os conflitos diários no trabalho podem ser fonte de estresse, sendo uma das principais causas a estrutura psíquica do funcionário. Isso demonstra que cada um reage de forma particular diante de uma mesma situação. Há pessoas que se irritam e se inquietam diante de determinado acontecimento, o que não acontece com outras. Assim, o modo de lidar com os acontecimentos vai ser preponderante, levando em consideração os aspectos emocionais de cada pessoa.

Nesse caso, o fato de o estresse ser um estado emocional, pode muitas vezes chegar a uma intensidade que tenha efeitos sobre o corpo em diversos níveis, até mesmo provocando doenças graves (câncer, asma, hipertensão, problemas crônicos na coluna vertebral, gastrite, doenças autoimunes, obesidade, anorexia, vitiligo etc.).

Outro ponto que merece destaque é o do alto índice de suicídios originários de patologias psíquicas. Se o estresse está inserido no campo emocional, podemos pensar que este, em um estágio avançado e até mesmo sem controle, possa ser um agente que promova uma passagem ao ato – como o próprio suicídio – quando o sujeito se vê sem saída para certos impasses. Ressaltamos, no entanto, que, cada pessoa vai responder a seu modo a uma determinada situação conflitante e de extremo mal-estar. Portanto, não há como generalizar e nem afirmar no que tange ao ser humano. Esses dados servem, porém, para reflexões, tendo em vista que há, em nossa época, uma apologia do sucesso e da felicidade, sem brechas para elaborações de tristezas, de angústias, de desprazer e de insatisfações que não cessam. São pressões e forças que, muitas vezes as pessoas não suportam.

Assim, destacamos alguns fatores desencadeantes, tais como isolamento, intolerância à frustração, dificuldade na construção de laços sociais, uso indevido da internet e de drogas, que tem afetado a subjetividade das pessoas.

Diante dos fatos relatados, é preciso ressaltar que o funcionário pode apresentar sinais de mal-estar antes das manifestações mais graves que podem causar afastamento do trabalho, ao qual a empresa deve estar atenta.

Seguindo essa linha de raciocínio, assumimos que, em um nível extremo de tensão, o campo emocional pode ser afetado de tal forma que a pessoa atinge um estado de exaustão que se reflete também no corpo. Em um tempo em que a ciência ocupa um saber absoluto, várias síndromes e novas patologias surgem em lugar de sintomas preexistentes, e tudo indica que sejam relacionados ao estresse.

Entre muitas, destacamos a Síndrome de Burnout (palavra de origem inglesa que significa *to burn out*, ou seja, queimar por completo), reconhecida como síndrome do esgotamento profissional pelo psicanalista norte-americano Freudenberger, que no início dos anos 1970 vivenciou o problema.

A título de ilustração, remetemo-nos à figura do *workaholic*, que é uma pessoa exageradamente dedicada à atividade profissional, bem como os *worklovers*, que são de uma nova geração, que demonstram amor intenso pelo trabalho a ponto de colocá-lo em primeiro plano e, assim, dedicar longas horas a ele.

Esse excesso pode ter várias causas determinantes, dependendo de cada um. No entanto, o grau elevado de tensão e energia desprendido tende a gerar consequências nefastas à saúde de pessoas que apresentam determinados comportamentos, como a busca por destaque, apresentando alto nível de desempenho, obstinação pelo sucesso e demanda incessante por reconhecimento. Entretanto, caso a pessoa não se sinta valorizada, mesmo com todo seu esforço, sua produtividade pode declinar, passando, então, à necessidade de se afirmar e a trabalhar desenfreadamente. Essa pode ser uma forma de a pessoa se defender daquilo que supostamente a ameaça.

Levando-se em conta tais argumentos, é possível o colaborador ter uma atitude de persistência, mesmo nos momentos mais difíceis, a fim de melhor gerir a vida profissional, isto é, ser capaz de lidar com pressões e adversidades no ambiente de trabalho de forma mais amena, podendo até mesmo proteger-se e, assim, evitar a instalação de muitas patologias.

Conforme abordamos, o estresse envolve aspectos de desgaste emocional e físico e o ritmo de vida do mundo contemporâneo parece contribuir significativamente para sua exacerbação. Diante disso, admitimos que algumas pessoas são capazes de reconhecer em si mesmas uma vulnerabilidade ao estresse.

Assim, conforme argumentamos, o estresse pode ser compreendido como o ponto de tensão a partir do qual o ser humano não consegue ter controle emocional, provocando geração de desprazer e, consequentemente, fadiga, cansaço, tristeza, euforia, entre outros sintomas.

4.2 Manifestações

O ser humano recebe influências de seu meio ambiente desde seu nascimento. Ao nascer, seu primeiro contato com o mundo já representa um corte, um rompimento com a vida intrauterina. A partir daí, vai receber do mundo externo marcas que influenciarão sua constituição psíquica.

Como fatores externos, temos: meio ambiente, tipo de vida, condições familiares, escolha e local de trabalho, circunstâncias em que exerce a profissão, características desse trabalho, tempo que permanece nele, tarefas que lhe são atribuídas, além dos problemas em relação à locomoção, por exemplo, tempo, tipo, qualidade e problemas ocasionais.

No entanto, há fatores internos, entre os quais podemos citar a relação do ser humano com o meio em que vive, a forma como enfrenta dificuldades, frustrações, limitações e mudanças no trabalho. Seus modos de pensar e agir vão exercer grande influência em seu desenvolvimento pessoal e profissional.

Assim, podemos relacionar as principais causas que levam o indivíduo ao estresse.

4.2.1 Principais causas de estresse no trabalho

> A experiência da vida cotidiana diz-nos que o trabalho que realizamos é de primordial importância: toma metade de nossa vida desperta, guia-nos para determinados círculos sociais, gera dificuldades ou triunfos diários, define os nossos interesses e as identidades pessoais.
>
> *Secman*

Com base no pensamento exposto na epígrafe, é possível refletirmos a respeito do trabalho como a principal atividade da vida de uma pessoa, podendo ser fonte de prazer para uns e de estresse para outros.

No entanto, em virtude do máximo de individualismo que impera em nossa cultura atual, temos notado quanto se encontra esgarçada e fragilizada a trama que tece os vínculos sociais. Essa realidade, sem dúvida, tem sido um dos grandes propiciadores do estresse no trabalho.

Freud (1929) afirma em *O mal-estar na civilização* que a principal causa de sofrimento do ser humano é o próprio relacionamento com o outro ser humano, isto é, que as relações interpessoais são marcadas pelo mal-estar, tendo em vista as diferenças de pensamentos, de atitudes, além da que existe na comunicação.

Isso significa que a hostilidade e a própria agressividade estão presentes nos laços sociais, em que precisa haver renúncia para lidar com o outro. Ou seja, os conflitos, ao se tornarem inviáveis, devem ser dirimidos por meio da palavra, do diálogo e não pela via de ataques, de agressões, violências, falta de respeito etc. As dificuldades no enfrentamento de obstáculos, angústias, perdas e faltas – que são inerentes ao ser humano no trabalho, na família, no âmbito social de modo geral – podem tomar outra conotação: a de que o prazer é possível e os momentos de alegria e felicidade são construídos.

Embora a felicidade não seja total e não reine todo o tempo, é possível que as pessoas tomem conhecimento de que as frustrações existem e precisam ser trabalhadas.

Portanto, tudo indica que, para se viver, é necessário abdicar de algo para encontrar outros caminhos que propiciem encontros mesmo nos desencontros de pensamentos e de atitudes.

Sem dúvida o estresse vai estar presente no dia a dia, seja nas pessoas mais calmas, seja nas mais ansiosas. Porém é possível ter um ambiente de trabalho mais humano desde que as atitudes de quem está na direção, supervisão ou exercendo qualquer função sejam mais flexíveis, possibilitando desse modo melhor condição de bem viver entre muitos, no campo coletivo, respeitando as características de cada indivíduo.

Baixa resistência à frustração

Trata-se da dificuldade no manejo de impasses inerentes ao cotidiano profissional e pessoal.

Para viver, é preciso fazer renúncias, uma vez que a satisfação em si não é completa, bem como a felicidade e o prazer; ao contrário do que é apregoado em nossa época, a promessa da plenitude, é impossível.

Assim, não há como ter tudo, trazendo como exemplo a questão da escolha, que, para ser feita, implica uma perda.

Competitividade

Competitividade está relacionada à disputa simultânea de duas ou mais pessoas (ou instituições) interessadas em algo que seja importante e de valor para as partes envolvidas obterem.

O mundo dos negócios, nos dias atuais, ampliou a competitividade, as fronteiras comerciais se alargaram, possibilitando acesso a informações e produtos de outros mercados. Isso pode propiciar o crescimento empresarial, mas, ao mesmo tempo, representar uma ameaça, na medida em que há a possibilidade de as empresas terem suas certezas abaladas, isto é, de sofrerem um processo de instabilidade. Será preciso, portanto, reinventar-se para manter seu lugar no mercado.

Diante de um sistema altamente competitivo, o funcionário precisa estar sempre preparado e capacitado para desempenhar sua função, uma vez que as ameaças de perda se tornam mais evidentes. Cabe ressaltar, que estas podem ser reais ou imaginárias, e, por esse motivo, podem contribuir para o desencadeamento do estresse.

Contudo, empresa e funcionário não devem esmorecer em face das impossibilidades que são contingentes ao processo competitivo. Lembramos que, a competitividade tem sido uma das principais fontes desencadeadoras do estresse na atualidade, mas, se ela for trabalhada ao longo do tempo e não da forma imediatista como temos constatado, pode levar a bons resultados.

Trata-se de uma realidade e, por esse motivo, as pessoas precisam buscar recursos para lidar com a competitividade de forma que seja proveitosa para o crescimento do colaborador no trabalho.

Falta de tempo para si mesmo e/ou aumento do volume de trabalho

Atualmente, grande parte das pessoas prioriza as atividades profissionais em detrimento de si mesmas, comprometendo sua saúde e sua qualidade de vida, o que pode ter várias causas. Entre elas, é possível destacar: fuga relacionada a aspectos emocionais, problemas domésticos, insegurança no trabalho, ambição pelo poder, necessidade financeira, manutenção de um *status* social, comportamento compulsivo, falta de limites.

No entanto, embora a vida apressada contribua para esses efeitos, não podemos deixar de mencionar que o trabalho sempre fez parte da vida do ser humano, podendo ser fonte de prazer ou de sofrimento, conservando um significado que será singular, isto é, terá uma conotação específica para cada um.

Assim, a falta de tempo para si mesmo poderá acarretar isolamento, mal-estar, conflitos emocionais (em casa e no trabalho), ansiedade desmedida, desmotivação, tristeza, deixando de lado atividades que outrora seriam fontes de prazer, principalmente quando a carga de trabalho exceder a condição de resistência do trabalhador, ou seja, indo além de suas possibilidades físicas e emocionais.

Ansiedade constante

A ansiedade, assim como o medo, é necessária e faz parte do funcionamento psíquico, contribuindo, às vezes, para o desempenho de tarefas, aquisição de conhecimento, conquistas de objetivos, enfim, ser fonte de movimento para a vida.

Partindo-se do princípio segundo o qual a ansiedade é um sintoma, isto é, manifesta-se a partir de uma causa, podemos considerar que dela também decorrem outros efeitos. Sendo assim, a ansiedade constante pode ser traduzida em um estado incessante de tensão sobre o qual a pessoa não consegue ter controle, podendo causar problemas tanto no campo emocional como no profissional.

Esse estado pode ser desencadeado por um episódio único ou uma situação prolongada, dependendo de como o indivíduo lida com as situações e as dificuldades a elas relacionadas.

A título de ilustração, a ansiedade constante pode contribuir para a inibição do pensamento e a desorganização de tarefas que até então vinham sendo desenvolvidas de forma satisfatória, comprometendo a produtividade. De outro modo, pode se manifestar fisicamente, por meio de sinais como sudorese, taquicardia, insônia, cefaleias, vertigem, falta de ar, entre outros.

No geral, pode ser expressa em pessoas que apresentam comportamento aflitivo ligado a uma sensação constante de perigo.

Portanto, este sintoma pode ser considerado um dos desencadeadores mais comuns do estresse.

Desvalorização

A desvalorização pode ser observada em pessoas que, por inúmeras razões, são emocionalmente frágeis e, por esse motivo, depreciam-se, refugiam-se em suas fantasias e elucubrações, podendo permanecer em seu mundo imaginário.

Normalmente, está relacionada a certo grau de insegurança em razão de fatores como medos, culpas, inibições, autocrítica, cobrança exagerada, insatisfação constante, queixas, entre outros que podem acarretar uma situação de dependência diante das limitações.

Tais características podem levar o trabalhador ao declínio de sua produtividade e afetar seus relacionamentos de modo geral, podendo também comprometer talentos, competências e habilidades latentes.

O sofrimento a que a desvalorização expõe o trabalhador favorece um estado permanente de estresse, uma vez que ele se torna mais sensível a qualquer forma de crítica.

Fim de carreira

Embora a relação do ser humano com o trabalho seja marcada por atribulações, o grande número de casos mostra que a fase que antecede à aposentadoria tem sido uma das que mais contribuem para a falta de motivação, a qual leva ao declínio da produtividade e até ao absenteísmo, podendo culminar na instalação do estresse e da depressão.

Este tem sido um dos motivos de inúmeros transtornos nas organizações e na vida dos colaboradores. Segundo pesquisas e relatos, nessa etapa, as queixas, o mal-estar constante e até o sofrimento tomam outro vulto para a maioria dos profissionais, pois estes têm em vista a iminência da perda de algo que passou a fazer parte da própria vida.

Muitos vivem sonhando em um dia se aposentarem, mas quando chega, de fato, o tempo, as sensações de solidão e improdutividade tendem a se evidenciar, articuladas à impotência, maior desvalorização, exclusão, desamparo.

Cabe ressaltar que em nossa época o interesse das organizações volta-se à tecnologia, privilegiando os jovens que dominam esse campo. Quem não se atualiza ou não apresenta destreza nessa área, já não encontra tanta facilidade no ambiente de trabalho, o que tem sido fator de conflitos de gerações.

No entanto, há profissionais que, mesmo diante dessas questões, aceitam os desafios e continuam a investir no trabalho como um ancoradouro em sua vida. Nesse caso, o trabalho pode ser considerado uma defesa e não uma fonte de prazer.

Isso pode acontecer com pessoas que se dedicam exclusivamente ao trabalho sem construírem outra fonte de bem-estar. Considerar a aposentadoria como fim de carreira tem trazido consequências nefastas para muitas pessoas, principalmente em razão da falta de preparo para enfrentar as mudanças próprias dessa nova fase.

Em razão de tais realidades, grande parte das organizações tem dado atenção a esse fato de grande relevância para a saúde mental do seu colaborador. Desse modo, algumas organizações acolhem projetos que dão suporte à preparação da aposentadoria, além de programas que cuidam da realocação desses profissionais no mercado de trabalho, tendo em vista que muitos ainda se sentem produtivos e motivados para enfrentar amplas oportunidades.

Traçamos aqui uma breve relação do estresse com o considerado fim de carreira, uma vez que adiante é apresentado um capítulo dedicado ao tema da aposentadoria.

4.2.2 Sintomas

As pessoas podem apresentar sintomas relacionados ao estresse de forma diferenciada, algumas manifestando poucos e, outras, muitos sinais ou indícios. A vulnerabilidade emocional varia de acordo com a estrutura psíquica de cada indivíduo.

Embora o estresse não seja uma doença, ainda que possa ser fator desencadeante de muitas enfermidades, apresenta sintomas que podem variar dos mais simples aos mais complexos, envolvendo aspectos emocionais e físicos. Entre eles, decorrente de circunstâncias contemporâneas, destacam-se:

• fadiga	• úlcera	• irritação
• sudorese intensa	• medo	• roer unhas
• urticária	• perda da libido	• obesidade
• tristeza	• anorexia	• pigarro
• prostração	• angústia/ansiedade	• hipertensão
• desmotivação	• esquecimento	• isolamento
• impotência	• diabetes	• mau humor
• fala desordenada	• aflição	• pânico
• diarreia	• enxaqueca	• apatia
• taquicardia	• agitação constante	• déficit de atenção
• bruxismo (ranger dentes à noite)		• alteração do desempenho no trabalho

4.2.3 Causas do surgimento

> A arte de viver consiste em tirar o maior bem do maior mal.
> *Machado de Assis*

Este é um campo que não se pode mensurar com precisão, porém pode ser observado pela própria pessoa, por meio dos sintomas que vão se instalando. Por exemplo, uma pessoa se encontra tomada por uma carga de trabalho que extrapola seu ritmo de vida, e, a partir daí, inúmeras situações podem ocorrer, como desânimo, cansaço, esquecimento, irritabilidade constante etc.

No entanto, cabe ressaltar que a mesma situação que proporcionou o desencadeamento do estresse em uma pessoa não necessariamente produz o mesmo efeito em outra. Portanto, não compete estabelecer um parâmetro ou um índice de mensuração, mas sim resguardar a singularidade, uma vez que cada um reage de maneira diferente.

Quanto ao tempo em que uma pessoa vai permanecer em um estado de estresse, também é variável considerando as situações já relatadas, podendo ser passageiro ou levar um longo tempo para ser minimizado.

Muitas vezes, o simples remanejamento de um local de trabalho que se tornou exaustivo ou causou uma sequência de mal-estar, pode ser uma solução. Por outro lado, o desencadeador do estresse pode não ser um fato isolado.

O acúmulo de responsabilidades ou mesmo um trabalho repetitivo (autômato) pode gerar grande desconforto e provocar efeitos graves ao trabalhador que, talvez, não se tenha dado conta de que o exercício a que vinha sendo submetido fosse fonte de desgaste emocional, a ponto de afetar seu corpo, desencadeando doenças.

Cada um de nós tem um caminho para enfrentar o estresse. É importante identificá-lo para saber como lidar com ele, uma vez que muitas vezes se manifesta progressivamente.

Em um primeiro momento, é possível que a pessoa não perceba o que se passa com ela; os sinais de irritabilidade e mal-estar podem causar apenas estranheza a ela e às pessoas de seu convívio. Às vezes, isso tornar-se algo ameaçador, no entanto, há a possibilidade de ser solucionado e de o trabalhador voltar a seu ritmo normal.

Caso a tensão persista, em geral, ocorre um agravamento dos sinais iniciais e, nesse caso, a pessoa fica vulnerável à manifestação de sintomas mais evidentes. Isso pode funcionar como um alerta, pois, nesse momento, a pessoa ainda tem a situação relativamente sob controle.

Quanto mais o tempo passa, mais difícil se torna encontrar a solução. Se o indivíduo não tomar conhecimento e resistir, o estresse pode instalar-se.

Exemplo

Ronaldo, um renomado e eficaz diretor de vendas de uma empresa, por causa de sua estrutura psíquica, sempre se deixou levar pela emoção, apresentando oscilações de humor. Além disso, era uma pessoa exigente, reservada e rigorosa tanto no desempenho da sua função como no tratamento dado a seus funcionários.

As questões que aparentemente se evidenciavam no trabalho deslocaram-se para o ambiente familiar a ponto de afetar seu casamento, que veio a sucumbir.

A partir de então, seus laços de amizade, que já eram tênues, romperam-se, e Ronaldo caiu em isolamento, o que o levou a se afastar do trabalho com ameaça de demissão.

Podemos notar que o comportamento de Ronaldo foi se agravando na medida em que, mesmo diante de tantas evidências a respeito do seu estado emocional comprometido, nem ele próprio tomou iniciativas de buscar ajuda.

Quanto à empresa, tudo indica não ter dado a devida atenção aos acontecimentos que, possivelmente, não só prejudicavam Ronaldo, mas contribuíam para causar transtornos no ambiente de trabalho.

Portanto, torna-se imprescindível que a organização esteja atenta às atitudes de seus funcionários. Desse modo, pode-se evitar que uma pessoa chegue a um quadro em que prejudique a si mesma e coloque em risco seu emprego.

4.2.4 Consequências

Sabemos que o estresse tem sido o responsável por inúmeros transtornos emocionais e pelo desenvolvimento de patologias, pois várias podem ser as consequências de uma vida atribulada. Não pretendemos elencar todas elas, apenas trazer alguns pontos a título de reflexão.

Os distúrbios causados pelo estresse podem trazer consequências graves para o indivíduo, se ele, uma vez consciente das alterações emocionais, não tomar iniciativa para controlar os agentes estressores.

No entanto, há um crescente número de pessoas ansiosas, deprimidas, angustiadas que buscam soluções por meio de drogas, como álcool, fumo, medicamentos etc., ou por meio de determinados comportamentos que podem ter como característica em comum o excesso.

Quanto às drogas, tais substâncias podem causar inúmeros danos, principalmente ao sistema nervoso central, produzindo prejuízo emocional e reduzindo a capacidade mental. Tendências autodestrutivas, como compulsões (por sexo, drogas, jogo, consumo, comida etc.) ou qualquer coisa que force a pessoa a ir além do seu limite, muitas vezes, são usadas como uma maneira nada eficaz de lidar com a ansiedade e os agentes estressores.

Contudo, pessoas que apresentam um mesmo problema podem encontrar outras saídas, buscar soluções por vias que proporcionem melhores condições de vida. Nesse caso, podemos destacar que as consequências do estresse nem sempre devem ser consideradas nefastas. Tudo depende do modo como cada um lida com as impossibilidades e contingências da vida.

4.3 O ser humano e os impasses

4.3.1 Relacionamento com os outros e consigo mesmo

O ser humano como ser social necessita de outras pessoas para sobreviver. Seu primeiro núcleo de convivência é, em geral, a família, seguido da escola, grupo de amigos e, por fim, o contato com as leis sociais, a partir das quais ele se constitui como cidadão. Esses fatores vão influenciar no seu comportamento, caracterizando seu papel social e a determinação de sua relação com as pessoas.

A função que o ser humano exerce nesse cenário, bem como seu estilo de vida, mostra sua forma de se relacionar com outros, evidenciando sua singularidade e seu sistema de valores. Destacamos que a estrutura psíquica está articulada à sua participação em grupos sociais.

Levando-se em conta que o individualismo reina em nosso tempo, isto é, que as pessoas só pensam em si mesmas e estão mais agressivas e violentas, observamos uma fragilidade na construção de laços afetivos. Em razão de tal realidade, torna-se relevante ser criativo, fazer uso do bom humor e estar atento ao fato de que toda escolha acarreta uma perda, uma renúncia, a qual, no entanto, pode ser uma oportunidade de crescimento.

Com efeito, uma postura positiva para lidar com as adversidades vai influenciar na promoção e na manutenção dos vínculos de forma que os momentos compartilhados possam proporcionar prazer e bem-estar.

Nesse sentido, a flexibilidade na convivência com o outro é primordial, tendo em vista as dificuldades inerentes às relações, sendo necessário estar disponível à trocas e, consequentemente, ao aprendizado que estas propiciam. A forma de administrar as diferenças e os conflitos existentes marcará seu lugar nas relações, dando espaço para uma comunicação possível.

4.3.2 Produtividade

Conforme exposto anteriormente, o trabalho faz parte da vida do ser humano desde os primórdios, podendo ser fonte de prazer ou de desprazer. É nele que o indivíduo passa a maior parte do seu tempo. Um dos pontos que pode, ou não, proporcionar satisfação ao trabalhador é a escolha profissional, pois o que ele faz terá implicações relevantes para sua realização e produção.

Vale ressaltar que a escolha realizada em determinada época, que então pareça acertada, poderá, em outro momento, acarretar insatisfação e declínio na produtividade.

No entanto, ao longo do tempo, o trabalhador poderá descobrir habilidades diversas e despertar para outro tipo de trabalho, buscando amplas oportunidades. Isto só é possível porque o ser humano é mutável, ou seja, é sujeito a mudanças, caso queira ou deseje.

Tal questão parece simples e fácil, porém a resistência do ser humano às mudanças é muito grande, apesar de esse ser um assunto muito comentado e divulgado, principalmente nas organizações.

Destacamos que a resistência às mudanças se deve às questões inconscientes que estão ligadas à psique humana e que são, comumente, reconhecidas como atitudes e hábitos. Estes, uma vez arraigados, dificilmente permitem que uma mudança ocorra de forma tão rápida como se tem comentado. Trata-se de um processo de longa duração, e, muitas vezes, as pessoas envolvidas precisam, diante de casos mais severos, passar por uma terapia ou análise.

Esta última tem sido uma das técnicas mais eficazes, uma vez que não oferece respostas imediatas ao sujeito; pelo contrário, abre um espaço para que, aos poucos, ele possa desconstruir questões imaginárias, dando lugar à construção de seu próprio percurso, buscando em si mesmo soluções, escolhas e saídas para os impasses que são inerentes ao cotidiano da vida humana.

Lembramos ainda que, além das escolhas profissionais, a relação do trabalhador com sua produtividade pode estar articulada a outros fatores, sejam eles internos ou externos.

O trabalhador que luta para se manter no emprego precisa ser criativo, na medida em que a empresa visa o lucro, apostando para isso em seu corpo de funcionários. Nesse sentido, a busca por melhor desempenho no trabalho tem levado o indivíduo a exigir mais de si, demandando constante aumento de produtividade e concentração de esforços.

Podemos considerar esse grau de exigência e pressão uma característica própria da contemporaneidade.

Desse modo, a relação trabalho-produtividade pode ser afetada por diversos fatores, como o estresse, tendo em vista que, em momentos de muita pressão, evidenciam-se os aspectos da estrutura psíquica do trabalhador, isto é, questões inconscientes.

4.4 Dinâmica do processo

4.4.1 Origens

Partindo do princípio de que o ser humano é efeito de sua cultura – é um produto do meio (família, escola, sociedade etc.) e da época em que vive –, ele está sempre submetido a ela. A época em que vivemos é marcada por novos paradigmas, entre eles o sucesso, a perfeição, o alto desempenho, o consumo etc. E estes estimulam o aparecimento de fatores que influenciam o campo emocional: violência, apelo sexual, liberalismo, declínio da autoridade, entre outros.

Como podemos observar, o ser humano atual é afetado por inúmeras situações que podem deixá-lo em constante estado de alerta, pressão e apreensão. Vivemos em um mundo com incessantes ameaças de perigo, e, portanto, a tendência é nos protegermos. Essa é uma reação inerente ao ser vivente diante dos perigos e manifesta-se, a princípio, pelo medo, sentimento próprio ao homem desde sua origem.

É um sentimento aprendido, mas que pode evoluir para outros estágios como a ansiedade permanente e a instalação do pânico, os quais têm paralisado muitas pessoas, levando-as ao isolamento, afetando sua vida social e profissional.

Com base na história da evolução do homem, sabemos que ele saía à caça de alimentos para sua sobrevivência e que, ao se deparar com algo estranho, quando surgia o medo, entrava em estado de alerta. Nesse momento, naturalmente, toda musculatura se contraía, seu coração pulsava mais forte, caracterizando um estado de tensão. Caso isso voltasse a acontecer com frequência, provavelmente estaria instalado um quadro de estresse.

Os tempos de guerra deixaram o ser humano em situações de máxima tensão em virtude do conflito entre fuga e enfrentamento de ataques.

Outra fase histórica que marcou um novo mundo e pode ser considerada ponto de partida para os acontecimentos e avanços tecnológicos que vigoram atualmente, sem dúvida foi a Revolução Industrial, que promoveu novas atitudes empresariais no século XVIII.

Por meio dela, foram substituídas as ferramentas de trabalho pelas máquinas e a fabricação doméstica pelo sistema fabril, entre outras inovações que foram tomando um rumo acelerado de grandes descobertas ligadas ao capitalismo.

Tal sistema econômico, associado à tecnologia, contribuiu para a substituição do ser humano pela máquina, uma vez que, atualmente, ela consegue fazer basicamente o que o homem é capaz de fazer. Esse lado mecanicista não só ameaça o ser humano em relação ao trabalho, mas tende a deixá-lo isolado, submisso e, em grande grau, dependente do mundo virtual.

Desse modo, alavancadas pelas descobertas científicas, as organizações têm passado por transformações bruscas e imposto exigências ao homem que ultrapassa a capacidade dele. Tal avanço não cessa em razão do seu teor "sem limites", ao mesmo tempo que deixa o ser humano na ilusão de que pode tudo.

Ao passo que esse sistema oferece promessas vãs, segundo as quais a cada instante surge um objeto que vai ser a solução para os problemas, paradoxalmente vivemos uma alarmante insatisfação, bem como um nível máximo de estresse diante do mal-estar que reina em todos os setores da esfera humana, seja na família, no grupo de amigos, na sociedade, afetando grandemente as relações sociais.

Percebemos que, atualmente, se torna mais difícil o estabelecimento de vínculos, uma vez que se encontram escassas a ética, a confiança, a solidariedade, promovendo laços sociais esgarçados e fragilizados.

Ao considerar esses aspectos, podemos entender que o estresse não é uma coisa nova. Essa alteração emocional vem acompanhando o homem nas diversas fases da sua evolução: a saída de casa em busca de alimentos para sua sobrevivência, o trabalho no campo, a Revolução Industrial, as guerras, as grandes conquistas nas diversas áreas, destacando-se hoje o avanço e as mudanças tecnológicas.

Sem dúvida, esses fatos contribuem para reafirmar a posição do ser humano atual diante de uma vida agitada, em que necessita, para sobreviver, pensar e agir com mais rapidez, tomar grandes decisões, levando-o sempre a um estado de tensão.

4.4.2 Características de origem

Diante do excesso de informações e estímulos trazidos pelos meios de comunicação na contemporaneidade, observamos que as queixas relativas à área emocional têm tido conotações equivocadas.

As chamadas patologias de nossa época, quando nos referimos ao estresse, têm origem emocional e são normalmente vinculadas ao biológico (genético, hereditário). Assim, é comum ouvirmos que seus sintomas sejam herdados, o que sugere que todos sofrem do mesmo mal e que o estresse se situa no campo coletivo.

No entanto, se considerarmos que o estresse acontece de forma única e diferenciada para cada pessoa, as singularidades estarão sendo contempladas, isto é, ratificando a relação que o estresse tem com a história de cada um.

Conforme anteriormente exposto, o estresse surge da ligação do ser humano com seu próprio meio e dos conflitos advindos desse processo, uma vez que estamos sob o imperativo de exigências difíceis de serem cumpridas.

Por esse e outros motivos, o estresse tem conotações diversas.

4.4.3 Aspecto positivo e aspecto negativo

O estresse pode ter um caráter positivo, na medida em que a pessoa lide com ele de forma construtiva, fazendo que contribua para impulsionar em vez de paralisar. Desse modo, um leque de possibilidades pode se abrir para o homem diante de conflitos acirrados, apontando saídas.

A partir das próprias habilidades e competências, é possível tirar proveito das situações de estresse, impelindo o colaborador à busca por novos horizontes e favorecendo o crescimento pessoal e a motivação no trabalho.

O estresse não aparece apenas em circunstâncias negativas, como em situações de perdas reais ou iminentes (momentos anteriores à perda real), mas pode também surgir em momentos da vida em que o desejo esteja implicado: preparativos para o casamento, promoção no trabalho, cargo a ocupar etc. Desse modo, podemos entender que o estresse está presente nas mais variadas situações da vida.

De acordo com David Fontana, "o estresse representa aqueles desafios que nos excitam e nos mantêm alertas, sem os quais a vida, para muitas pessoas, seria enfadonha e, até mesmo, sem valor".

Desse modo, a conotação negativa dada ao estresse, em virtude do mal-estar proporcionado por ele, pode ser subvertida em algo que faça o homem se manter em movimento.

4.4.4 Aliado e incentivo no trabalho

Pense bem antes de decidir e depois decida com calma,
pois a calma já ganha metade da batalha para nós.
J. Paul Schmitt

As situações estressantes que comumente ocorrem no trabalho podem ser transformadas em fonte de produção e criatividade. O funcionário deve, a princípio, valorizar a si mesmo e o que faz, buscando superar experiências ruins. Deve tentar elaborar seus conflitos com a finalidade de ir em direção a outros recursos que contornem problemas os quais lhe pareçam impossíveis.

Em momentos de grande tensão, quando o estresse, em seu nível máximo, assola o ambiente de trabalho, uma das alternativas é recorrer a um líder, gestor, gerente ou até outra pessoa que sirva como mediadora de conflitos para que se tente contornar a situação e procurar fazer que o grupo se conscientize do motivo que tenha provocado atitudes inadequadas no ambiente de trabalho.

Vimos que o estresse é efeito da tensão, que podemos traduzir como energia que impulsiona para a produção, mas que também pode paralisar. O fato de o funcionário, independentemente de seu papel na hierarquia da organização, estar consciente da sua falta de controle mediante seu alto nível de estresse, pode evitar situações extremamente difíceis e, aos olhos de muitos, incontornáveis. O estresse, na verdade, pode ser redirecionado e aproveitado de forma construtiva, por exemplo, como incentivo no trabalho, na valorização profissional, na dissolução de conflitos.

Assim, o indivíduo poderá enfrentar obstáculos e encontrar soluções próprias para lidar de forma mais positiva consigo mesmo e com o outro, podendo contribuir para um ambiente de trabalho mais aprazível.

4.4.5 Motivação

O que motiva alguém hoje não necessariamente terá uma influência
forte na determinação do seu comportamento amanhã.
Nadler, Hackman e Lawler

Como pensar na relação entre motivação e estresse? Partiremos do pressuposto de que ninguém motiva ninguém. A motivação faz parte da constituição do sujeito, ou seja, ela é interna e nesse sentido deve ser estimulada para que a pessoa possa melhorar seu estado emocional, promovendo maior prazer na própria vida e, consequentemente, despertando maior interesse pelo que produz. E o estresse faz parte da condição humana, tendo suas alternâncias de acordo com o modo como a pessoa vivencia obstáculos, frustrações, dificuldades de modo geral.

Podemos, então, considerar uma articulação entre a motivação e o estresse, na medida em que devem ser trabalhados ambos, de formas distintas, para que possam contribuir para melhor qualidade de vida.

Em tempos nos quais se observa uma tendência a se fazer mal ao outro por prazer, tempo de violência sem limite e de insensibilidade, os mais sensíveis e frágeis, muitas vezes, são tomados pelo sentimento de desalento que pode levar a um estado de isolamento, de letargia, ficando vulneráveis às mais diversas reações, indo de um polo a outro – de retraimento ou inibição até agressividade e violência.

As empresas que ainda seguem um sistema de aprisionamento, de opressão, deixando seus trabalhadores "engessados" perdem a grande chance de renovação, de se manterem atualizadas. Seguindo essa linha de raciocínio, negam-se às mudanças, tampouco estimulam seus colaboradores ao não contribuir para que estes desenvolvam suas habilidades, para que busquem novos conhecimentos por meio de aprendizagens.

A título de ilustração, trazemos as sábias palavras do grande educador Paulo Freire: "Ninguém liberta ninguém, ninguém se liberta sozinho: os homens se libertam em comunhão".

Podemos pensar que o autor sugere que a libertação esteja ligada ao singular, associada à maneira de viver no campo coletivo, no social, uma vez que uma pessoa precisa de outra para aquisição de saber, de aprendizado. Esse modo de interação com o outro é sadio e pode dirimir conflitos acirrados. Por outro lado, isso não significa que impasses e mal-estar perpassem as relações das pessoas, mas cabe à empresa estar atenta e trabalhar tais questões com seus colaboradores, buscando não ser uma fonte geradora de tensões.

Conforme o professor Antonio Vieira de Carvalho, "para identificar a extensão e importância da integração entre funcionários de vários níveis hierárquicos que interagem na empresa, é preciso ter alguma noção de como a motivação atua no comportamento das pessoas em ambiente de trabalho".

As pessoas precisam ter desejos, razões, objetivos, querer alguma coisa que possa dar satisfação, mesmo que não plena.

O querer, muitas vezes, é precedido pela expectativa, causando tensão. O indivíduo, para conseguir alguma coisa, precisa em muitos casos, empregar todas as suas forças, concentrando energias no que quer, no que faz, explorando sua capacidade, acreditando que realmente vai conseguir. Para isso, é preciso ter seus objetivos bem-definidos, pois, se ele não tiver vontade, não vai crescer e, portanto, não se realizará pessoalmente.

Destacamos a importância de se ouvir queixas, demandas, ideias, pois isso abre caminho para a troca, para uma via de mão dupla, uma vez que uma pessoa precisa da outra. Assim, a empresa poderá estimular a motivação de seus colaboradores, contribuindo para melhor integrá-los.

É, portanto, por meio da palavra que se consegue minimizar o conflito, além da dose de renúncia necessária para a convivência entre as pessoas, condição inerente ao processo de civilização.

É importante também que a empresa procure criar um acordo com seus colaboradores de forma que suas capacidades e as demandas do cargo possam estar em consonância, visando a resultados compensadores tanto para o trabalhador como para a empresa.

Desse modo, é bem possível que uma empresa, ao ter seus funcionários motivados e com qualidade de vida, conquiste, com mais firmeza, o caminho do sucesso.

4.4.6 Segurança no trabalho

Estatísticas e pesquisas realizadas por órgãos públicos, por serviços ligados à segurança no trabalho e até mesmo as de cunho acadêmico nos indicam a ocorrência de alto índice de acidentes de trabalho, sendo a maioria deles relacionada ao elevado grau de estresse e às condições inadequadas de trabalho.

A pressa, o automatismo no desenvolvimento das tarefas, as contingências, os conflitos acirrados, as angústias permanentes, aliados às constantes pressões que se originam, em grande parte, do próprio ambiente de trabalho, são fatores que contribuem para o absenteísmo em virtude do grande número de licenças médicas referentes a acidentes de trabalho.

Lembramos que acidentes de trabalho são considerados aqueles que ocorrem durante a execução do trabalho, a serviço da empresa, dentro ou fora dela, bem como no trajeto de ida e volta à empresa, incluindo viagens.

Além disso, é preciso levar em consideração também as doenças ocupacionais, que podem ser causadas pelo tipo de trabalho ou por suas condições.

Por causa da frequente ocorrência de acidentes de trabalho e de doenças ocupacionais, tornou-se necessária a criação de órgãos competentes para regulamentar as condições de trabalho.

Nesse sentido, foi criada a Comissão Interna de Prevenção de Acidentes (Cipa), um instrumento de que os trabalhadores dispõem para tratar da prevenção de acidentes do trabalho, das condições do ambiente do trabalho e de todos os aspectos que afetam a saúde e a segurança deles. A Cipa é regulamentada pela Consolidação das Leis do Trabalho (CLT) nos artigos 162 a 165 e pela Norma Regulamentadora 5 (NR-5), contida na Portaria 3.214 de 08/06/78 baixada pelo Ministério do Trabalho".

Buscamos recursos em Camargo e Neves (2004), que, além de abordarem alguns transtornos mentais relacionados ao trabalho, nos colocam a par de algumas normas a respeito do assunto em pauta:

- nova regulamentação sobre doenças profissionais e do trabalho do Decreto nº 3.048 do Ministério da Previdência e Assistência Social de 1999;
- lista de doenças relacionadas ao trabalho da portaria nº 1.339/GM de 18/11/1999.

Diante do exposto, vale ressaltar que a área de segurança do trabalho envolve várias disciplinas, entre as quais destacamos higiene e medicina do trabalho, prevenção e controle de riscos em máquinas, equipamentos e instalações, psicologia na engenharia de segurança, comunicação e treinamento, o ambiente e as doenças do trabalho, higiene do trabalho, legislação, normas e técnicas, responsabilidade civil e criminal, perícias, ergonomia e gerência de riscos.

Muitas são as preocupações das organizações, tanto no Brasil como em todo o mundo, no que se refere aos acidentes de trabalho e à saúde mental do trabalhador, a qual pode ficar altamente comprometida a ponto de acarretar grande sofrimento psíquico, gerando afastamento do trabalho por meio de licenças médicas. Quando em estado emocional fragilizado, um indivíduo pode perder, em fração de segundos, o controle e pôr sua vida em risco.

A título de ilustração, como decorrência do estresse, uma tristeza mais acentuada e de difícil elaboração pode normalmente levar o colaborador a sucumbir em face das exigências inevitáveis e comuns ao ambiente de trabalho.

Mediante tais aspectos, empresas reconhecidas como modernas e inteligentes lançam mão de recursos de "escoamento de tensões", isto é, oferecem salas específicas e com material próprio para que seus colaboradores possam, em horários diversos, tentar diminuir seu nível de estresse. São estratégias utilizadas para a boa vivência em uma empresa que visa incentivar e despertar a motivação de todos envolvidos nela a fim de agregar valores.

No entanto, mesmo que a organização crie meios de estimular e tentar valorizar seus colaboradores, tal recurso pode ter efeito contrário, ou seja, causar grandes frustrações e desinteresse pelo trabalho, pois nem todos podem usufruir de tais benefícios ao mesmo tempo. Caso um colaborador esteja em momento de grande tensão e solicite o benefício "X" e este não esteja disponível naquele instante, podem ocorrer disputas e conflitos. Portanto, mais uma vez, chegamos a ponto de reconhecer quão difícil é agradar e atender às demandas das pessoas, tendo em vista que a insatisfação é inerente ao ser humano.

É nesse sentido que a organização deve tomar precauções como ter em seu quadro uma equipe multidisciplinar capacitada (engenheiros, técnicos e médicos) no campo da segurança do trabalho a fim de prevenir, evitar e corrigir as questões a ele pertinentes. Do mesmo modo, a empresa deve obedecer às normas de segurança do trabalho, sob pena de responder judicialmente pelo não cumprimento delas.

4.5 Prevenindo o estresse

4.5.1 Identificação

> Somos feitos de carne, mas temos de viver como se fôssemos de ferro.
> *Sigmund Freud*

Apesar de tanto se falar e vivenciar o estresse, não é tão fácil seu reconhecimento. Por causa da vida apressada e atribulada a qual estamos sujeitos, vários são os sintomas que surgem e que podem ser confundidos com o estresse. Algumas pessoas passam por momentos de tensão que logo são solucionados; outras, por não darem atenção aos diversos episódios que fazem parte de sua estrutura psíquica, podem ser, de forma equivocada, diagnosticadas como portadoras de estresse.

Há também as que vivem com constantes dores de cabeça, ou até mesmo problemas sérios de coluna, que não reconhecem que esses sinais podem estar ligados ao estresse. Portanto, várias são as formas de o estresse se manifestar sem que a própria pessoa se aperceba e procure um médico para uma avaliação.

Mencionamos aqui os mais diversos fatores que contribuem para o desencadeamento do estresse, mais especificamente o relacionado ao trabalho, porém deve-se levar em consideração a possibilidade de o estresse surgir em razão de questões familiares e se desencadear no ambiente de trabalho.

Abordamos, também, a relação do estresse com os acidentes de trabalho, chamando a atenção para o fato de a empresa se resguardar quanto às normas de segurança vigentes e para o respaldo a ser buscado na equipe multidisciplinar, que deve ser acionada diante das diversas situações relativas à saúde mental do trabalhador. Essa equipe deve ter competência para identificar o estresse, estando atualizada a respeito das patologias, principalmente as que apresentam teor contemporâneo.

Às vezes, as chamadas síndromes, de tão modernas, uma vez nomeadas erroneamente, podem incapacitar um trabalhador; contudo, caso seja um pouco mais investigada a história e ouvida a pessoa que sofre de desse mal, o que parecia tão grave, pode ser uma situação passageira.

Portanto, é de fundamental importância que a empresa privilegie a escuta do que seu colaborador tem a dizer em face de suas demandas, poupando-o, assim, de ter sua vida laborativa interrompida de forma precoce.

É interessante ressaltar que, muitas vezes, uma pessoa que se queixa de um mal-estar constante, ao ir a um médico que tenha condições de ouvir a história dela, sai da consulta aliviada, até sem as tais dores das quais se queixava. São casos comuns, porém muitos médicos e especialistas, mesmo fazendo parte de uma equipe multidisciplinar, podem não estar preparados para esse tipo de técnica tão esquecida em nosso tempo.

As pessoas "gritam" para serem ouvidas, demandam uma escuta para seu sofrimento que, na grande maioria, está relacionado ao campo emocional.

Este, portanto, é mais um dado relevante a que a empresa atual, e que esteja voltada para a qualidade de vida de seus colaboradores, deve estar atenta.

4.5.2 Primeiros sintomas: providências

- É preciso saber o que está causando estresse. Muitas vezes, é possível a pessoa identificar o que pode estar causando excesso de mal-estar a ponto de prejudicar sua vida pessoal e profissional por determinado tempo. Esse aspecto tende a evitar que o fator estressante possa acarretar maiores consequências.
- Tentar contornar impasses pode dirimir o estado de tensão.

- Falar sobre o que está sentindo, pois guardar sentimentos, e represá-los não faz bem. É primordial que o problema que aflige o indivíduo seja compartilhado.
- Buscar ajuda de um médico ou terapeuta em caso de não conseguir elaborar o que causa tanto sofrimento.
- Reconhecer que seu estado emocional está passando por um descontrole.
- Afastar-se do que o atormenta, por um tempo, se necessário, se não alcançar o domínio sobre a situação.

4.5.3 Administrando

Tenho a impressão de que os homens estão perdendo o dom do riso.
Charles Chaplin

Conforme pensamento expresso na epígrafe, as pessoas têm perdido sua capacidade de lidar com a vida de forma mais amena e educada, apresentando, com frequência, ânimos mais acirrados, o que compromete o relacionamento com o outro.

Como vimos, o estresse está relacionado a um estado emocional que, por sua vez, tem ligação com questões inconscientes. Deixamos claro que, de acordo com a teoria psicanalítica fundada por Sigmund Freud, o inconsciente não é algo palpável, controlável.

Para muitos, a comunicação deve ser perfeita, isto é, sem falhas. No entanto, sabemos, a partir da teoria freudiana, que qualquer comunicação apresenta "ruídos". Assim, o modo de nos comunicarmos vai ser atravessado pela falha, pela incompletude, pois não conseguimos falar tudo o que desejamos ou "soltamos" aquilo que gostaríamos de guardar a "sete chaves".

Isso demonstra que cada um vai interpretando a seu modo o que ouviu, dando outra conotação ao que deveria ter uma sequência lógica. Assim funciona o inconsciente: por mais que haja esforço, não tem como controlá-lo. Porém isso não quer dizer que não seja possível lidar com ele.

Do mesmo modo, também nos referimos a estresse: é possível contorná-lo nas mais diversas situações.

Uma boa saída para situações que mobilizam sentimentos ruins, que fazem mal e afastam as pessoas, até mesmo rompendo relações, é o bom humor. Lançar mão desse recurso pode favorecer uma subversão da circunstância, promovendo benefícios em vez de prejuízos.

Isso tem sido esquecido ultimamente nas relações não só profissionais, mas nas pessoais. É importante rir dos próprios erros e fracassos, dando oportunidade para novos aprendizados e crescimento.

4.5.4 Desenvolvimento da saúde mental

O homem tem uma natureza superior que é tão natural quanto a sua natureza inferior. Em sua natureza superior, podemos incluir a necessidade de trabalho significativo, de criatividade, de ser justo e equânime, de fazer o que é digno de ser feito, e de preferir fazê-lo bem-feito.

Abraham H. Maslow

A empresa deve ter a formação competente da equipe de RH, como princípio, com pessoas bem motivadas. Deve ser uma equipe bem preparada e atualizada, apesar dos percalços e situações desgastantes geradas no dia a dia da organização de modo geral, causados pelo contato entre as pessoas que trazem, muitas vezes, seus problemas emocionais para o ambiente da empresa.

Os objetivos de trabalho devem estar bem estabelecidos para ter condições de avaliar desempenhos, valores, saber quem está qualificado para desenvolver cada função. Contudo, é preciso levar-se em conta que nem sempre esses objetivos serão atingidos conforme planejados. Tal fato, porém, não deve esmorecer a área de Recursos Humanos que deve dar continuidade a suas funções e propósitos. Dessa forma, a empresa vai perceber que há a necessidade de equilíbrio entre produção e interesses de seus funcionários.

Hoje, as empresas já estão voltadas para um processo mais realista – **colaborador integrado à empresa**. É primordial a preocupação desta com a saúde mental dos seus clientes internos, bem como com a construção de vínculos sociais.

Portanto, torna-se imprescindível proporcionar ambientes dignos para que os funcionários possam desempenhar suas funções. Para isso, as instalações da empresa devem estar adequadas, a produtividade do profissional deve estar associada à sua medida de satisfação, a empresa deve respeitar os limites e a capacidade dos seus participantes ativos, ao perceber o nível de estresse que cada um possa suportar, e procurar ouvi-los, para que, elaborando melhor os problemas, aumentem a produtividade no trabalho.

Conforme descrito em outros itens deste capítulo, a empresa, uma vez atenta aos conflitos constantes e, aparentemente insolúveis, pode diminuir ou mesmo evitar o absenteísmo. Melhor dizendo, ao contornar situações de impasses, a produtividade tende a se elevar.

Algumas das questões sobre as quais os funcionários mais se queixam estão relacionadas à falta de motivação, à valorização e respeito sobre o seu desempenho, à ética e à política adotada pela organização.

Delegar tarefas, demonstrar confiança no que o colaborador faz, observar quais são as atividades em que ele se mostra mais criativo e motivado, pode contribuir significativamente para o aumento da produtividade. Assim, o funcionário poderá buscar experiências que o gratifiquem.

De acordo com Pierre Weil (1992), doutor em psicologia pela Universidade de Paris, existem dez mandamentos básicos para um bom membro de grupo:

1. respeitar o próximo como ser humano;
2. evitar cortar a palavra a quem fala; esperar a sua vez;
3. controlar suas reações agressivas, evitando ser indelicado ou mesmo irônico;
4. evitar o "passar" por cima de seu chefe imediato; quando o fizer, dê uma explicação;
5. procurar conhecer melhor os membros do seu grupo a fim de compreendê-los e de se adaptar à personalidade de cada um;
6. evitar tomar a responsabilidade atribuída a outro, a não ser a pedido deste ou em caso de emergência;
7. procurar a causa das suas antipatias a fim de vencê-las;
8. estar sempre sorridente;
9. procurar definir bem o sentido das palavras, no caso de discussões em grupo, para evitar mal-entendidos;
10. ser modesto nas discussões; pensar que talvez o outro tenha razão e, se não, procurar compreender suas razões.

O colaborador precisa sentir-se acreditado, incentivado, participante, capaz. Esses fatores vão servir como geradores de ação. E, em consequência, o ser humano poderá se sentir bem tanto consigo mesmo como com o seu grupo e a empresa. Esta, por sua vez, se encontra diante da necessidade de qualificar e atualizar o seu funcionário nas relações de trabalho que, para tanto, precisa de um ambiente mais humano, conforme abordado aqui.

Desse modo, o funcionário precisa ser ouvido e comunicado sobre o que se passa em sua empresa. Se as camadas gerenciais não o ouvirem, estarão correndo o risco de tomar decisões muitas vezes erradas, vindo a se prejudicar.

Do colaborador depende o sucesso da empresa, por isso, a empresa deve investir e promover o desenvolvimento pessoal dele por meio de cursos, palestras e projetos que estejam relacionados com os problemas mais emergenciais. De nada adianta a empresa investir no que é considerado modismo, se não atende às suas próprias necessidades, isto é, da empresa como um todo.

Lembramos que vivemos uma fase de envelhecimento demográfico da população que ainda se encontra em franca produtividade. Tal realidade tem sido repensada nas empresas que, de outro modo, têm profissionais muito jovens e com outro tipo de cultura.

É um dado que pode gerar conflitos mais severos, levando ao estresse elevado. Portanto, torna-se necessária maior sensibilização e qualificação dos profissionais das áreas de Recursos Humanos, procurando trabalhar a relação empresa/juventude/envelhecimento.

Diante desse quadro é fundamental que a empresa se volte para essa nova questão social e procure elaborar um bom programa que envolva a preparação para a aposentadoria, a fim de ajudar o trabalhador a enfrentar as perdas necessárias dessa fase. Adiante, em um capítulo específico, o tema será aprofundado.

4.5.5 Conflitos entre empresa e colaborador

> O conflito não é o "diabo", ele é saudável. É a afirmação do eu: é necessário que haja conflitos. O conflito só cessa quando cessa a vida.
>
> *Michel Fustier, em* O conflito na empresa

Sem dúvida, o mercado competitivo e a própria competitividade intraorganizacional podem, muitas vezes, gerar conflitos na empresa, impedindo o crescimento e a criatividade, paralisando a produtividade.

A empresa deve estar atenta e aberta para entender que os conflitos fazem parte do dinamismo social, e procurar, portanto, colocar essa situação emocional em níveis que privilegiem a integração de sua equipe. Outro fator importante é o fato de que os objetivos dos colaboradores devem estar, minimamente, de acordo com os da empresa.

Algumas saídas diante de situações conflitantes:

- ter um trabalho de equipe bem integrado;
- criar condições para que o indivíduo descubra e aplique o potencial que está dentro dele;
- resgatar valores perdidos como justiça, respeito, ética profissional etc.

Aplicando dinâmicas de grupo, como:

- *exercícios corporais*: possibilitam o relaxamento das tensões, bem como é uma forma de a pessoa respirar outros ares, além de contribuir para a saúde física e mental;
- *dramatizações*: favorecem o entrosamento entre os funcionários, contribuindo, principalmente, para dirimir situações de inibição;
- *exercícios de liderança:* proporcionam ao grupo repensar a respeito de suas práticas do dia a dia, suas responsabilidades, implicações e, sobretudo, a respeito da ética;
- *trabalho de equipe*: propicia reflexões e conscientização a respeito dos objetivos de cada profissional, favorecendo o desenvolvimento da criatividade, a transformação das informações trocadas em fonte de crescimento, além da possibilidade de despertar a motivação (*Globo Ciência*, 2012).

Estas são as tônicas para uma equipe trabalhar com mais prazer.

Vivências por meio de jogos e simulações: são vivências que favorecem o descobrimento de potencial, que permitem às pessoas, por estar em grupo, expor com mais facilidade suas ideias e trocá-las, que propiciam o despertar para questões emocionais enrustidas, as quais favorecem o desencadeamento do estresse no trabalho, que contribuem, em grande escala, para entrelaçamento e o espírito de união nas equipes de trabalho. Sempre que possível, é importante que sejam aplicadas.

Essas técnicas, sem dúvida, possibilitam melhor entrosamento e posicionamento dos funcionários, reconhecendo seus valores na organização.

4.5.6 Lazer e trabalho

Apontamos anteriormente a existência de uma articulação entre corpo, palavra e escuta, ao nos referirmos à identificação do estresse.

Na medida em que o ser humano chega à exaustão em razão de um trabalho incessante e não satisfatório, que não proporciona prazer, o desânimo e a falta de motivação atingem a área profissional, bem como outros setores de sua vida, e seu corpo dá sinais de cansaço e de sofrimento.

Temos inúmeras constatações de que o corpo é o depositário da dor que primeiro atinge a alma. O processo de uma simples virose, ou até mesmo uma doença mais grave, tende a ter sua origem no campo emocional para depois se alojar no corpo. São as chamadas doenças psicossomáticas. Assim sendo, torna-se relevante dar prioridade ao aspecto emocional, não desprezando investigações orgânicas.

4.5.7 Atividades inibidoras do surgimento

Para enfrentar o estresse, o indivíduo pode se permitir exercer diferentes atividades que sejam prazerosas e compatíveis com suas habilidades. É o momento de revigorar-se por meio de diversas formas de lazer, que significa descanso, ócio, passatempo, distração.

Algumas opções, como exercícios físicos, relaxamento, esporte, musicoterapia, podem ser oferecidas pela empresa como alternativa a minimizar os efeitos da sobrecarga de trabalho, evitando eventuais afastamentos de seus colaboradores.

No entanto, é importante que o indivíduo busque suas próprias soluções, como praticar exercícios físicos regularmente (hidroginástica, dança, *yoga, tai chi chuan*), meditação, exercício de habilidades (pintura, música, marcenaria etc.).

O corpo precisa repor a energia necessária que foi desprendida no dia a dia. No entanto, é preciso ressaltar que a busca pelo lazer seja individual, isto é, cada pessoa deve escolher a atividade de lazer que mais lhe agrada.

4.6 Tratando o estresse

A inanição emocional é tão perigosa quanto a física.
Rene Spitz

Como temos visto, o estresse é uma reação emocional que surge em consequência de situações, muitas vezes, criadas pelo próprio indivíduo para se defender das intensas solicitações da vida. Pode surgir de forma silenciosa e ser pouco perceptível, ou mesmo ser alarmante.

Ressaltamos, no entanto, que o portador do estresse frequentemente se dá conta do que está ocorrendo, porém não comenta. Tal procedimento não é favorável, pois esse estágio tende a evoluir, se desdobrar em acúmulo de tensões e culminar em doenças severas.

Desse modo, a saída é buscar ajuda de maneira a encaminhar suas próprias questões a profissionais. No entanto, existem pessoas que reconhecem seu estado, se queixam e tomam atitudes a fim de melhorar o quadro instalado.

É sabido e comprovado pelas pesquisas feitas no campo da medicina que uma pessoa em estado de esgotamento, isto é, sob o efeito do estresse, tem a imunidade baixa. Isso significa que suas resistências físicas declinam dando margem à instalação de doenças.

Ressaltamos que, como o vitiligo, muitas doenças autoimunes são oriundas de um estado de tensão permanente. Vemos, assim, que o emocional atua fortemente no campo biológico. Por esse motivo, faz-se necessária a procura por um tratamento.

A avaliação diagnóstica é um procedimento que tem como finalidade conhecer ou determinar sinais ou sintomas que permitam perceber a existência ou não de problemas a serem resolvidos e tratados. Dependendo do histórico do sujeito que se encontra fragilizado emocionalmente, um acompanhamento ou tratamento possivelmente vai ajudá-lo.

Muitas são as técnicas usadas na busca pela cura do sofrimento psíquico do ser humano. Atualmente, deparamo-nos com alternativas que valorizam os medicamentos em detrimento da escuta a respeito do que o paciente tem a dizer.

Com o crescimento da indústria farmacêutica, os sintomas emocionais se manifestam como unicamente oriundos do campo biológico. Inúmeros exames são feitos, e profissionais que se aliam a esse pensamento passam a ver seus pacientes como "todos sofrendo do mesmo mal" alicerçado que estão pelo DSM-4 (*Manual diagnóstico e estatístico de transtornos mentais*). Sendo assim, guiados por um livro que enquadra a pessoa em uma patologia, o medicamento vai ser a única saída para aplacar a angústia tamponada. Acreditamos que se deva falar sobre essa angústia, tentar entendê-la, antes de tais medidas medicamentosas serem tomadas.

Ressaltamos que a técnica que privilegia a escuta, considerando que cada pessoa tem uma história e modos diferentes de lidar com as diversidades e contingências inerentes à vida, é a psicanálise, a qual tem alcançado bons resultados quando se põe na contramão desse discurso opressor que obstrui o sintoma que é individual.

A despeito disso, existem médicos que valorizam a escuta e sabem a qual caso um medicamento deve ser prescrito de modo adequado. Lembramos, também, que só ao médico é permitido medicar.

Nossa crítica aqui recai sobre o uso desnecessário e excessivo de medicamentos, em detrimento de uma escuta mais apurada a respeito do que o paciente tem a dizer. O foco do tratamento deve ser na história contada. Tal procedimento advém da própria medicina que acreditava na soberania da clínica; o médico dedicava um bom tempo da consulta a ouvir seus pacientes para depois examiná-los.

Atualmente tudo é conferido ao campo das imagens, dos exames de alta resolução que deixam os pacientes expostos às radiações que têm sido uma das principais responsáveis pelo alto índice de câncer. "A ciência tenta dar certeza de que a medicação X ou Y vai curar a dor de quem se queixa. Será que existe algo para além do que está sendo sinalizado pelo corpo?" (Serafim, 2009).

Mesmo assim, não nos cabe depreciar os avanços tecnológicos nessa área que têm contribuído para identificar e evitar que muitas patologias proliferem. O excesso do uso de tais técnicas é que têm desprezado o procedimento de ouvir o ser humano.

A experiência que adquirimos foi por meio de participação no Projeto Aleph (Serafim, 2009), de autoria da doutora Ruth Helena Pinto Cohen (1992). Esse estudo desenvolveu um trabalho com um grupo de educadores, que se queixavam de mal-estar, de estresse vivido nas salas de aula. Tais problemas justificavam a grande evasão deles, que enfrentavam dificuldades em lidar com as políticas educacionais implantadas, com os projetos infrutíferos e com o alarmante crescimento da violência e do fracasso escolar. Situações altamente difíceis de serem contornadas, que culminaram no surgimento de doenças nesses profissionais. Muitas são as notícias a esse respeito divulgadas pela mídia.

O referido trabalho privilegiou a escuta de cada um deles. Efeitos bastante produtivos foram observados ao fazer circular a palavra, fonte de apaziguamento das tensões vividas no cotidiano da escola, que também é uma organização. Essa técnica é aplicada em grupo, sem perder a escuta de cada um de seus participantes.

Ressaltamos, no entanto que esse procedimento não é tão simples como parece, pois tem especificidades próprias que optamos por não descrever. Caso sejam aplicadas sem a orientação apropriada e sem base nos estudos podem causar transtornos emocionais às pessoas, independentemente dos aprimoramentos. Portanto, nossa intenção aqui é apenas apresentá-la.

4.7 Considerações finais

Ao longo deste capítulo, tivemos a oportunidade de discorrer a respeito do estresse no trabalho, traçando um panorama sobre o conceito do estresse, seus sintomas, sua relação com acidentes de trabalho, suas manifestações e suas principais causas e consequências.

Contribuições de estudiosos no assunto, associadas às experiências adquiridas no cotidiano das organizações, têm como finalidade preservar a saúde mental dos colaboradores.

Muitos são os projetos, os treinamentos, as técnicas aplicados pelas organizações para estimular a motivação dos seus colaboradores, tendo como objetivo final o aumento da produtividade e geração de lucros. No entanto, são observados impasses no desenvolvimento de tais recursos pela organização que, caso não sejam bem empregados, põem em risco a saúde mental do trabalhador.

Não havendo espaço para reflexões e elaborações, o processo de repetição dos problemas se evidencia em detrimento das mudanças tão difundidas no mundo dos negócios.

É para trabalhar a subjetividade de cada colaborador que as organizações devem ancorar seus planos, objetivos e projetos, contando com as possíveis e constantes falhas.

A partir desse conhecimento, riscos podem ser evitados, até mesmo o estresse constante, a falta de motivação, o declínio da produtividade, o absenteísmo, acidentes no trabalho etc.

Portanto, as organizações devem estar voltadas para seus colaboradores, partindo da presidência e contemplando até os que exercem tarefas mais simples, levando em conta o ser humano em sua complexidade.

Desse modo, para manter a empresa viva e no caminho do sucesso, em um mercado global altamente competitivo, é preciso sempre lembrar que a peça-chave é o ser humano.

4.8 Exercícios, perguntas, questionários e gabarito

Perguntas para reflexão

1. Existe alguma relação entre estresse e comportamento ético do colaborador? Qual?
2. Você acha que a relação "capital e trabalho", como é feita atualmente, contribui para diminuir o estresse? Por quê?
3. Em um mundo altamente competitivo, é possível contornar situações de tensão? Por quê?
4. O gerente exerce papel importante na criação de um ambiente favorável no trabalho? Qual?
5. Existe alguma relação entre o nível de estresse e a estrutura psíquica da pessoa? Qual?

Questionário de autoavaliação

1. A primeira causa do estresse apresentada no texto é:

   ( ) a. competitividade;

( ) b. falta de tempo para si mesmo;

( ) c. ameaças;

( ) d. baixa resistência à frustração.

2. A angústia não constitui um sintoma relevante em matéria de estresse.

( ) Certo ( ) Errado

3. Sabemos, hoje, que já foi comprovado, por meio de estudos, que o ser humano, ainda no ...., recebe influências do seu .... ambiente. Ao nascer ele vai se relacionar diretamente com o seu ...., recebendo dele marcas que influenciarão no desenvolvimento da sua ....

Gabarito do questionário de autoavaliação

1. Alternativa (d).
2. Errado.
3. útero – meio – meio ambiente – personalidade.

Referências bibliográficas

CAMARGO, D. A.; NEVES, S. N. H. Transtornos mentais, saúde mental e trabalho. In: GUIMARÃES, L. A. M; GRUBITS, S. (Orgs.). Série saúde mental e trabalho. Rio de Janeiro: Casa do Psicólogo, 2004. v. 3.

CARVALHO, A. V. de. Recursos humanos: desafios e estratégias. São Paulo: Pioneira, 1989.

CIPA. O que é Cipa? Disponível em: <http://www.cipa.uem.br/O_que_e_CIPA.php>. Acesso em: 22 dez. 2011.

COHEN, R. H. P. *Veja*, São Paulo, ano 25, n. 46, 1992.

DIÁLOGO Médico, ano 19, n. 5, 1993.

FONTANA, D. *Estresse*: faça dele um aliado e exercite a autodefesa. Trad. Nivaldo Montingeli Júnior São Paulo: Saraiva, 1991.

FREIRE, P. *Pedagogia do oprimido*. Rio de Janeiro: Paz e Terra, 1987.

FREUD, S. Formulações sobre os dois princípios do funcionamento mental. Edição Standard das obras psicológicas completas de Sigmund Freud. Rio de Janeiro: Imago, 1988. v. 3.

_______. Mal-estar na civilização. Edição Standard das obras psicológicas completas de Sigmund Freud. Rio de Janeiro: Imago, 1974. v. 21.

FRITZEN, S. J. Exercícios práticos de dinâmica de grupo. Petrópolis: Vozes, 1989. v. 1, 2.

GLOBO Ciência, ano 3, n. 25, 2011. p.55-57

LIPP, M. N. (Org.). *Pesquisa sobre estresse no Brasil*: saúde, ocupação e grupo de risco. São Paulo: Papirus, 1996.

NADLER, D. A.; HACKMAN, J. R.; LAWLER, E. E. *Comportamento organizacional*. Rio de Janeiro: Campus, 1983.

NASCIMENTO, L. P. do. *Elaboração de projetos de pesquisa*. São Paulo: Cengage, 2011.

REVISTA Saúde, ano 10, n. 4, 1993.

SERAFIM, O. C. G. A educação e seus impasses na contemporaneidade. In: COHEN, R. H. P. (Org.). *Psicanalistas e educadores*: tecendo laços. Rio de Janeiro: WAK, 2009.

WEIL, P. *Relações humanas na família e no trabalho*. Petrópolis: Vozes, 1992.

capítulo 5

Produtividade e qualidade do trabalho

Objetivos do capítulo

1. Conscientizar o leitor de que produtividade e qualidade são importantes ferramentas gerenciais para com vantagens competitivas no mercado consumidor.
2. Identificar produtividade e qualidade à luz da satisfação das necessidades dos clientes.
3. Ao acompanhar e assimilar o conteúdo deste capítulo, você estará em melhores condições de:
   a. utilizar os conceitos de produtividade e qualidade em sua unidade de trabalho;
   b. adotar a produtividade/qualidade como prioridades máximas na gestão compartilhada de RH.

É preciso expurgar do pensamento brasileiro a ideia de que a produtividade e a qualidade são assuntos exclusivos de fabricantes e engenheiros.
Prof. Yuchi Tsukamoto, da EAESP/FGV

Introdução

Com a necessidade de as empresas tornarem-se mais competitivas no mundo dos negócios, surgiu a busca incessante pela Qualidade Total. É o que podemos chamar de Melhorias Contínuas. A esse quesito somou-se a Qualidade de Vida no Trabalho (QVT), que focaliza o potencial humano e suas condições de vida.

Partindo do princípio de que passamos a maior parte da nossa vida nas organizações, seria ideal que as transformássemos em locais mais aprazíveis e saudáveis para a execução do trabalho. Locais estes que favorecessem condições a seus colaboradores de passarem algumas horas criando e realizando suas atividades de forma mais tranquila. Podemos até pensar nisso como uma utopia, mas não descartaremos tal ideia, uma vez que muitas organizações com nível de excelência disponibilizam tempo suficiente para seus profissionais pensarem, criarem e produzirem novos produtos e serviços.

O profissional de Recursos Humanos, que é aquele que atua com pessoas, gerenciando tanto os subordinados imediatos como todos os demais – por esse motivo chamado "profissional de RH" –, assume, atualmente, uma posição-chave nas organizações.

Entre vários desafios para esses profissionais, um dos principais refere-se à consecução do comprometimento e envolvimento das pessoas sob suas responsabilidades com o trabalho.

O engajamento dos colaboradores torna-se cada vez mais necessário e as organizações, através de seus gestores, precisam estimulá-los, lançando mão de alguns recursos, tais como:

- despertar, nos colaboradores, para a importância a respeito do que executam;
- melhorar produtividade e competitividade, nas áreas de atuação dos colaboradores, tornando-se, sempre, um profissional útil à empresa;
- mostrar adesão e vontade de agir.

As pessoas devem ser o foco principal da função de Recursos Humanos, pois são elas que, quando estão sendo gerenciadas, impõem às empresas um nível de flexibilidade, grau e rapidez de adaptação adequada às exigências do mercado. Além disso, essas mesmas pessoas agregam valor aos produtos e aos serviços, em termos de qualidade e produtividade, respondendo, assim, pelo processo de aprendizagem e pelo grau de inovação na organização.

Para que a organização contemporânea e inovadora conserve sua produtividade em taxas de crescimento sempre positivas e, gradativamente, maiores, passa a ser absolutamente fundamental a percepção da necessidade da implantação de um processo de Gestão do Conhecimento, que deve ser gerado e aplicado em toda sua cadeia produtiva, independentemente do setor ou departamento da empresa.

Não basta à organização atual proporcionar ambiente e ter desenvolvido um corpo de colaboradores capazes, competentes, motivados, inovadores e produtivos, se suas ações e produções não puderem ser organizadas, catalogadas tecnicamente e fixadas via procedimentos operacionais, para que possam ser repetidas e aprimoradas de tal forma que, a partir de si mesmas, signifiquem mais produtividade com mais eficácia e criatividade com maior rendimento, proporcionando melhor ambiente de trabalho. Todo esse processo visa reduzir o retrabalho em níveis desprezíveis ou a recriação do que já fora feito pela própria organização.

Apesar do entendimento e do reconhecimento já vastos a respeito da importância de gerir conhecimento em todos os momentos e setores de uma organização, ainda é pequeno o domínio ou, até mesmo, o próprio conhecimento da técnica a ser adotada e de como as organizações realmente devem agir para, efetivamente, catalogar e dominar o conhecimento que é produzido de forma sempre constante e dinâmica nas rotinas do dia a dia.

Para isso, torna-se fundamental que toda organização tenha a visão de que sua criação venha de uma base de conhecimento dinamicamente produzido de forma cada vez mais consciente.

A partir do momento em que uma organização entenda essa necessidade em todo seu fundamento, ao estudar e implantar, criar e agir, continuamente, nesse processo de armazenamento que se torna conhecido, ela poderá transformar seu ambiente em um local onde a criação passa a existir em um movimento, espiralar em si mesmo, de rendimentos vastíssimos.

Portanto, o conhecimento que está sendo produzido voltará a ser armazenado, entendido e reproduzido, servindo, a partir de então, como base para mais conhecimento, de novo, de novo e de novo – uma espiral de criatividade.

Para que um programa como esse alcance sucesso em sua implantação e em seu resultado, torna-se importante que a direção e os gerentes de todos os níveis organizacionais não apenas procurem uma infraestrutura tecnológica suficientemente adequada, mas busquem e tenham também maturidade organizacional.

No tocante à produtividade e à qualidade, ambas devem caminhar sempre juntas, considerando-se a atualização tecnológica e gerencial partes essenciais e indispensáveis ao sucesso amplo de colaboradores e empresas.

Para serem competitivas, as organizações necessitam atualizar seus processos tecnológicos, seus projetos, e ter planejamentos sempre voltados para os clientes e para os mercados, sendo esse o ponto-chave para mantê-la no mundo dos negócios.

A época em que vivemos exige que o gestor, na ação compartilhada com seus colaboradores, preste atenção ao que se passa no mundo, tendo em vista identificar o momento apropriado para agir, considerando que esse olhar para o futuro não é apenas buscar o lucro imediato a qualquer preço.

Pressionadas pela competitividade acirrada, muitas empresas estão seguindo o caminho apontado na preparação de programas de produtividade e qualidade total.

Processos de produtividade e qualidade nas empresas mudam radicalmente o comportamento de todos os funcionários – os que exercem a mais simples atividade até a de direção mais elevada, ou seja, do recepcionista ao presidente da organização.

Além dessa busca incessante e irreversível da produtividade e da qualidade, a globalização da economia força a competitividade e provoca a redução do caminho até alcançar a eficácia.

Com isso, é alterada substancialmente a forma de produzir em todo o mundo. Mas a verdadeira revolução na empresa somente pode ocorrer com o casamento da alta tecnologia, de um lado, com a valorização e treinamento das pessoas, de outro.

Para que a empresa cresça de modo racional, deve concentrar seus esforços em três áreas simultaneamente:

- produtividade;
- qualidade;
- preparação de recursos humanos.

Contudo, é ainda muito grande o número de empresas brasileiras que ainda não se conscientizaram da real importância da produtividade e qualidade.

Pelo que já tivemos a oportunidade de perceber, este capítulo procura trazer ao estudante universitário e ao leitor interessado pelo tema uma compreensão do que é pretendido como produtividade e qualidade com base em pesquisa acadêmica, atendendo a preceitos metodológicos.

O *objeto de estudo* é uma pesquisa sobre processos para obtenção de produtividade e de qualidade nas mais diversas situações de atividades produtivas operacionais ou administrativas, apoiadas por recomendações de fundo teórico, tendo em vista o uso prático.

O *objetivo* do capítulo, diante de diferentes etapas do processo, leva em consideração os variados cenários do ambiente para que os interessados identifiquem quais as práticas e políticas mais adequadas poderão ser aplicadas na obtenção do sucesso desejado.

O *problema* que se precisa enfrentar é exposto pela seguinte questão: é possível desenvolver um processo de conteúdo teórico, relativos à de produtividade e qualidade, de maneira a se ter condições de chegarmos à realização prática, entendido por "como pôr em prática", na expectativa de se alcançar um resultado que verdadeiramente possa trazer para a organização proveitos significativos?

Como *justificativa*, podemos admitir que somos sujeitos da ação que tem condições de participar ativamente das mudanças nos processos e nas rotinas, que nos levam a atingir novos horizontes.

Os conhecimentos e as habilidades dos colaboradores com o que a empresa tem condições de contribuir, por *hipótese*, pode fornecer a oportunidade de elaboração de projetos significativos, traduzidos como vantagem competitiva diante da concorrência.

Assim, os processos e rotinas – *variáveis* –, com certeza, representam fatores responsáveis por transformações, promovendo efeitos que serão notados, na esperança de produzir crescimento e desenvolvimento aos projetos que estão em andamento.

A elaboração do capítulo teve como *metodologia* a realização de uma pesquisa bibliográfica de caráter teórico, abrangendo autores de estudos de desenvolvimento de teorias e conhecimentos voltados para a melhoria dos processos de produtividade e qualidade.

O capítulo está estruturado de modo a dar uma sequência lógica que permita tanto ao universitário como ao leitor interessado tomar conhecimento de conceitos, procedimentos e objetivos.

Esta Introdução coloca em evidência o objeto de estudo, objetivo, problema, justificativa, hipóteses, variáveis e a metodologia. A seguir, apresenta a estrutura do capítulo, informando, em resumo, o conteúdo de cada parte.

No primeiro tópico, abordamos aspectos de produtividade nas atividades tanto operacionais como administrativas, dando destaque às prioridades, às causas de baixa, bem como aos fatores que provocam aumento na produtividade.

O segundo tópico versa sobre a produtividade e a qualidade como resultado de um processo, além apontar os princípios básicos estreitamente ligados ao tema.

No tópico seguinte, tratamos do controle total da qualidade, contando com o apoio da gestão participativa, da motivação como instrumento para alavancar a melhoria, sendo o treinamento a ferramenta imprescindível para obtenção de qualidade. Apresenta ainda o diagnóstico organizacional, as técnicas para melhor atingir a qualidade total, fechando com os indispensáveis prêmios de incentivo.

O quarto tópico discorre sobre o aumento da produtividade como resultado dos reflexos da automação com os colaboradores e da criatividade destes. Aponta as características comportamentais, sugere o emprego da flexibilidade e da originalidade na forma de pensar e agir, busca a adaptação a novas situações, recomenda predisposição das pessoas aos riscos, bem como procura rever experiências, observar e apurar o discernimento.

Fechando o capítulo apresentamos as considerações finais a respeito do que foi explanado.

5.1 Produtividade do trabalho

A palavra "produtividade" é empregada, atualmente, pela maioria das pessoas das mais diversas procedências, com o pensamento voltado para a melhoria do rendimento no trabalho.

Fato é que tal rendimento envolve uma série de fatores, como qualidade e quantidade de matérias-primas empregadas, atualização tecnológica em uso (máquinas, equipamentos e processos modernos), habilidade profissional de colaboradores e gestores, condições ambientais de trabalho etc.

Contudo, entre todos esses fatores, um deles se destaca sobremaneira por sua crescente importância: o grau de interesse com que colaboradores utilizam sua capacidade produtiva para obter um aumento na quantidade e qualidade do rendimento de suas tarefas.

É a esse fator determinante de maior eficiência das tarefas pessoais que se dá o nome de "produtividade no trabalho", a qual depende significativamente da motivação interior do indivíduo.

De nada adianta dispor de todas as condições materiais necessárias para a produção, até mesmo as que dependem de uma organização racional de fabricação de bens, se não houver um sincero e íntimo desejo ou entusiasmo daqueles que põem em marcha o processo produtivo.

A produtividade só pode, então, ser aumentada mediante uma mudança interna na mente de todos aqueles que participam do processo de produção de bens e de serviços.

Pode parecer paradoxal, já que é mais importante conseguir um aumento da produção com base no aumento da produtividade no trabalho do que simplesmente introduzir aperfeiçoamento tecnológico. A razão é óbvia: enquanto as melhorias no campo tecnológico são relativamente limitadas diante das necessidades urgentes do mercado consumidor e as mudanças de máquinas e equipamentos são onerosas, apesar de alguns avanços acelerados em algumas áreas específicas, as melhorias conseguidas no campo da produtividade do trabalho são ilimitadas, não custam muito, além de funcionarem livres de tempo de uso, isto é, não perdem eficiência.

Para que a produtividade no trabalho funcione realmente e alcance os resultados esperados, é preciso que os integrantes de determinada unidade de trabalho racionalizem e otimizem ao máximo seus recursos disponíveis, sejam estes materiais, financeiros, humanos, tecnológicos etc.

Isso significa produzir mais com os mesmos meios, tornando o trabalho mais eficiente, quer dizer, aumentando a produtividade. Os grandes avanços tecnológicos contemporâneos têm levado muitas pessoas à conclusão apressada de que a eficiência é determinada pela máquina. Entretanto, mesmo uma máquina altamente sofisticada depende do fator humano para ser eficiente em sua finalidade.

5.1.1 Prioridade do trabalho

O trabalho humano envolve toda a organização. Assim, o chamado "rendimento da empresa" (rendimento = trabalho ÷ tempo) fundamenta-se, principalmente, no trabalho humano, enquanto o equipamento tecnológico constitui um meio auxiliar.

De outro modo, no caso de uma fábrica automatizada, o rendimento aparece como resultado do complexo técnico, enquanto a atuação do empregado surge como elemento secundário, presente apenas para atuar onde a máquina não tem capacidade para alcançar. Entretanto, mesmo a instalação do funcionamento totalmente automático está disposta de acordo com um plano determinado para sua função.

Johannes Riedel (1975, p. 39) dizia que, no que se refere ao:

> processo independente de andamento de uma instalação técnica, o importante é a intervenção do homem, não da máquina. O homem é quem projetou e construiu o equipamento, bem como formula seu programa. O homem decide as novas séries de programas e cuida finalmente de que a máquina trabalhe de acordo com o programa e a montagem.

Assim, qualquer instalação técnica reduz-se ao fato de ser um meio auxiliar criado pelo homem com a finalidade de ampliar seu potencial de rendimento no trabalho.

5.1.2 Conceito de produtividade do trabalho

A produtividade no trabalho pode ser identificada como o processo contínuo que procura obter, a partir do potencial do empregado motivado, o máximo de sua capacidade com o mínimo de tempo, esforço e recursos materiais.

Adam Smith (1981, p. 18) já dizia em 1976 que é "justamente a diferente produtividade do trabalho que explica por que algumas nações são mais ricas que outras".

O fator humano é, pois, decisivo para incentivar os ganhos de produtividade de bens e serviços, em relação ao treinamento e à atualização profissionais que marcam presença constante para que a produtividade seja, mais do que um processo, um estado de espírito, conforme oportuna conceituação do Comissariado Francês de Produtividade na obra de Motta, 1975:

> a produtividade constitui a mentalidade do progresso, do aperfeiçoamento constante. É a vontade de não se contentar com a situação atual, por melhor que possa parecer, ou seja, na realidade; é o esforço contínuo para aplicar novas técnicas e novos métodos.

O professor Nivaldo Maranhão Faria (1984, p. 69) define produtividade (Pt) como a "relação entre uma quantidade física da produção e tempo (hora, homens-hora ou unidade conveniente) de duração do trabalho para realizá-lo", assim expressa:

$$Pt = \frac{\text{produção realizada}}{\text{nº de horas de trabalho}} \quad \text{ou} \quad PT = \frac{\text{quantidade de produção}}{\text{homens/hora}}$$

Como se vê, a produtividade é a relação entre as homens/hora diretamente requeridas para produzir determinadas quantidades de produtos manufaturados.

Entretanto, o conceito dinâmico de produtividade deve voltar-se para um horizonte mais amplo, envolvendo o custo total de um trabalho realizado, comparado com o rendimento útil total resultante dessa situação.

Desse modo, a produtividade não deve ficar restrita apenas à produção de bens, pois onde quer que se tenha qualquer tipo de trabalho, sua execução deve ser eficiente.

Aumento da produtividade significa, então, realizar mais com menos, ou tornar uma tarefa mais eficiente com os mesmos recursos e aptidões.

5.1.3 Principais causas da baixa produtividade do trabalho

Antes de abordarmos os princípios que devem orientar a luta pelo aumento da produtividade no trabalho, convém destacar, segundo Emílio Myra y López (1971, p. 81), alguns dos motivos pelos quais ocorre uma baixa produtividade no desempenho do colaborador.

- não gozar de boa saúde;
- sentir-se deprimido e preocupado por problemas que está enfrentando fora da empresa;
- estar carente de satisfação de algumas de suas necessidades vitais;
- não gostar de seu trabalho;
- sentir-se molestado pelo tratamento que recebe dos colegas que com ele têm contato na organização;

- considerar que suas tarefas não são bem remuneradas;
- não gostar do ambiente onde trabalha;
- sentir dificuldades no relacionamento com algum colega de trabalho;
- não considerar que seu trabalho seja realmente útil.

Em todas as situações apresentadas anteriormente, o denominador comum é mais a falta de interesse ou disposição íntima negativa para realizar algum esforço do que uma real incapacidade de fazê-lo.

5.1.4 Fatores do aumento de produtividade do trabalho

Entre os fatores que contribuem para um efetivo aumento da produtividade do trabalho, merecem citação:

- quantidade e qualidade dos recursos materiais disponíveis: máquinas, equipamentos, ferramentas, matérias-primas etc.;
- qualidade da mão de obra empregada: treinamento adequado e atualizado, experiência, grau de instrução etc.;
- organização racional do trabalho: distribuição correta das tarefas, definição clara das responsabilidades, mobilidade estrutural etc.;
- nível de motivação do empregado: salário, prêmios, ambiente adequado de trabalho, oportunidade de lazer e de carreira, valorização do trabalho executado, supervisão eficaz etc.

O fator humano não depende, para o êxito profissional, de aspectos isolados como método específico, equipamento novo, grau de automação etc., mas sim da situação em conjunto, considerando máquinas, métodos, parceiros, colaboradores e atitudes, que se encontram inter-relacionados e definem determinado nível de produtividade.

De acordo com Jean Fourastié (1956, p. 113), conhecido pensador francês que se dedicou aos estudos de produtividade industrial e do operário:

> é evidente que tanto o aumento da produtividade como o da produção dependem, igualmente, da modernização da maquinaria utilizada e do desenvolvimento de processos tecnológicos. Entretanto, a prioridade na questão está na contribuição do homem – ou no trabalho que sabe como fazer e tem vontade de executar – como o primordial e mais importante fator de produtividade.

5.2 Produtividade e qualidade

5.2.1 Introdução ao processo da qualidade

Os primeiros esforços para a melhoria da qualidade datam da década de 1920, quando Walter A. Shewart introduziu nos Laboratórios Bell, nos Estados Unidos, o controle estatístico da qualidade, que consiste na aplicação de métodos estatísticos para medir desvios em peças e produtos em relação a um padrão previamente definido.

O grande avanço em matéria de concepção da qualidade ocorreu a partir dos anos 1950, quando as ideias de Shewart, revivificadas pelas noções de participação, cooperação e cortesia, foram levadas ao Japão por seu discípulo W. Edwards Deming, enviado àquele país como membro do grupo de reconstrução do pós-guerra da cultura japonesa.

Duas grandes mudanças ocorreram desde então:

- passar do controle para a prevenção, motivando e envolvendo cada operário no esforço de melhoria da qualidade;
- colocar a satisfação do consumidor como o principal critério de aferição da qualidade.

Cada produto ou serviço destina-se a um cliente, seja ele o consumidor final, a próxima linha de montagem ou o escritório ao lado. É esse cliente que deve definir o que é qualidade.

No Brasil, o conceito de qualidade total foi introduzido graças à visão de Israel Vargas, que, quando responsável pela Secretaria de Tecnologia do Ministério de Desenvolvimento, Indústria e Comércio, enviou professores a todo o mundo para escolher o sistema de gerência industrial que mais se aplicasse à empresa brasileira. O processo escolhido foi o *Total Quality Control* (TQC).

Como o próprio nome sugere, a gênese é na qualidade total, praticada por toda a empresa, em todos os setores e em todos os níveis. Porém não se pode pensar que esse é um processo que cuida somente da qualidade intrínseca de produtos e serviços, ele atenta também pela satisfação das pessoas em geral, como clientes, empregados, acionistas e a sociedade. A vantagem do sistema TQC é que, centrado na qualidade, atinge todo esse universo.

5.2.2 Conceito de qualidade

Edgard Pedreira de Cerqueira Neto (1991, p. 17), professor do Coppe/UFRJ, caracteriza qualidade como "a totalidade de propriedades e características de um produto ou serviço que confere sua habilidade em satisfazer necessidades explícitas e implícitas".

Para o autor, a definição da qualidade mais aceita é aquela inspirada no conceito de mercado "adequação ao uso".

5.2.3 Princípios básicos da qualidade

Como dizia Masao Ito, quando presidente da Associação Brasileira de Controle da Qualidade, "o conceito Deming de transformação por meio da qualidade da administração adéqua-se perfeitamente às necessidades da empresa de produzir mais, com menores custos, e com qualidade".

Mas quais são esses princípios que revolucionaram a administração, concebidos e implantados a partir da década de 1950 no Japão, os quais se apresentam impressionantemente atuais para todo o mundo?

Os 14 pontos do princípio Deming (1990, p. 18-19) de administração da qualidade são:

1. Estabeleça constância de propósitos para melhora do produto e do serviço, com objetivo de tornar-se competitivo e manter-se em atividade, bem como criar emprego.
2. Adote a nova filosofia. Estamos em uma nova era econômica. A administração ocidental deve acordar para os desafios, conscientizar-se de suas responsabilidades e assumir a liderança no processo de transformação.
3. Deixe de depender da inspeção para atingir a qualidade. Elimine a necessidade de inspeção em massa, introduzindo a qualidade no produto desde seu primeiro estágio.
4. Cesse a prática de aprovar orçamentos com base no preço. Em vez disso, minimize o custo total. Desenvolva um único fornecedor para cada item, em um relacionamento de longo prazo fundamentado na lealdade e na confiança.
5. Melhore constantemente o sistema de produção e de prestação de serviços, de modo a melhorar a qualidade e a produtividade e, consequentemente, reduzir de forma sistemática os custos.
6. Institua treinamento no local de trabalho.
7. Institua liderança. O objetivo da chefia deve ser o de ajudar as pessoas a executar um trabalho melhor. A chefia administrativa está necessitando de uma revisão geral, tanto como a chefia dos trabalhadores de produção.
8. Elimine o medo, de tal forma que todos trabalhem de modo eficaz para a empresa.
9. Elimine as barreiras entre os departamentos. As pessoas engajadas em pesquisas, projetos, vendas e produção devem trabalhar em equipe, de modo a preverem problemas de produção e de utilização do produto ou serviço.
10. Elimine lemas, exortações e metas para a mão de obra que exijam nível zero de falhas e estabeleçam novos níveis de produtividade. Tais exortações apenas geram inimizades, visto que o grosso das causas da baixa qualidade e da baixa produtividade encontra-se no sistema, estando, portanto, fora do alcance dos trabalhadores.
11. Elimine padrões de trabalho (cotas) na linha de produção. Substitua-os pela liderança.
12. A. Remova as barreiras que privam o operário horista de seu direito de orgulhar-se de seu desempenho. A responsabilidade dos chefes deve ser centrada na qualidade e não, simplesmente, com base na quantidade. B. Remova as barreiras que privam as pessoas da administração e da engenharia de seu direito de orgulhar-

-se de seu desempenho. Isso significa a abolição da avaliação anual de desempenho ou de demérito, bem como da administração por objetivos.

13. Institua um forte programa de educação e autoaprimoramento.
14. Engaje todos da empresa no processo de realizar a transformação. A transformação é da competência de todo o mundo.
15. Se você observar os princípios *Deming*, principalmente os itens 6, 7, 8, 9, 12b, 13 e 14, verificará que a gerência deve preparar, incentivar e acompanhar o empregado nessa nova era, que podemos chamar de era da qualidade, produtividade e tecnologia da informação.

Exercício nº 1

Assunto: Teste da competitividade

O teste a seguir foi elaborado pela empresa de consultoria Coopers & Lybrand, de São Paulo, a pedido da revista *Veja* (1990). Nele, estão expostos, de forma simplificada, os critérios que indicam se uma empresa é ou não competitiva. Faça o teste, some os pontos e verifique como está a sua organização. Veja o gabarito ao final deste capítulo.

1. O principal produto/serviço de sua empresa é exatamente igual a algo que foi lançado no exterior há alguns anos. Há quanto tempo ele foi lançado lá fora?

   ( ) a. 2 anos ou menos.

   ( ) b. 3 a 10 anos.

   ( ) c. 11 anos ou mais.

2. Com que frequência você renova e/ou inova as máquinas fundamentais para sua linha de montagem?

   ( ) a. Mais de 10 anos.

   ( ) b. A cada 2 anos.

   ( ) c. A cada 5 anos.

3. Que porcentagem do faturamento de sua empresa é dedicada ao treinamento de pessoal?

   ( ) a. Nenhuma.

   ( ) b. Menos de 1%.

   ( ) c. De 1 a 10%.

4. Estime quantos, de cada dez empregados de sua empresa, pedem demissão ao final de um ano:

   ( ) a. Nenhum.

   ( ) b. 1 ou 2.

   ( ) c. 3 ou mais.

5. Das encomendas que você recebeu no último mês, que porcentagem foi entregue no prazo combinado?

   ( ) a. De 0 a 10%.

   ( ) b. De 11 a 50%.

   ( ) c. De 51 a 100%.

6. Seu estoque – de matéria-prima, produtos acabados e semiacabados – é suficiente para manter a empresa em operação por quanto tempo?
   ( ) a. De 16 a 60 dias.
   ( ) b. De 3 a 15 dias.
   ( ) c. 61 dias ou mais.
7. Para pôr seu produto no mercado, você depende de outras empresas. Algumas fornecem matérias--primas, outras lhe prestam serviços. Seu relacionamento com esses fornecedores é:
   ( ) a. de parceria.
   ( ) b. apenas comercial.
   ( ) c. muito problemático.
8. Que porcentagem das suas vendas de um mês é consumida em gastos com prevenção, controle da qualidade e reparos em produtos fabricados com defeito?
   ( ) a. Acima de 20%.
   ( ) b. De 4 a 20%.
   ( ) c. Até 3%.
9. Há quantos anos sua empresa vem adotando, em um planejamento estratégico, um programa da qualidade e produtividade cujos objetivos sejam bem claros para todos os funcionários?
   ( ) a. Há mais de 5 anos.
   ( ) b. De 1 a 4 anos.
   ( ) c. Ainda pretende adotar.
10. Quantos níveis hierárquicos existem do presidente ao funcionário menos graduado em sua empresa?
   ( ) a. De 5 a 7.
   ( ) b. 4 ou menos.
   ( ) c. Mais de 7.

5.3 Controle total de qualidade

> A qualidade não é uma atribuição de alguns poucos na empresa; a qualidade é total: do presidente ao faxineiro, todos devem estar comprometidos com ela.
>
> *Kazuhiko Sakata, presidente da Honda do Brasil*

O TQC (*Total Quality Control* = Controle Total de Qualidade) também é conhecido como CTP (Controle Total de Perdas), ATQ (Administração Total da Qualidade) e CQAE (Controle de Qualidade Ampla Empresarial).

À luz dos desejos e necessidades do consumidor, de acordo com William Sandras (1989, p. 30), o TQC pode ser identificado como a "filosofia que busca a melhoria contínua do processo, resultando em maior aumento da satisfação do consumidor. Este e qualquer um que utilize a saída do processo".

Para o autor, o consumidor deve ser a figura central de todo o processo de TQC.

Na verdade, o TQC envolve uma série de esforços ou procedimentos destinados a melhorar continuamente a qualidade, a produtividade, os prazos de entrega, as paradas de máquinas, os acidentes, as perdas e os custos de produção.

Tais procedimentos, conforme já vimos, buscam a consecução de resultados por meio de programas com base em treinamento, motivação e participação de todos os envolvidos no processo da qualidade.

A garantia da qualidade de um produto ou serviço diz respeito à conscientização de toda a empresa voltada para fazer melhor tudo aquilo que produz. Garantia da qualidade refere-se a todas as práticas, desde os fornecedores, passando pela organização, onde está o controle, visando garantir produtos e serviços que satisfaçam, e excedam as necessidades e expectativas de clientes, uma vez que são estes que garantem o funcionamento da empresa. Enfim, o controle da qualidade faz parte da garantia da qualidade.

5.3.1 Papel da gestão participativa

O sucesso de qualquer programa de melhoria da qualidade total depende, essencialmente, da atuação dos gestores em todos os níveis hierárquicos da organização. Não basta à empresa dispor de um bem estruturado departamento de controle da qualidade. É preciso que, de maneira ampla, a atuação gerencial seja permeada pelo desejo de melhorar, de fato, a qualidade de produtos e serviços.

Nesse sentido, pode-se dizer que o TQC é uma autêntica revolução administrativa à medida que cada gerente:

- analisa o desempenho individual e coletivo de sua unidade de trabalho em razão dos resultados esperados;
- controla a execução do processo da qualidade, criando oportunidades para seus empregados analisarem e acompanharem sua viabilidade, seus custos, suas expectativas etc.;
- promove programas de treinamento e reciclagem de empregados em face dos desafios impostos pelo processo da qualidade;
- comunica a política da qualidade adotada pela empresa a cada membro do grupo, monitorando e aperfeiçoando os índices de erros e desperdícios da produção.

H. James Harrington (1988, p. 7), ex-presidente da American Society for Quality Control, propõe um programa de 11 pontos para tornar a gerência participativa mais eficiente na implantação, execução e acompanhamento de um programa da qualidade, conforme Figura 5.1, a saber:

1. Os gerentes devem estar dispostos a dividir alguns poderes e responsabilidades.
2. Os gerentes devem confiar em seus empregados.
3. A resolução e o treinamento para a prevenção de problemas são aceitos como muito importantes.
4. O trabalho deve ser visto como um esforço cooperativo entre a gerência e os em-

pregados. Estes precisam aceitar as decisões da maioria, e a gerência deve ter a coragem de rejeitar sugestões que não tragam benefícios à companhia.

5. A gerência deve estar disposta a aceitar um sistema que descentralize as decisões. Muitas vezes, gostaríamos de ser capazes de apontar uma única pessoa para tomar decisões. Contudo, com uma gerência participativa, isso é impossível. A cúpula deve resistir à tentação de tornar o gerente do departamento responsável por qualquer decisão tomada pelo grupo. Precisamos perder a mania de "apontar o dedo" e começar qualquer coisa mais produtiva.
6. A gerência precisa acreditar que todos têm boas ideias e que a combinação de ideias individuais produzirá a melhor solução possível.
7. A gerência deve estar disposta a implantar as sugestões dos empregados, quando isso for viável.
8. A gerência deve propiciar ambiente favorável ao desenvolvimento da lealdade dos empregados.
9. A gerência deve reconhecer as realizações do grupo.
10. O sindicato deve se tornar parceiro ativo no desenvolvimento do sistema participativo.
11. Os gerentes devem aceitar a gerência compartilhada como um esforço em longo prazo e não esperar resultados imediatos. A Westinghouse calculou que levaria dois anos para a obtenção de qualquer resultado significativo, e dez anos até que os benefícios totais da gerência participativa possam ser obtidos.

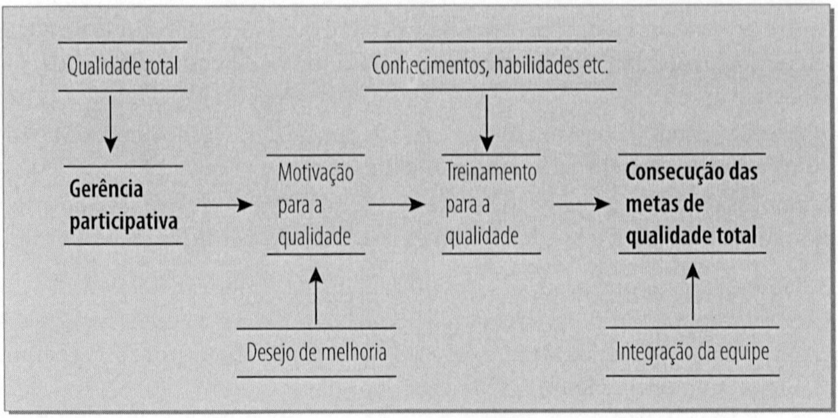

Figura 5.1 – Importância da gerência participativa no processo de qualidade total.

5.3.2 Motivação para melhorar a qualidade total

A qualidade total, como filosofia de ação administrativa, não significa, apenas, aumentar a produtividade por meio da implantação de novos métodos e técnicas de trabalho, mas constitui o produto de uma profunda transformação do comportamento profissional de cada funcionário da empresa. Esse é, aliás, o grande segredo do sucesso empresarial japonês que tanto tem influenciado os estudiosos ocidentais de administração.

É dessa perspectiva que a motivação – tudo aquilo que é capaz de impelir alguém a determinada forma de comportamento – para o autoaperfeiçoamento é vital no planejamento, na implementação e no acompanhamento de um programa que vise melhorar a qualidade total de um produto ou serviço.

A motivação traduz o princípio que identifica o indivíduo como alguém que nunca está satisfeito consigo mesmo, sempre buscando novas formas (veja o tópico "5.4 Robotização e criatividade no aumento da produtividade") de executar seu trabalho.

Para o gerente participativo, motivar é um instrumento fundamental para persuadir seus liderados, espontaneamente, na consecução dos objetivos da qualidade total da empresa.

5.3.3 Treinamento para a qualidade total

No treinamento para a qualidade total, o gerente da unidade deve proporcionar:

- a especificação das metas da qualidade total que os empregados devem alcançar;
- a aquisição e a absorção, pelo empregado, dos meios necessários para atingir suas metas (procedimentos, técnicas, métodos, processos etc.);
- o desenvolvimento de novos estímulos (fatores de motivação) no treinamento para a qualidade total a ser ministrado à equipe.

Todo programa da qualidade total eficiente deve levar em conta, entre outros, os seguintes pontos:

- qualificação e experiência dos instrutores de TQC;
- vantagens oferecidas pelo programa, aquisição de novos conhecimentos e habilidades no manuseio de máquinas, equipamentos, matérias-primas etc.;
- equipamentos, máquinas, processos, materiais etc. adequados à aplicação do programa da qualidade total;
- estímulo à competição sadia entre as equipes e entre seus membros, tais como prêmios de aumento real da produtividade, diminuição de perdas, de acidentes e de desperdícios.

5.3.4 Diagnóstico organizacional quanto à qualidade total na empresa

Teste

1. Sua empresa adota a qualidade total como parte ativa no planejamento estratégico de suas atividades?
   ( ) Sim. Como isso é feito (resumo)?
   ( ) Não. Por quê? ....
2. A qualidade da empresa envolve todos os trabalhadores?
   ( ) Sim
   ( ) Não. Por quê? ....
3. São realizadas pesquisas junto ao mercado consumidor de produtos/serviços de sua empresa?
   ( ) Sim. Com que frequência?..
   ( ) Não. Por quê? ....
4. Qual é o procedimento da empresa em matéria de reclamações sobre a qualidade de seus produtos e serviços?
   ( ) Serviço de atendimento direto ao consumidor final.
   ( ) Por meio da força de vendas.
   ( ) Distribuidores.
   ( ) Outras formas. Quais? ....
5. As reclamações dos consumidores finais são levadas devidamente em conta, quando procedentes?
   ( ) Sim. Qual é o procedimento adotado (resumo)? ....
   ( ) Não. Que consequências essa atitude pode trazer para a empresa?
   ....

Exercício nº 2

Assunto: Qualidade é assunto prioritário ou não?

Conhecida empresa fabricante de peças para reposição da indústria de refrigeração atravessa crise de identidade com o mercado.

O alto consumo de aparelhos de ar-condicionado tem provocado escassez de peças indispensáveis a seu funcionamento. Com essa situação, a divisão comercial tem recebido inúmeras reclamações sobre a falta de produtos.

A diretoria da empresa, reunida para tratar do assunto com a urgência que o caso requer, encontra-se em um dilema: a divisão industrial não abre mão do controle da qualidade de todas as peças e componentes do produto, e não por simples amostragem representativa; esse procedimento, por sua vez, não contribui para acelerar a produção, mas é decisivo para manter a alta qualidade do produto apresentado ao mercado.

Em sua opinião, qual deve ser a decisão a ser tomada pela diretoria da organização?

5.3.5 Técnicas auxiliares para o TQC

Círculos de Controle da Qualidade (CCQs)

A Sociedade Japonesa de Cientistas e Engenheiros, segundo Peter Engel (1982, p. 26), define os CCQs como "pequenos grupos que põem em execução, por livre e espontânea vontade, as atividades controladoras da qualidade no seu ambiente de trabalho".

Para entender melhor o que é um CCQ, é preciso levar em conta o ambiente cultural, econômico e social onde ele foi desenvolvido, bem como a maneira de pensar e de agir dos japoneses, em que conceitos e a ideias de controle da qualidade são absolutamente naturais e espontâneos, atitude ainda pouco desenvolvida no Ocidente, principalmente no Brasil, a despeito dos esforços pioneiros de algumas empresas.

Assim, podemos desdobrar o conceito anteriormente abordado, dizendo que os CCQs constituem:

> pequenos grupos de empregados que se reúnem, voluntária e periodicamente, obedecendo a uma mesma filosofia e metodologia de trabalho, para estudar temas e situações ligadas às suas áreas de atividade, de comum acordo com as suas chefias. (Petrobras, 1982, p. 2)

Basicamente, o CCQ procura desenvolver em cada participante seu potencial criativo, constituindo um modo de vida e uma filosofia de trabalho, antes de ser uma técnica participativa para aumentar a produtividade e a qualidade das tarefas, produtos e serviços.

A dinâmica de funcionamento de um CCQ pode ser representada conforme mostra a Figura 5.2. No esquema, percebe-se que o programa CCQ é um sistema participativo, no qual os RH disponíveis (equipes motivadas e integradas) devem liberar suas potencialidades tendo em vista a melhoria da produtividade e da qualidade de bens e serviços produzidos; para tanto, é necessário estimular a criatividade e o trabalho cooperativo do grupo.

Entre as principais características ou aspectos que identificam um CCQ eficiente, destacam-se:

- o CCQ é um grupo não muito grande (geralmente entre cinco e dez membros) de participantes, pertencentes a uma área de trabalho;
- a constituição do CCQ é espontânea e de iniciativa dos próprios empregados da empresa;
- as reuniões do CCQ são realizadas durante o expediente de trabalho (aqui há uma resistência muito grande de várias empresas);
- os integrantes do CCQ recebem treinamento especializado antes do início das reuniões;
- preferencialmente, o CCQ analisa problemas relacionados com sua própria área de trabalho;
- CCQ não possui poder de decisão, limitando-se a sugerir alternativas a seu respectivo executivo.

Entre os objetivos ou finalidades do CCQ, ainda conforme a publicação da Petrobras (1986, p. 4-5), merecem citação:

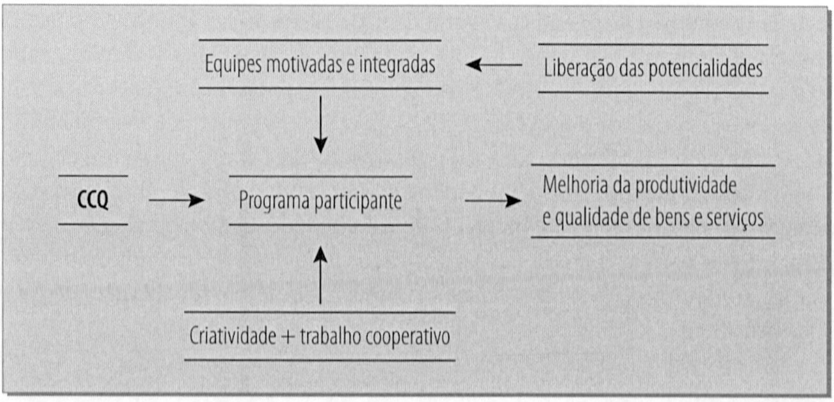

Figura 5.2 – Dinâmica dos fatores básicos que levam ao CCQ.

Objetivos gerais:

- Gerar soluções para melhoria da produtividade e da qualidade de produtos e serviços.
- Auxiliar as chefias na análise e solução de problemas.
- Promover o autodesenvolvimento dos empregados.
- Contribuir para maior competitividade da organização no mercado em que atua.

Objetivos para o empregado:

- Melhorar as condições do trabalho.
- Despertar a criatividade e a inovação.
- Ensinar a trabalhar em equipe.
- Dar oportunidade de participar na solução de problemas de sua área.
- Desenvolver a autorrealização e a autoconfiança.
- Melhorar a qualidade de vida.
- Propiciar maior satisfação no trabalho.

Objetivos para a empresa:

- Melhorar a qualidade de produtos e serviços.
- Otimizar o aproveitamento de recursos.
- Racionalizar métodos, processos e rotinas de trabalho.
- Promover maior integração dos empregados.

A primeira e decisiva fase de introdução do CCQ na empresa é obter a conscientização ("vender" a ideia da técnica) da cúpula da organização, sem o que o empreendimento será um fracasso. É quando nos encontramos em condições de implantar o CCQ na instituição.

A Figura 5.3 procura esquematizar as várias etapas de implantação do CCQ. A etapa mais demorada é quando o CCQ precisa conquistar toda a empresa, nos seus mais variados escalões hierárquicos e áreas de atuação.

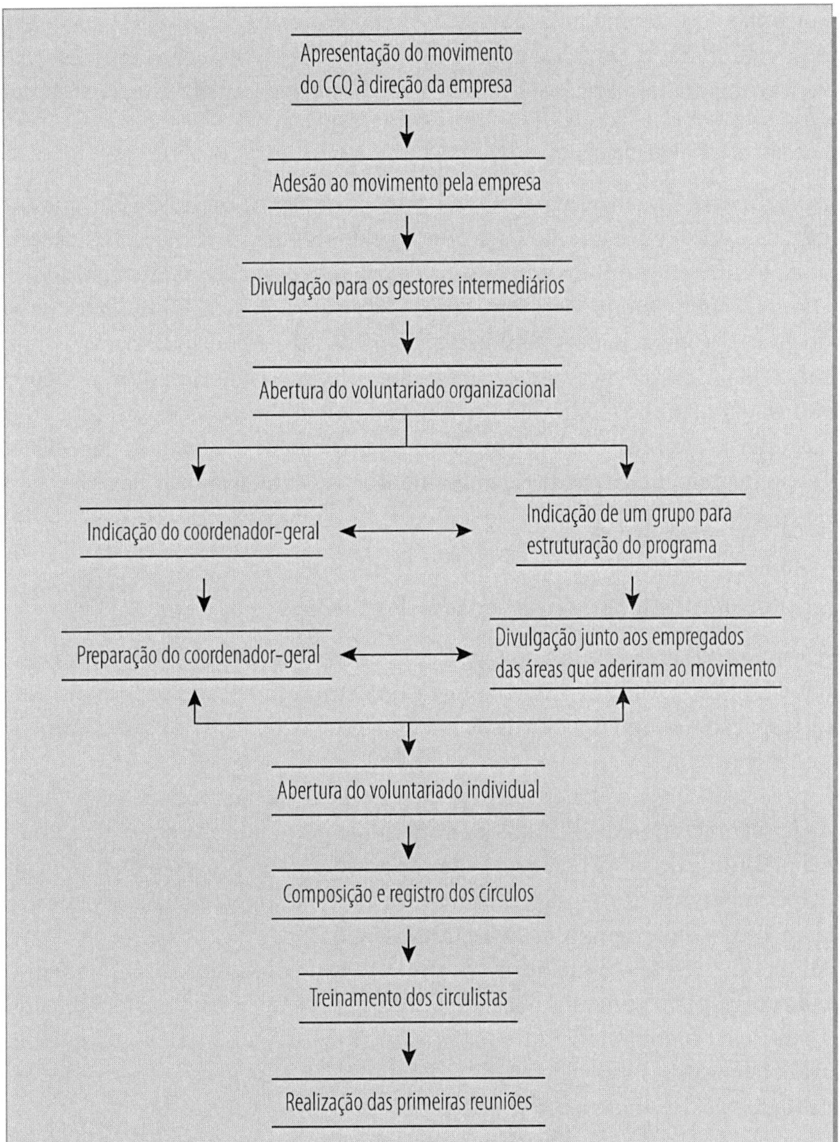

Figura 5.3 – Etapas de implantação do CCQ.

Fonte: Abreu, 1987, p. 76.

Depois vem a etapa de divulgação do CCQ para os supervisores (gerentes intermediários que se situam entre o pessoal de operações e a gerência da unidade). Esse segmento é de vital importância em matéria de credibilidade do sistema de CCQ. São os gerentes bilíngues, que falam a língua tanto dos empregados dos níveis de execução quanto à língua de interesses da direção, ou seja, são eles os intelectuais orgânicos.

Por fim, a fase de implantação do CCQ propriamente dita diz respeito à abertura do voluntariado entre os empregados da empresa, onde, em reuniões especialmente preparadas para esse fim, são eleitos coordenadores e líderes de grupos.

Sistema *Just in Time* (no momento certo)

O *Just in Time* (JIT), também conhecido como "sistema de produção estoque zero", é uma técnica de administração da produção e dos materiais que visa, basicamente, produzir e entregar produtos acabados no momento certo de serem vendidos.

O *Just in Time* é muito mais uma filosofia que uma técnica. Os modelos de gestão do processo operacional e administrativo, mediante bases de qualidade, melhoria contínua de processos, pessoas, organização, rotinas e planejamentos, podem ser aplicados aos diferentes órgãos da instituição. Além desses aspectos, tem-se observado que os gestores, também, mudaram a maneira de conduzir as negociações.

O sistema tem, por base de funcionamento, três características básicas:

- integração e otimização;
- melhoria contínua;
- identificar e satisfazer às necessidades dos clientes.

A primeira característica – integração e otimização – procura minimizar ou mesmo eliminar partes do processo que se mostrem inúteis ou supérfluas: retrabalho, inspeção e estoques, tanto os de matéria-prima quanto os da fase do processo em andamento.

É importante que no planejamento e na concepção de um produto novo ou aperfeiçoado sejam eliminadas as funções inúteis que porventura venham a figurar na cadeia produtiva de suprimentos. Há de se considerar, no processo de produção, a participação ativa de fornecedores, em todas as etapas operacionais, procurando-se, com isso, reduzir tempo, custos e desperdícios.

No que diz respeito à melhoria contínua, segunda característica, também conhecida por *Kaizen*, podemos observar o interesse por sistemas que tenham como foco o avanço ou progresso tanto nos processos de execução quanto da qualificação de colaboradores indicados para o desempenho de ações, métodos e técnicas na elaboração e desenvolvimento de suas tarefas.

Uma das vantagens que observamos na aplicação das práticas da melhoria contínua se refere ao surgimento de potencialidades e aos aspectos não somente de envolvimento, mas também de comprometimento dos componentes de diferentes grupos de trabalho, apoiados em um sentimento de certeza, lucidez e probidade em todos os momentos de convivência profissional.

A terceira característica tem por objetivo identificar e satisfazer clientes em suas necessidades, em termos de qualidade, prazo de entrega, desempenho e custo. Isso implica comprometer fornecedores e distribuidores também nos mesmos moldes que a indústria de transformação está comprometida, uma vez que o conjunto se constitui uma cadeia produtiva.

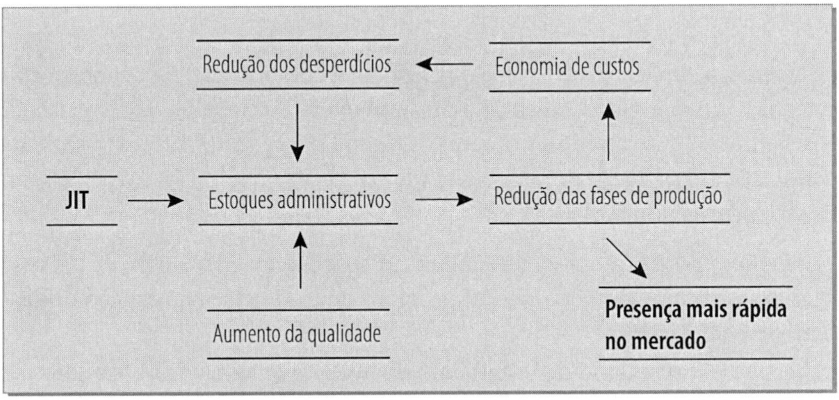

Figura 5.4 – Fluxograma do sistema JIT. Utilizado originalmente pela montadora do automóvel Toyota, o JIT é um processo que tem por objetivo eliminar desperdícios na linha de produção.

Tecnicamente falando, de acordo com Mario Sérgio Salerno (1988, p. 191), o JIT significa que, na:

> montagem de um produto, as necessárias submontagens (subconjuntos) precedentes devem chegar à linha no momento necessário à montagem e na quantidade necessária. Dentro dessa lógica, procura-se produzir somente o que terá utilização imediata, com lotes menores tanto quanto possível.

Em termos de administração da produção, o êxito do JIT está relacionado com a diminuição dos estoques, com reflexos na crescente diminuição dos tempos do ciclo de fabricação. Com isso, aumenta a flexibilidade do processo produtivo, possibilitando melhor e mais rápido atendimento ao mercado, conforme mostra a Figura 5.4.

Embora dirigido inicialmente ao controle da produção pelo uso do *Kanban* como instrumento de controle, o JIT é bastante flexível, permitindo sua aplicação em diferentes áreas de controle de qualidade, compras, arrumação de máquinas e equipamentos, processos de produção, padronização de processos, manutenção e outras, em busca de melhores resultados nos processos produtivos, independentemente se de pequeno, médio ou grande porte seja a empresa.

Uma das características do JIT consiste no que se pode chamar *produção por demanda* ou *produção puxada*, na qual a produção é, inicialmente, vendida para, na sequência, solicitar o material necessário à utilização, evitando, portanto, o desperdício, comprando a matéria-prima e, em seguida, fabricando ou montando o produto final. Com isso, vê-se que o sistema é completamente avesso à *produção empurrada*, no qual os estoques se acumulam, representando custos tanto de espaços quanto de condições adequadas para manutenção.

JIT na área administrativa

Não é apenas na área industrial que o JIT pode ser empregado com sucesso como uma técnica auxiliar para aumentar a produtividade no trabalho. Há experiências bem-sucedidas, conforme aponta Samuel Cogan (1989) de utilização dessa técnica em empresas de prestação de serviços como bancos, seguradoras, corretoras, hospitais etc., proporcionando:

- *benefícios diretos:* obtém-se diretamente a redução de 20% a 60% de processamento no volume de documentos, número de transações, no espaço utilizado e no pessoal;
- *benefícios indiretos:* obtêm-se aumento do nível de qualidade dos produtos/serviços, melhor imagem do produto/empresa, controle gerencial mais forte, maior satisfação e fidelidade do cliente.

O JIT e o mercado consumidor

Como se pode deduzir, o JIT é uma técnica que se manifesta, principalmente, em uma economia de mercado na qual a luta pela conquista do consumidor se torna difícil e exige muita persistência e imaginação do empresário.

Em face da dinâmica do mercado, com os desejos e as necessidades do consumidor em permanente mudança, o JIT busca dar uma resposta rápida às flutuações desse mercado, associando a essa estratégia um elevado padrão de qualidade e custos reduzidos de produtos/serviços.

É importante destacar que clientes são como alvos móveis, ou seja, sempre mudando de posição.

Princípios básicos do JIT

No entender de José Antonio Valle Antunes Jr. (Antunes Jr., Kuemann e Fensterseifer, 1989, p. 54), um exame mais atento dos princípios do JIT, a seguir relacionados, indica acentuada tendência à gerência compartilhada no processo, ou seja:

- mudanças na mentalidade da alta e média administrações, buscando a utilização da gerência por consenso;

- propiciar maior participação dos trabalhadores em geral;
- delegação de maiores responsabilidades (a todos os níveis);
- criação de um programa de motivação (do tipo CCQ, por exemplo);
- desenvolvimento de um programa de estabilidade no emprego para algumas funções julgadas essenciais para o bom andamento das atividades da empresa.

Assimilados e praticados esses princípios, a empresa terá maior facilidade para implantar o JIT na gestão de seu processo produtivo ou administrativo.

Uma das maiores dificuldades na implantação do JIT em inúmeras empresas reside na administração por consenso, uma vez que elas apresentam resistências a esse tipo de gestão.

Método Refa

A Refa (sigla em alemão para Associação para o Estudo do Trabalho e a Organização Empresarial) é uma instituição alemã que desenvolveu um método próprio, funcionando como se fosse um curso inicial para engenheiros, técnicos e outros profissionais interessados em aperfeiçoar seus métodos de gestão.

Implantado no Brasil em 1984, a Refa é uma entidade sem fins lucrativos que se dedica ao estudo dos métodos de administração da produção e que podem ser adaptados, perfeitamente, às demais áreas da empresa.

A entidade conta, entre seus associados, com empresas do porte da Volkswagen, Bosch, Mangels, Hoechst, Diehl e Rolamentos Schaeffer, e promove cursos voltados para métodos, tempos e movimentos (MTM), ergonomia, estruturação de postos de trabalho, cronoanálise, treinamentos e desenhos técnicos entre outros.

Principais características do método Refa

Como seus seguidores costumam enfatizar, a Refa não traz um sistema novo e muito menos revolucionário. Como diz Álvaro Ribeiro, gerente de treinamento da empresa Rolamentos Schaeffer, na revista *Exame* (1988, p. 97), a "metodologia Refa é uma espécie de acervo cumulativo das técnicas administrativas desenvolvidas em décadas de experiências".

Suas principais características, segundo Ribeiro, são:

- a filosofia básica da Refa é fazer bem as coisas simples antes de partir para os métodos mais modernos, como *Just in Time* e o *Kanban*;
- os operários deixam de ser meros apertadores de botões. Devem saber o que é um programa de produção, corrigir uma ferramenta e controlar a qualidade;
- seus principais objetivos são o desenvolvimento, a aplicação e a divulgação de experiências empresariais, com ênfase na produtividade e na humanização do trabalho;
- a entidade está aberta a profissionais de todos os níveis e categorias, mantendo cursos de reciclagem e especialização;

- seus métodos não se contrapõem aos japoneses, mas são tão eficientes quanto eles. Na Mangels, sua adoção provocou um aumento de 20% na produtividade, em dois anos;
- o treinamento dos funcionários é intensivo. Na Rolamentos Schaeffer, por exemplo, cada empregado recebeu, em média, 380 horas de treinamento, naquela ocasião, nos últimos três anos.

5.3.6 Prêmios de incentivo à qualidade

Prêmio Nacional da Qualidade

Desde 1992, as empresas brasileiras que optaram pelo caminho da qualidade e produtividade dispõem de um importante estímulo em sua travessia rumo a modernização e excelência. Trata-se do Prêmio Nacional de Qualidade (PNQ), inspirado nos prêmios Deming, do Japão, e no Malcolm Baldridge, dos Estados Unidos.

O PNQ visa premiar anualmente as empresas que mais se destacaram na gestão da qualidade e da produtividade, em três categorias: indústrias, serviços e pequenas empresas. Para organizá-lo e administrá-lo, um grupo de 39 empresas e entidades empresariais criou a Fundação Prêmio Nacional de Qualidade, desvinculada de qualquer entidade oficial (www.fnq.org.br).

São dois os objetivos básicos que norteiam o PNQ:

- trazer referenciais de excelência na prática da gestão da qualidade e da produtividade das empresas;
- divulgar mecanismos da qualidade e da produtividade, que podem ser seguidos por outras empresas (processo *benchmarking*).

Certificação ISO 9000

A International Organization of Standartization (ISO), com sede em Genebra, na Suíça – ligada ao Comitê Técnico 176, responsável pelos trabalhos de garantia da qualidade e gestão da qualidade da ISO –, é o organismo que estabelece os padrões internacionais de trabalho nas empresas.

Desde 1987, foi criada uma série de normas, conhecidas como ISO 9000, que deram origem ao que se chama Sistema de Gestão de Qualidade. A ISO 9001 contém os requisitos aplicáveis à certificação de quaisquer tipos de organização. A versão 2008 fundiu os três tipos da versão 2004, que eram a ISO 9001, ISO 9002 e ISO 9003.

A ISO 9000, que muitas pessoas acreditam tratar-se do nome de um certificado da qualidade, na verdade, apenas estabelece orientações básicas para a correta seleção do uso das normas da série 9000. É sempre importante lembrar que essas normas não dizem respeito ao produto final, mas sim ao sistema de gerenciamento da produção e, principalmente, ao atendimento das exigências do cliente. Pode-se obter certificação de sistemas, processos e produtos (linhas de produção). A versão 2008 é mais focada em gestão de processos. No site do Inmetro (www.inmetro.gov.br), pode-se ver a evolução do número de certificações pelo mundo e, particularmente, no Brasil, bem como o número de Organismos de Certificação Credenciados (OCCs).

5.4 Robotização e criatividade no aumento da produtividade

Somente quando ocorre uma combinação perfeita entre o desenvolvimento de novas tecnologias e de fatores institucionais e sociais surgirá então uma ótima oportunidade para o crescimento econômico.
Henrique Rattner, da Faculdade de Economia da USP

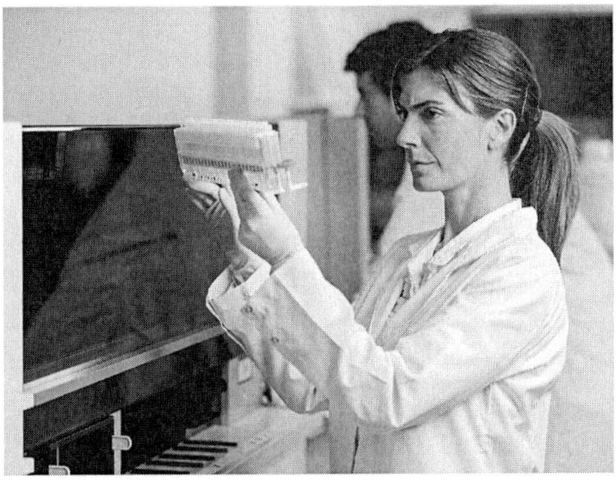

O processo de automação tem influência decisiva no aumento da produtividade do trabalho. Por isso, a Constituição de 1988, em seu artigo 7º, inciso XXVII, instituiu a obrigatoriedade da proteção ao trabalhador em face da automação, remetendo para a legislação complementar a definição legal que servirá de parâmetro para orientar as relações de trabalho em matéria de automação.

A automação envolve a introdução e aperfeiçoamento de novas tecnologias aplicadas à produção manufatureira em série e em lotes. Tais avanços constituem suportes técnico-científicos aos recursos e instrumentos de trabalho, dando-se então a automação, que é administrada pela informatização.

Por outro lado, a automação não significa, simplesmente, trocar uma máquina ou equipamento convencional por outro de comando numérico, mas sim criar e possibilitar sistemas integrados flexíveis de produção, as denominadas "fábricas integradas por computadores" ou "fábricas automatizadas".

Na definição do *Novo Dicionário da Língua Portuguesa*, a automação é o "sistema automático de controle, pelo qual os mecanismos verificam seu próprio funcionamento, efetuando medições e introduzindo correções, sem interferência do homem".

Claro está que o sistema automático só é viável quando programado pelo homem. Portanto, a expressão "sem interferência do homem" aplica-se quando o sistema automático funciona, normalmente, conforme programado antes. Dessa forma, toda anomalia não programada exige a interferência do operador.

A Figura 5.5 mostra, de acordo com Robert N. Lehrer (1982), uma unidade simples de transformação e uma operação humana controlada. Já o esquema da Figura 5.6 mostra, segundo o mesmo autor, a substituição do operador humano pela unidade de controle automático de percepção, avaliação e direção, indicando o conceito de automação.

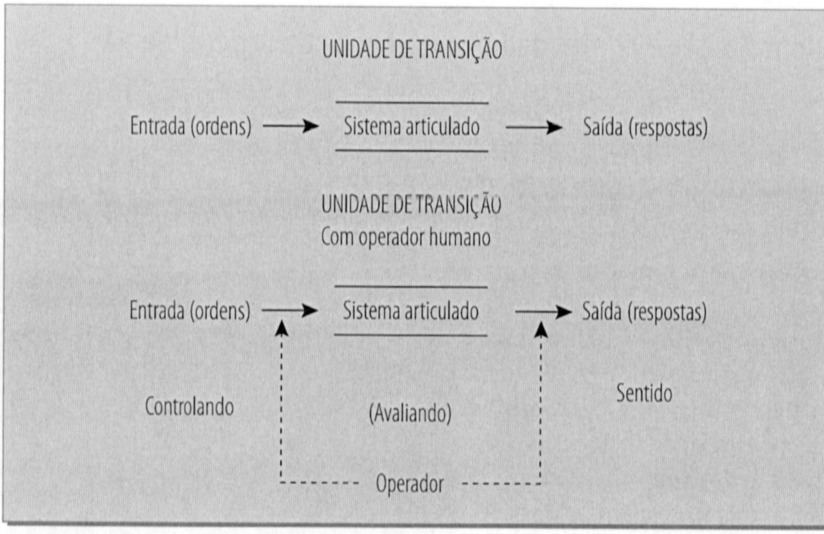

Figura 5.5 – Unidade simples de transição, com acréscimo do operador humano para formar uma alça.
Fonte: Lehrer (1982, p. 66).

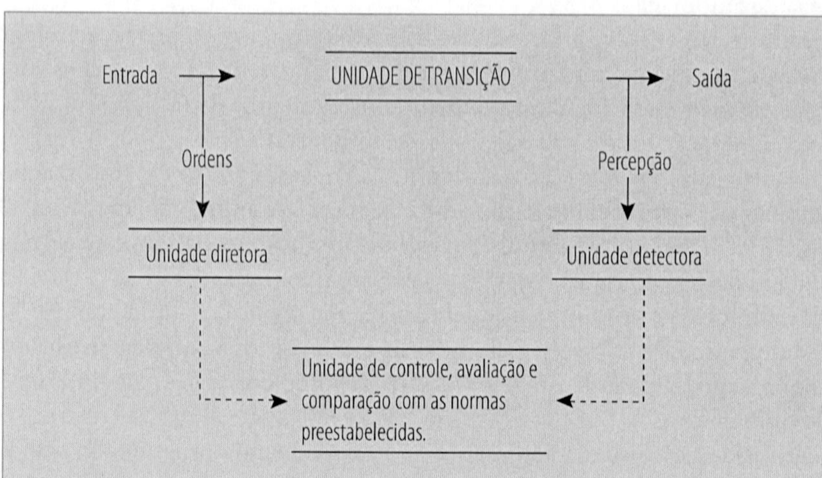

Figura 5.6 – Conceito de automação, alterando a figura do operador humano.
Fonte: Lehrer (1982, p. 67).

5.4.1 Reflexos da robotização sobre os Recursos Humanos

O emprego de novas tecnologias tem particular influência sobre alguns aspectos relacionados com a área de RH da empresa. Veja-os a seguir.

Reestruturação do perfil de qualificação profissional

Descrevendo os reflexos da introdução de novas tecnologias no parque manufatureiro do Brasil, no período de 1985 a 1986, a pesquisadora Nair Heloísa Bicalho de Souza (1988, p. 124), do Centro de Estudos da Cultura Contemporânea (Cedec), detectou os seguintes problemas:

- a padronização do trabalho vem esvaziando o papel substantivo do operário profissionalizado na produção;
- a utilização de métodos para avaliar o tempo de trabalho em cada posto tem ocasionado a aglutinação de funções diferentes, exigindo maior esforço físico dos operários;
- o ritmo intenso da linha é motivo de preocupação generalizada. Se algumas condições de trabalho são aprimoradas, por outro lado, a necessidade de acompanhar a cadência ritmada dos novos automatismos tem provocado o descontentamento dos trabalhadores.
- diante da nova postura do trabalho, ainda segundo Souza (1988), em face da automação como fator de incremento da produtividade empresarial, a empresa necessita buscar respostas atualizadas e pertinentes à questão central: "qual deve ser a política de RH – recrutamento, seleção, treinamento, avaliação de desempenho etc. – mais condizente em face da modernização tecnológica de nosso parque industrial?".

Os critérios de recrutamento e seleção de novos candidatos devem ser revistos à luz do avanço tecnológico, com o surgimento de máquinas, equipamentos e sistemas automatizados.

De sua parte, os programas de treinamento e reciclagem profissionais necessitam levar em conta, prioritariamente, os desafios impostos pela tecnologia, dando suporte técnico e científico aos parceiros tendo em vista o aumento da produtividade do trabalho.

Por fim, cabe à função que realiza avaliação de desempenho empregar métodos e técnicas atualizados para mensurar o rendimento do colaborador à luz do treinamento recebido.

Revisão da política salarial

Buscando tornar as empresas mais competitivas, a automação também influencia sobremaneira a política salarial, já que seus funcionários passam a operar máquinas, equipamentos e sistemas que exigem novos conhecimentos e habilidades, e, como consequência, são mais bem remunerados.

Condições de trabalho

A reestruturação do sistema produtivo e o desafio da necessidade de inovações tecnológicas e mudanças no processo de trabalho e da produção trazem problemas ambientais e psicológicos ao local de trabalho. Estes devem ser enfrentados de comum acordo entre a gerência participativa e os empregados.

Resumindo, podemos representar o processo de automação e seus reflexos conforme a figura a seguir.

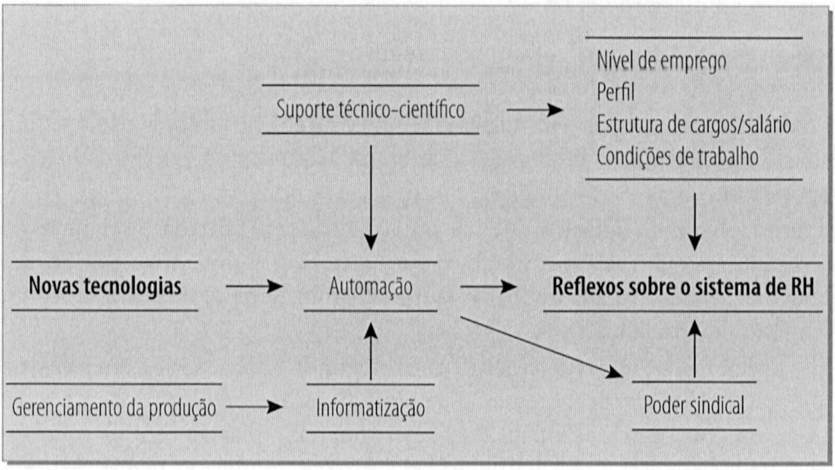

Figura 5.7 – Fluxograma mostrando a influência da automação na empresa.

Exercício nº 3

Assunto: Introdução de linhas automatizadas de produção

Indústria de tamanho médio, produtora de peças sobressalentes para veículos automotores, está introduzindo máquinas e equipamentos automatizados em sua fábrica localizada em São Bernardo do Campo, São Paulo.

Acontece que a introdução desses equipamentos ocasionará a demissão de 65 operários (10% do total) da fábrica. Em face dessa situação, o Sindicato dos Metalúrgicos, aos quais os trabalhadores estão ligados, ameaça provocar uma greve geral na região, caso as demissões se confirmem.

A empresa, por sua vez, diz que necessita introduzir modificações tecnológicas em sua linha de montagem para se tornar mais competitiva no mercado.

Já o Sindicato alega que, com base em estudos feitos por seus assessores, os 65 operários poderiam perfeitamente ser remanejados para outras áreas da empresa sem aumentar seus custos de produção.

Em sua opinião, como deveria ser resolvido esse impasse?

5.4.2 Aumento da produtividade pela criatividade

> O nosso pensamento é pré-impresso em nosso cérebro, onde existem verdadeiros "programas" inatos e/ou adquiridos que nos condicionam a pensar, entender e até perceber de certa forma.
> *Edward De Bono, psiquiatra inglês*

O tema "criatividade" exerce uma grande atração nos círculos políticos, econômicos, psicológicos, educacionais e sociais. Entretanto, apesar de uma literatura razoavelmente numerosa, o processo não é fácil de conceituar e entender.

Assim, para ser criativo não significa que o indivíduo tenha de ser um "lunático", excêntrico, "diferente", bem como é sem propósito analisar criatividade somente de determinado ângulo, por exemplo, rapidez mental. Nesse sentido, escolher um desenho ou uma composição, rotulando-os de "criativos" por serem "diferentes" é, no mínimo, utilizar um critério deformado na graduação da criatividade.

De forma bem simplificada, podemos dizer que a criatividade é um processo mental e emocional que possibilita a produção de algo novo e adequado.

O que quer dizer produzir algo novo e adequado? Quando se fala em criar alguma coisa, sempre associamos o ato de criar a algo grandioso, de significado expressivo. Contudo, criamos coisas menores no dia a dia, por exemplo, o arranjo estratégico de móveis feito pela dona de casa ou o professor que busca novos critérios específicos de avaliação de seus alunos.

Dessa maneira, pode-se dizer que todos nós, em maior ou menor grau, dispomos de certo potencial criativo. Claro que em certas profissões – vendedores, artistas, publicitários etc. – as pessoas são levadas a criar maiores oportunidades para manifestações originais do que em outras.

Basicamente, a criatividade envolve três aspectos interdependentes: conhecimento, imaginação e criatividade (Figura 5.8).

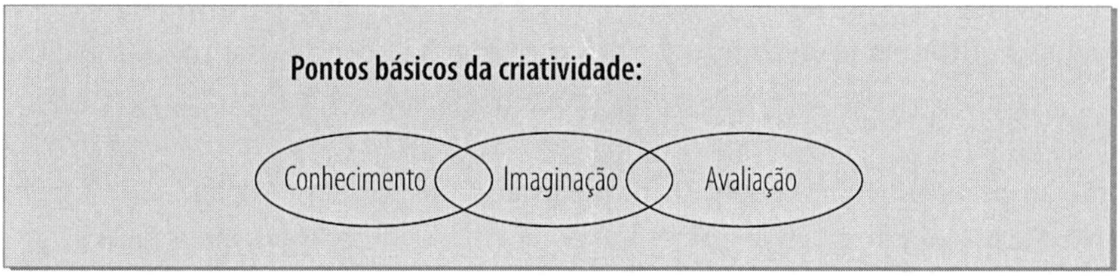

Figura 5.8 – Pontos básicos da criatividade.

Fonte: Lúcia Rito (1989).

Ilustrando como funciona essa trilogia, a pesquisadora norte-americana Ruth Noller, segundo Lúcia Rito (1989), vem desenvolvendo novas técnicas para solucionar problemas de forma criativa, utilizando a figura do caleidoscópio:

Os fragmentos coloridos representam a coleção de vivências pessoais ou conhecimento. A imaginação consiste no ato de girar o tambor do caleidoscópio. As formas que vão surgindo simbolizam as novas relações possíveis entre as informações disponíveis no arquivo pessoal. Em geral, para-se de girar o tambor quando se encontra um desenho que agrada. Isso é o resultado da avaliação que permite ao observador do caleidoscópio saber quando foi alcançado o objetivo da criatividade. É claro que sempre pode haver uma forma melhor. Porém, naquele momento, ele encontrou uma que parece perfeita.

5.4.3 Incentivo à criatividade

Entre as características que levam o indivíduo a tornar-se criativo, destacam-se:

- adquirir comportamento divergente;
- ser flexível e original;
- adaptar-se a novas situações;
- estar disposto aos riscos;
- recordar, reter e relembrar experiências;
- discernir e observar.

Características do comportamento

O comportamento convergente – estar preso a padrões estabelecidos e ao convencional – constitui um dos empecilhos à criatividade, inibindo a expressão do comportamento criativo.

Já o chamado comportamento divergente é criativo no sentido de que se podem criar novas respostas para solução de problemas ou de situações, ou seja, "inventa-se uma saída", como no jogo com as palavras.

Flexibilidade e originalidade

Por não conformar-se com o convencional, o indivíduo criativo é suficientemente flexível e original na apresentação de suas ideias, buscando assimilar, relacionar e aplicar conceitos, estratégias e programas na solução de casos difíceis de serem analisados.

Não se deve, entretanto, confundir originalidade com excentricidade. A pessoa criativa é original não porque quer apenas ser diferente, mas porque pensa e age de forma diversa ao encarar determinado problema ou situação.

Adaptação às novas situações

O indivíduo criativo, não tendo preconceitos contra novas formas de pensar e de agir, possui imensa capacidade de adaptar-se às situações, superando eventuais conflitos de ideias e de posturas.

É difícil para a pessoa acostumada e presa a conceitos tradicionais identificar-se com o novo, o antitradicional e o moderno.

Já o indivíduo que possui a capacidade de adaptar-se às mudanças – conquistas técnicas, sociais, políticas e econômicas – consegue mais facilmente criar novas soluções para resolver problemas já existentes.

Predisposição aos riscos

O comportamento criativo pressupõe, por parte do indivíduo, uma disposição para enfrentar eventuais riscos e incertezas oriundas de novas experiências e soluções de problemas e situações.

Recordar, reter e relembrar experiências

As pessoas criativas possuem uma capacidade incomum para recordar, reter e relembrar prontamente as experiências já vividas anteriormente, contribuindo bastante para formularem novas ideias e sugestões em termos de criatividade.

Discernimento e observação

Por sua própria natureza, o indivíduo criativo é mentalmente alerta, capaz de prontamente concentrar sua atenção, desviando-a quando para isso a situação o exigir.

Todas essas características abordadas anteriormente devem ser cultivadas de forma interdependente pelo indivíduo com potencial criativo, entrando logo em combinação uns com os outros.

É preciso levar em conta que, no processo criativo, a novidade, por si só, não torna um ato criador. Assim, além de novo, o comportamento criativo precisa ser adequado. Como o ato criador constitui uma resposta a determinado problema ou situação, deve resolver ou pelo menos tornar clara a situação que o fez manifestar-se.

5.4.4 Modelo do pensamento criativo

O livro *Applied imagination* [Imaginação aplicada] de Alex F. Osborn, publicado em 1953, em Nova York, ainda é um dos trabalhos mais utilizados sobre a prática do pensamento criativo. O resultado dessa obra é vista na aplicação do que conhecemos por *brainstorming*, um processo que facilita a criação de ideias para a resolução de problemas.

O modelo proposto por Osborn é constituído por sete etapas, baseando-se nos sistemas lógicos de resolver problemas. Começa por definir o problema a ser analisado e termina com a avaliação das soluções propostas para resolver o problema. As etapas intermediárias de Osborn compõem, justamente, o mecanismo para estimular a criatividade. O modelo pode ser empregado, com êxito, na solução criativa de qualquer problema de trabalho.

5.4.5 Criatividade e diagnóstico organizacional

Teste

1. Sua empresa estimula a formação de grupos de criatividade?
   ( ) Sim. Como isso é feito (resumo)? ....
   ( ) Não. Por quê?...
2. Essas reuniões são promovidas por meio de:
   ( ) CCQs.
   ( ) *Brainstorming*.
   ( ) Encontros durante o expediente.
   ( ) Outras formas. Quais? ....
3. Quais são os fatores mais relevantes para a criação de grupos de criatividade na empresa?
   ( ) Reclamações do mercado consumidor.
   ( ) Solução de problemas internos.
   ( ) Qualidade e produtividade de bens e serviços.
   ( ) Problemas de ordem pessoal: nível de reclamações, conflitos entre funcionários etc.
   ( ) Melhoria dos métodos e técnicas de trabalho.
   ( ) Melhoria e/ou criação de novos produtos e serviços.
   ( ) Outros fatores.
4. Os participantes de grupos de criatividade são oriundos de uma mesma área profissional?
   ( ) Sim. Como é feita a escolha desses funcionários?
5. A empresa, dentro de certos critérios de viabilidade, adequação e custo, adota as ideias produzidas pelos grupos de criatividade?
   ( ) Sim. Qual tem sido o índice de aproveitamento, na prática, dessas ideias?
   ....
6. A alta administração e os gerentes de áreas estimulam e apoiam os grupos de criatividade, melhorando as ideias originais, oferecendo incentivo e enfatizando os aspectos positivos do projeto?
   ( ) Sim.
   ( ) Não. Por quê?...

Questionário de autoavaliação

Veja o gabarito ao final deste capítulo.

1. Para que a empresa cresça de modo racional, deve concentrar seus esforços em três áreas simultaneamente: ...., qualidade e preparação de .... Contudo, é ainda muito grande o número de empresas brasileiras que ainda não se conscientizou da real importância da .... e produtividade.

2. Qual é a figura central de todo o processo de TQC?

   Resposta: ....

3. Mesmo a gerência centralizadora pode desenvolver um bom programa da qualidade total.

   ( ) Sim ( ) Não

4. A técnica de administrar a produção que visa fabricar e entregar bens acabados no momento certo de serem vendidos denomina-se:

   ( ) a. CCQ ( ) b. *Just in Time*

   ( ) c. Refa ( ) d. TQC

5. A reestruturação do sistema produtivo e o desafio da necessidade de inovações .... e mudanças no processo de trabalho e da produção trazem problemas ambientais e .... ao local de trabalho. Eles devem ser enfrentados de comum acordo entre a gerência .... e os empregados.

6. Basicamente, a criatividade envolve três aspectos interdependentes. Os dois primeiros são: conhecimento e imaginação. Qual é o terceiro?

   Resposta: ....

7. O CCQ é um grupo não muito grande (geralmente entre cinco e dez participantes), em que seus membros pertencem a uma única área de trabalho.

   ( ) Sim ( ) Não

8. O "chamado rendimento da empresa" fundamenta-se, em primeiro lugar:

   ( ) a. no aperfeiçoamento tecnológico.

   ( ) b. na administração de estoques.

   ( ) c. no trabalho humano.

   ( ) d. na seleção de matérias-primas.

9. "Sentir-se .... e preocupado por problemas que está enfrentando na empresa" constitui uma das principais causas da.. produtividade do trabalho.

10. Quem é o autor de um dos princípios básicos de qualidade: "Elimine o medo, de tal forma que todos trabalhem de modo eficaz para a empresa"?

    Resposta: ....

5.5 Considerações finais

O texto nos proporcionou um panorama sobre o processo de produtividade e qualidade, possibilitando uma compreensão a respeito da dimensão e da profundidade que o assunto traz em seu interior.

Enfatizamos que o resultado das pesquisas feitas por inúmeros estudiosos, ao longo de várias décadas, nos deu um conjunto extremamente valioso de conhecimentos e ferramentas que tanto facilitam a produtividade como promovem a qualidade e que não pode de modo algum ser desprezado, pois a empresa ao não se apropriar de seus princípios corre o risco de perder a capacidade de alcançar o sucesso esperado.

A ampliação do conhecimento referente aos assuntos abordados permitirá que os leitores tenham uma oportunidade de atuação altamente positiva e de destaque junto ao quadro funcional.

Apresentamos as causas de baixa produtividade, bem como os fatores que a fazem crescer. Além disso, tratamos da gestão participativa como elemento significativo na obtenção dos melhores resultados, envolvendo colaboradores, empresas e parceiros comerciais, e das figuras da motivação e do treinamento como impulsores junto às ferramentas que auxiliam a se chegar à qualidade total.

Foram apresentadas ainda a automação e a criatividade como fatores que apoiam a melhoria e o aumento da produtividade, além da aplicação do modelo de pensamento criativo.

Gabarito

Gabarito do Exercício nº 1 – Teste de Competitividade

1 a. 15
  b. 10
  c. 5

2. a. 2
   b. 10
   c. 5

3. a. 10
   b. 15
   c. 20

4. a. 15
   b. 10
   c. 5

5. a. 5
   b. 10
   c. 15

6. a. 10
   b. 15
   c. 5

7. a. 10
   b. 5
   c. 2

8. a. 10
   b. 15
   c. 20

9. a. 20
   b. 15
   c. 10

10. a. 5
    b. 10
    c. 2

Se a soma dos pontos alcançados for maior que 141, parabéns. Sua empresa é excelente. Se você atingiu de 111 a 140 pontos, está bom, mas precisa melhorar. Se você conseguiu de 81 a 110 pontos, cuidado. É preciso melhorar e muito. Se você fez 80 pontos ou menos, pode contratar um advogado competente, pois sua empresa irá à falência mais cedo ou mais tarde.

Gabarito do questionário de autoavaliação

1. Produtividade... recursos humanos/empregados/funcionários/pessoal etc. ... qualidade.
2. Consumidor de bens e serviços.
3. Não.
4. Alternativa b.
5. Tecnológicas... psicológicas... participativa/compartilhada.
6. Avaliação.
7. Sim.
8. Alternativa c.
9. Deprimido... fora... baixa/queda.
10. Edwards W. Deming.

Referências bibliográficas

ABREU, R. C. L. de. *Círculos de controle de qualidade*. Edição do autor com patrocínio da Petrobras. Rio de Janeiro: Qualitymark, 1987.

ALVAREZ-BALLESTEROS, M. E. *Administração da qualidade e produtividade*: abordagens do processo administrativo. São Paulo: Atlas, 2001.

ANTUNES JR., J. A. V.; KUEMANN, F. J.; FENSTERSEIFER, J. E. Considerações sobre a evolução das filosofias de administração da produção. *Revista de Administração de Empresas da Fundação Getulio Vargas*, São Paulo, v. 29, n. 3, jul.-set. 1989.

BRUCE, C. A.; HERBERT, M. S. Driven by demand: a case study. *Supply Chain Management Review*, 1º jan. 2002.

CARVALHO, M. F. H., *Medidas de desempenho em cadeias produtivas*. Programa de Pós-Graduação em Administração da Universidade Paulista – Unip, 2005.

CERQUEIRA NETO, E. P. *Gestão da qualidade*: princípios e métodos. São Paulo: Pioneira, 1991.

CHASE, R. B. *Administração da produção para a vantagem competitiva*. 10. ed. Porto Alegre: Bookman, 2006.

COGAN, S. *Jornal do Brasil*, seção Administração, Custos e preços, 16 ago. 89.

CORRÊA, L. H.; GIANESI, I. G. N. *Just in Time, MRPII e OPT*: um enfoque estratégico. 2. ed. São Paulo: Atlas, 1993.

DEMING, E. W. *Qualidade*: a revolução na administração. Trad. Clave Comunicações e Recursos Humanos Ltda. São Paulo: Saraiva, 1990.

ENGEL, P. *Princípios de organização japonesa*: melhor produtividade pelo círculo de qualidade. Rio de Janeiro: Ediouro, 1982.

EXAME, 18 nov. 1988.

FARIA, M. N. *Organização do trabalho*. São Paulo: Atlas, 1984.

FERREIRA, A. A.; REIS, A. C.; PEREIRA, M. I. *Gestão empresarial*: de Taylor aos nossos dias – evolução e tendências da moderna administração de empresas. São Paulo: Pioneira Thomson Learning, 1997.

FERREIRA, A. B. de H. *Novo dicionário da língua portuguesa*. 3. ed. Curitiba: Positivo, 2004.

FOURASTIÉ, J. *La Productividad*. Barcelona: Editora Dirección y Productividad, 1956.

HARRINGTON, J. H. *O processo de aperfeiçoamento*. Trad. Jodon Eng. Const. e Repres. S/C Ltda. São Paulo: McGraw-Hill, 1988.

LEE, S. M.; PAEK, J. H. An enlarged JIT program: its impact on JIT implementation and performance of the production system. *Production Planning and Control*, v. 6, n. 2, p. 185-191, 1995.

LEHRER, R. N. *Simplificação do trabalho*. Trad. Joaquim Gersário Figueiredo. São Paulo: Ibrasa, 1982.

LIKER, J. K. *O modelo Toyota*: 14 princípios de gestão do maior fabricante do mundo. Porto Alegre: Bookman, 2005.

LÓPEZ, E. M. y. *Factores psicológicos de la productividad*. Buenos Aires: El Afonso, 1971.

MOTTA, F. C. P.; CALDAS, M. P. *Cultura organizacional e cultura brasileira*. São Paulo: Atlas, 1975.

NASCIMENTO, L. P. do. *Elaboração de projetos de pesquisa*. São Paulo: Cengage, 2011.

OSBORN, Alex F. *Applied imagination*. Nova York: Bensbooksma, 1953.

PETROBRAS. *CCQ* – A Petrobras explica para você. Rio de Janeiro: Petrobras, 1986.

POZO, H. *Administração de recursos materiais e patrimoniais*: uma abordagem logística. 3 ed. São Paulo: Atlas, 2004.

RIEDEL, J. *La formación para el trabajo en la empresa*. Madri: Rialp, 1975.

RITO, Lúcia. Palestra aborda criatividade. *Jornal do Brasil*, Rio de Janeiro, 14 dez. 1989.

SALERNO, M. S. Produção, trabalho e participação: CCQ e Kanban numa nova imigração japonesa. In: FLEURY, M. T. L.; FISCHER, R. M. (Orgs.). *Processo e relações de trabalho no Brasil*. São Paulo: Atlas, 1988.

SANDRAS JR., W. A. *Uma guinada de 180º em direção ao JIT/TQC*. Trad. Melany Constant A. Dias. Rio de Janeiro: Cátedra, 1989.

SCHONBERGER, R. J. *Técnicas industriais japonesas*: nove lições ocultas sobre simplicidade. 2. ed. São Paulo: Pioneira, 1984.

SHEWHART, W. A. *Economic control of quality of manufactures*. Wisconsin: ASQ, 1980.

SIMCHI-LEVI, D. K.; SIMCHI-LEVI, P. E. *Designing and managing the supply chain*: concepts, strategies and case studies. Nova York: McGraw-Hill Higher Education, 2000.

SLACK, N., CAMBERS, S., HARLAND, C., HARRISOM, J., P. *Administração da produção*. São Paulo: Atlas, 1997.

SLACK, N.; CHAMBERS, S.; JOHNSTON, R. *Administração da produção*. 2 ed. Trad. Maria Tereza Corrêa Oliveira e Fábio Alher. Rev. téc. Luiz Henrique Corrêa. São Paulo: Atlas, 2002.

SMITH, A. *Riqueza das nações*. São Paulo: Hemus, 1981.

SOUZA, N. H. B. de. Os efeitos sociais da nova tecnologia nas fábricas. In: NEDER, R. T. et al. *Automação e movimento sindical no Brasil*. São Paulo: Hucitec/Cedec/OIT/PNUD/IPEA, 1988.

SPEARMAN, M. L.; DAVID, L. W.; HOPP, W. J. *CONWIP*: a pull alternative to kanban. Arizona: Department of Systems and Industrial Engineering, University of Arizona, 1989.

VEJA, São Paulo: Abril, 7 nov. 1990.

VIDOSSICH, F. *Glossário da modernização industrial*. Prefácio de Pierre F. Gonod. Itajaí, Santa Catarina: Futurível, 1999. v. 1.

WOMACK, J. P. *A mentalidade enxuta nas empresas*. Rio de Janeiro: Elsevier, 2004.

capítulo 6

Preparação para a aposentadoria

Objetivos do capítulo

1. Analisar a importância da implantação de um Programa de Preparação para Aposentadoria (PPA) na organização, com o auxílio de uma equipe de RH com conhecimentos nessa área.
2. Verificar as fases de um PPA a fim de que seja alcançada eficácia, sendo objetivo e duradouro; além de oferecer alternativas de atividades que envolvam dinâmicas e vivências que favoreçam reflexões a respeito da análise da vida de cada um.
3. Ao acompanhar e assimilar o conteúdo deste capítulo, você estará em melhores condições de avaliar:
   a. a importância de situar o empregado mais idoso no contexto empresarial;
   b. a necessidade de se ter uma política permanente de renovação dos quadros da organização, sem que haja prejuízo aos funcionários prestes a se aposentar.

Uma boa época para se pensar sobre a velhice é a juventude, porque então é possível melhorar as chances de vir a vivê-la bem quando chegar.

B. F. Skinner, psicólogo norte-americano, aos 87 anos

Introdução

O aumento demográfico da população, principalmente da população com idade avançada, aponta para o alto índice de aposentados – muitos deles ainda em condições e disponibilidade para dar continuidade à vida laboral. Tal realidade tem chamado a atenção da sociedade e das organizações no mundo inteiro, tendo em vista a manutenção da qualidade de vida dessas pessoas.

A relação homem-trabalho, apesar de ser marcada por inúmeras atribulações, queixas, mal-estar e sofrimento, representa um lugar privilegiado e até de *status* para a grande maioria. É por meio do trabalho que o homem se expressa, se torna cidadão digno em uma sociedade, e agrega valores para si mesmo em razão dos laços construídos no processo civilizatório.

As entidades governamentais e as organizaçãoes devem contribuir para tais fatores, porém lembramos que cada um de nós deve buscar construir seu caminho. O motivo pelo qual realizamos algo diz respeito ao que somos, à nossa história. No dia a dia do trabalho, fatos comprovam que este tem valor próprio, mediante a singularidade do ser humano. Cada um vai exercer determinada tarefa do seu modo.

Por isso, podemos fazer uma analogia entre trabalho e arte, pois esta é elaborada por seu autor que tem seu traço e seu estilo, que o difere de outro autor. Podemos arriscar a dizer que o trabalho é a arte que imita a vida. Cada um vai tecer essa trama de acordo com sua inspiração, desde que esteja movido pelo desejo, pelo querer, pela motivação.

O empenho e o esforço para alcançar projetos, metas, sonhos, desejos e realizações são fatores relevantes na construção da vida profissional. Consideremos, no entanto, que cada um vai dar o significado compatível com sua história de vida que está inscrita em sua subjetividade.

As leis trabalhistas ditam que a aposentadoria é o final da carreira, porém o ser humano é inesgotável em seu psiquismo, levando em conta que o inconsciente é atemporal, isto é, não pode ser definido pelo tempo.

Nesse sentido, o próprio ser humano é que pode decidir a época em que deve parar de produzir. Muitos dizem: "Não sei viver sem trabalho". No entanto, outros anseiam por essa fase como sinal de liberdade.

Na atualidade, vários são os exemplos de profissionais que, mesmo diante da idade estabelecida para a aposentadoria compulsória – 70 anos –, se encontram ainda capacitados e em condições físicas e emocionais de darem continuidade às atividades até então desenvolvidas.

Diante de tal cenário, as organizações adotaram o Programa de Preparação para a Aposentadoria (PPA) que consiste em apresentar a seus colaboradores momentos de reflexão a respeito de sua trajetória laboral e pessoal e possibilidades de desfrutar o tempo que está próximo com atividades prazerosas, além de oferecer chances àqueles que optam por apostar em si mesmos e em suas competências.

É a oportunidade de uma segunda escolha, pois muitas pessoas, sem ter consciência, fizeram seu percurso de trabalho influenciadas por outros. Por exemplo, há famílias que, desejando o melhor para seus filhos, acabam influenciando na escolha da carreira que estes devem seguir. Muitas vezes isso possibilita que a pessoa assim influenciada fique até desorientada e passe a exercer funções inoportunas durante a vida inteira de trabalho.

Não pretendemos aqui generalizar, pois são muitos os casos em que profissionais que passaram pela mesma situação se tornaram competentes, alcançando o sucesso por meio das próprias conquistas construídas através de sua identificação com suas produções, marcando, assim, sua diferença. Portanto, é relevante sinalizar a singularidade de cada caso.

Porém a questão aqui recai na incessante queixa em relação à falta de motivação que gera grande insatisfação, inquietações e desprazer no trabalho, provocando nível elevado de estresse em função do desinteresse que muitos postergam até o final da carreira.

Por este e outros motivos, o PPA é válido devido à sua conotação de despertar possibilidades a fim de estimular fatores como a criatividade, habilidades e vocações ainda latentes.

O próprio nome deste programa chama a atenção para o período que antecede à aposentadoria. Trata-se de um momento que prenuncia uma ruptura, o final de um ciclo; nesse caso, em relação à atividade profissional. Há trabalhadores que, visando melhor qualidade de vida, procuram se estruturar para dar continuidade ao labor, aproveitando as próprias habilidades para a criação de novas oportunidades de trabalho.

Outros buscam usufruir da nova etapa com viagens, encontros com grupos de amigos que construíram ao longo da permanência no trabalho, entre outras atividades que lhes concedam o prazer de ter uma vida melhor, para não se deixarem abater, mesmo com a idade mais avançada.

Assim, esse estágio pode se tornar um privilégio para o trabalhador, tendo em vista a liberdade de escolha em relação a outras atividades.

Contudo, a espera pela aposentadoria pode provocar abalos emocionais, bem como o surgimento do estresse silencioso, isto é, aquele que vai se alojando lentamente sem ser compartilhado.

Apesar das queixas sobre o dia a dia do trabalho, nessa etapa, tal discurso costuma tomar outro rumo, podendo reverter-se em um estado de tristeza diante da perda iminente e das frustrações recorrentes, quadros depressivos que podem favorecer o desenvolvimento de doenças em face da iminência da pseudoaproximação da morte. Lembramos, porém, que esta pode acontecer em qualquer fase da vida.

Esse mal-estar pode ocorrer a partir da falta de preparo, ou mesmo de planejamento, para lidar com os impasses advindos do final de carreira. Nesse sentido, é importante ressaltar que o tempo que está por vir pode adquirir a conotação de ociosidade, impotência, improdutividade, desvalorização etc.

É uma das fases mais preocupantes da vida de um funcionário, uma vez que se trata de uma situação de transição em que o trabalhador pode se sentir perdido, em um limbo perante o desconhecido. A época em que vivemos é também considerada do culto à perfeição, ao ideal, em termos de nada faltar e falhar.

Nesse caminho, um fator que vale ser ressaltado aqui é o de que há uma negativa ao envelhecimento, tendo em vista os paradigmas de um corpo em plena juventude como se fosse uma verdade o fato de que ela é eterna e sem defeitos.

Assim, a grande maioria procura negar a realidade do envelhecimento e a aposentadoria pode ser interpretada como uma vergonha, como declínio de *status* perante a sociedade e organizações.

Por esse motivo, as empresas têm desenvolvido projetos e programas como o PPA e outros similares que visam dar apoio emocional a seus colaboradores por meio de várias atividades. Algumas até oferecem a oportunidade de uma realocação no mercado de trabalho para aqueles que pretendem prosseguir em atividade, valorizando, desse modo, quem tanto deu de si em prol do crescimento da empresa.

Nesse sentido, é importante, durante a vida profissional, atentar para outras esferas da vida social – família, amigos, sociedade e espiritualidade – que poderão ser de grande valia nesse momento contribuindo para a manutenção dos vínculos estabelecidos ao longo da vida.

Conforme estudamos no volume 1, o processo de Recursos Humanos tem início com uma abordagem de caráter puramente impessoal, mas de importância decisiva: a implantação de um sistema seguro e confiável de administração de cargos e salários. São os parâmetros para orientar a empresa em matéria de definição de tarefas e sua correspondente remuneração.

Já com o recrutamento, começa a se desenvolver a dinâmica que permeia todo o sistema de RH, voltada para o ocupante do cargo, ou seja, o foco passa a ser o funcionário que é admitido à empresa mediante uma série de testes, e que depois é submetido a um processo contínuo de treinamento e avaliação de desempenho.

Contudo, ao chegar à idade de aposentadoria, fase final do processo, como fica a situação do empregado que forneceu toda uma existência ao trabalho?

Hoje, são muitas as oportunidades oferecidas aos que pretendem se manter na ativa. Temos notícias de empresas que investem nos profissionais que saíram do mercado de trabalho, aproveitando-os, principalmente, na área de consultoria.

Empresas vêm dedicando especial atenção à elaboração, à aplicação e ao acompanhamento de PPAs.

Cabe destacar que, atualmente, dispomos de um considerável número de textos e trabalhos que abordam o tema da idade avançada à luz da gerontologia – ciência que se ocupa do estudo do idoso a partir das perspectivas biológica, clínica, histórica, econômica, emocional e social – e da geriatria – especialidade da medicina voltada para o tratamento das doenças do idoso.

Os PPAs podem constituir um instrumento de transformação da cultura das empresas no sentido de uma revisão do que é o processo de envelhecimento humano no sistema produtivo.

Desse modo, este capítulo procura mostrar, tanto ao estudante universitário como ao leitor interessado, um panorama da vida e das expectativas das pessoas que estão chegando ou que já chegaram à terceira idade.

O *objeto de estudo* é uma pesquisa a respeito dos idosos e suas perspectivas no processo de preparação para enfrentar o momento da aposentadoria, com base em estudos desenvolvidos por profissionais interessados em proporcionar conforto e bem-estar àqueles que estão se afastando de suas atividades de trabalho.

O *objetivo* leva em conta diferentes aspectos para que os interessados possam não somente identificar quais as práticas mais apropriadas, mas também as políticas existentes para obtenção de uma vida mais saudável.

O *problema* a ser enfrentado está presente na seguinte questão: existe a possibilidade de se desenvolver um processo de conteúdo teórico, que trate da aposentadoria e das condições de vida, lazer e saúde que permitam ao idoso aproveitar com prazer e alegria seus últimos anos de vida?

A *justificativa* está diretamente ligada ao beneficiário da ação que poderá ter condições de utilizar-se de forma bastante ativa dos processos que poderão oferecer mudanças e transformações significativas para a condução de uma vida mais feliz, com expectativa de horizontes mais amplos.

Os processos existentes poderão proporcionar aos detentores da terceira idade ou aposentados, condições de se beneficiar, por *hipótese*, de oportunidades recomendadas por estudiosos do assunto cujo resultado pode conferir vantagens antes não vislumbradas para aqueles que tiveram uma vida plena de atividades.

Diante dos processos e rotinas – *variáveis* –, fica exposto, de certo modo, aspectos ou fatores determinantes à ocorrência de transformações e mudanças de caráter significativo na parte final da existência dessas pessoas.

O desenvolvimento do capítulo teve como metodologia uma pesquisa bibliográfica de caráter teórico dos mais variados autores e estudiosos do assunto, interessados nos processos de melhoria de vida dos aposentados.

O capítulo foi disposto de modo a dar uma sequência lógica que permita tanto ao universitário quanto ao leitor interessado tomar conhecimento dos conteúdos, como também compreender conceitos, procedimentos e objetivos.

Esta Introdução põe em evidência o objeto de estudo, objetivo, problema, justificativa, hipóteses, variáveis e a metodologia, finalizando, a seguir, com a apresentação da estrutura do capítulo mediante o resumo do conteúdo de cada parte.

No primeiro tópico, abordamos o envelhecimento da população no país caracterizando os aspectos sociais e psicológicos.

O segundo tópico versa sobre a PPA, apresentando as justificativas da elaboração, a identificação do público-alvo, um trabalho de sensibilização para os interessados e alguns aspectos relacionados à complementação de renda.

No tópico seguinte, tratamos da pesquisa de expectativas e da identificação e formação de grupos de troca de experiências.

O quarto discorre sobre a execução e acompanhamento dos programas de preparação para aposentadoria, apresentação de diferentes modelos, indicação de atividades no período de aposentadoria, além de um diagnóstico organizacional considerando o afastamento das atividades profissionais.

Por fim, apresentamos as considerações finais a respeito do que foi explanado.

6.1 Envelhecimento demográfico no Brasil

O perfil da população brasileira vem se transformando ao longo dos anos. Ao se fazer a comparação dos gráficos do perfil demográfico de 1991, 2000 e 2010 (figuras 6.1 a 6.3), verifica-se nitidamente a mudança que vem ocorrendo. Há um estreitamento na base (pessoas mais jovens), e um alargamento no topo (pessoas mais idosas), o que demonstra que a população está envelhecendo.

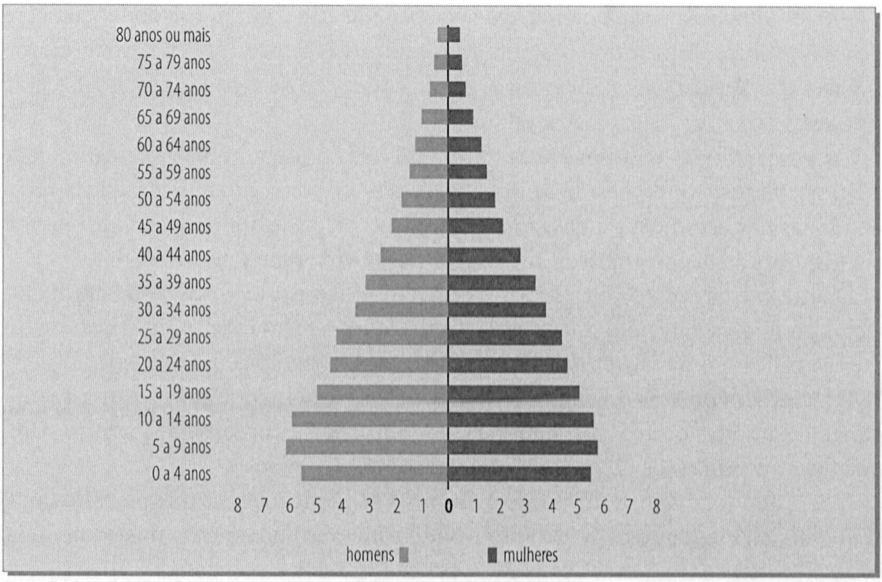

Figura 6.1 – Perfil da população, por faixa etária e sexo, em 1991.

Fonte: IBGE, 2011.

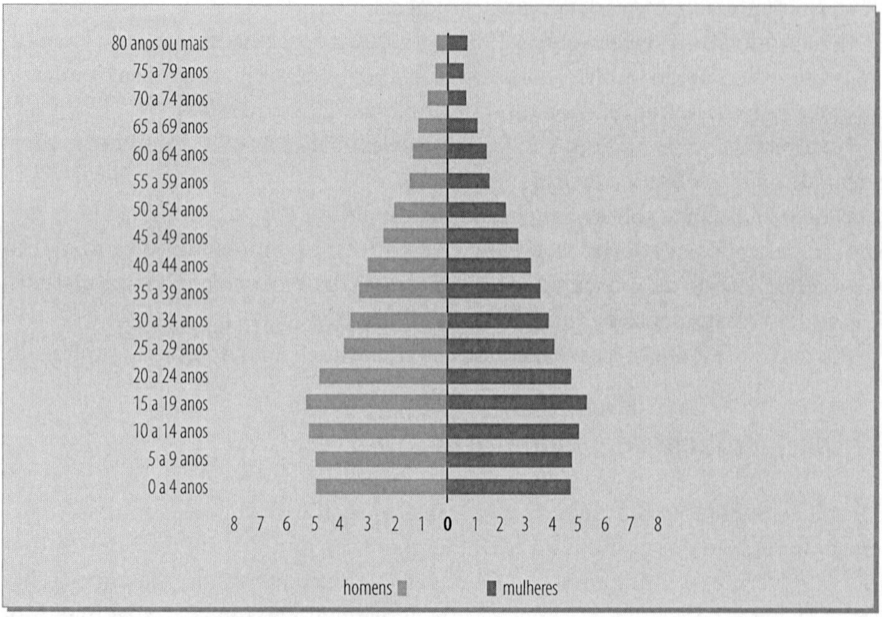

Figura 6.2 – Perfil da população, por faixa etária e sexo, em 2000.

Fonte: IBGE, 2011.

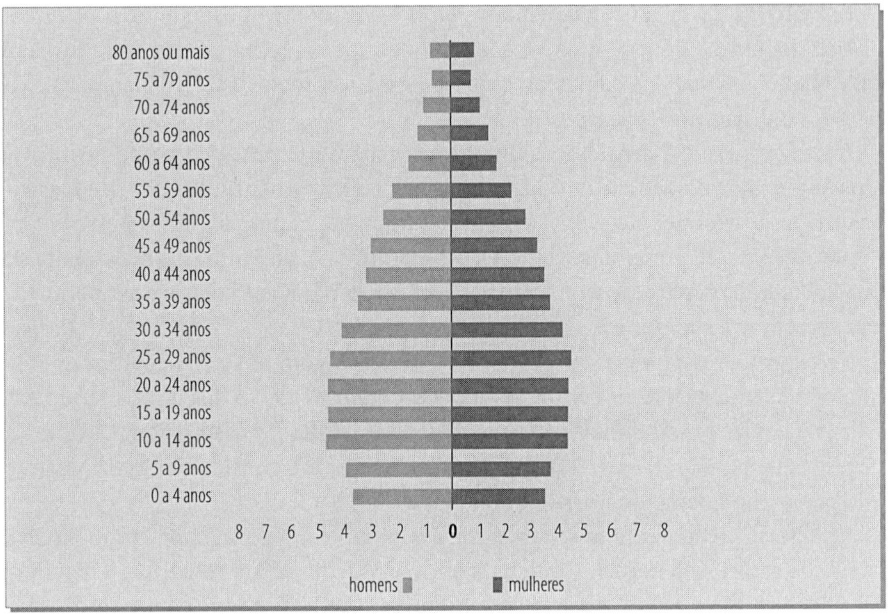

Figura 6.3 – Perfil da população, por faixa etária e sexo, em 2010.

Fonte: IBGE, 2011.

6.1.1 Aspectos sociais e psicológicos da terceira idade

À medida que aumenta a expectativa de vida da população brasileira, mais se evidencia o cuidado com a qualidade de vida, a saúde emocional, aspectos sociais do idoso no sistema de trabalho.

Como bem aponta João Alexandre Barbosa (1979, p. 11), estudioso dos problemas da senilidade:

> Em nossa sociedade de classes, dilacerada até as raízes pelas mais cruéis contradições, a mulher, a criança e o velho são, por assim dizer, instâncias privilegiadas daquelas crueldades – tradução do dilaceramento e da culpa. Mas a mulher, a criança e o velho não são classes: antes aspectos diversificados e embutidos por entre as classes sociais [...]. Já se sabe: o que define classe social é a posição ocupada pelo sujeito nas relações objetivas de trabalho.

Foi a constatação das condições desgastantes sofridas nos últimos anos de atividade profissional pelo idoso que levou gerontólogos, geriatras, psicólogos e outros estudiosos a se preocupar com a preparação para a aposentadoria desse segmento cada vez mais numeroso de nossa população.

Jorge Amado, em diálogo mantido com João Ubaldo Ribeiro (1995), comentou: "Meu compadre, já me falaram muito das alegrias da velhice, mas ainda não fui apresentado a nenhuma. Nem acredito que vá ser".

Em virtude dessa expectativa quase sempre negativa, a aposentadoria, como fator social, ocasiona em muitos idosos falta de motivação para viver, gerando, em consequência, fatores psicológicos, como depressões, angústias, ansiedades etc., associados a distúrbios orgânicos.

A terceira idade é uma expressão que serve para identificar o grupo de indivíduos que atingiram a idade de 60 anos, com experiência acumulada de décadas vividas. Apesar dessa experiência, representa uma etapa, para algumas pessoas, extremamente difícil de ser absorvida. E isso por uma razão muito simples: a falta de uma adequada preparação que inclua aspectos psicológicos, sociais e econômicos, para enfrentar e superar essa fase.

No entanto, ressaltamos que os fatores que acometem uns não necessariamente acometerão todos. Não podemos evidenciar o lado negativo dessa fase, tendo em vista as diversas possibilidades e alternativas que regulam nosso sistema, por mais opressor que possa ser. Além do mais, é preciso levar em consideração o modo que cada pessoa lida com as diversidades da vida.

A palavra "aposentadoria" soa desagradável e frustrante para muitos profissionais em fim de carreira. A perda do vínculo com a atividade na empresa e que ocupa boa parte de seu tempo, a questão do *status* que algumas funções fornecem ao indivíduo e a dúvida do que fazer com parte de seu tempo livre, contribuem para que muitas pessoas não consigam separar dois aspectos: a razão de viver e a razão de trabalhar.

Como dizem profissionais da área de gerontologia, transformar o trabalho como única finalidade da vida, colocando-o bem acima de qualquer escala de valores e prioridades – família, lazer, equilíbrio entre a vida pessoal e profissional etc. –, constitui o motivo central que leva aos conflitos e às inquietações a maioria dos empregados que se aproximam da idade de se aposentar.

É sabido que o Brasil não possui documentação científica abrangente sobre como ocorrem os últimos anos de vida de seus trabalhadores. Um relatório preparado pelo Subcomitê de Recursos Humanos de Gestão Empresarial do Setor de Energia Elétrica, em Brasília (Queiroz, 1987, p. 13-15), aponta alguns parâmetros que podem servir de base para projetar uma situação mais ou menos idêntica para outros segmentos da vida econômica e social de nosso país.

Preliminarmente, o relatório do Subcomitê de RH afirma que a "redução do trabalho começa prioritariamente pelos trabalhadores de mais idade, que vão sendo excluídos pouco a pouco do mundo profissional". Qualquer cidadão brasileiro, se não for "apadrinhado" politicamente ou gozar de estabilidade em empresas públicas e estatais, sabe a verdadeira odisseia e humilhações que tem de passar para conseguir um emprego digno. E isso acontece a partir dos 40 anos ou, conforme o tipo de trabalho, até antes.

Ao mesmo tempo, é só correr os olhos pelos classificados de emprego para constatar a discriminação etária. Por vezes, os anúncios nem são sutis: vetam os candidatos a partir de 35 a 40 anos. A mesma coisa acontece com boa parte de concursos para o serviço público.

Claro está que essa situação provoca o surgimento de um conflito de idades em um mesmo ambiente de trabalho, como registra o citado relatório:

> Camuflando o conflito de classe, deflagra-se um conflito de gerações, no qual o jovem só vê como meio para o seu acesso ao emprego a saída do trabalhador antigo, e o trabalhador maduro, mais antigo, enxerga no jovem seu maior risco de perda dos meios de subsistência. (Queiroz, 1987)

Tal situação de trabalho é bastante hostil, gerando fatores que levam o idoso a sofrer um processo de invalidez social. O relatório do Subcomitê de RH descreve algumas atitudes assumidas por parte de algumas empresas para com o trabalhador idoso:

- tolerância com a sua presença no trabalho como ato de benevolência;
- exigências desnecessárias e descabidas para provar suas limitações ou sua inutilidade;
- duras cobranças diante de esquecimentos ou perda da força física, em situações nas quais os jovens também estão sujeitos a essas perdas;
- relações interpessoais sem traço de sinceridade, alijando a pessoa do diálogo e nem sequer concedendo a possibilidade de sobrevivência de seus feitos no trabalho;
- constrangimento e ameaças de demissão e, finalmente, exclusão propriamente pelo fator idade.

Em face de tais atitudes, o documento denuncia:

> Como medida de exclusão, essas soluções já estavam predeterminadas, antes mesmo que o trabalhador apresentasse sinais nítidos de perda de capacidade. Junto dessas são tomadas também medidas que visam empanar a memória da passagem daquele trabalhador na empresa. Faz-se com que nenhum vestígio de sua contribuição como pessoa e como produtor permaneça na memória do grupo de trabalho. (Queiroz, 1987)

Por fim, entre outras considerações, o relatório diz que "nenhum contato se estabelece entre a sua estada na organização – ainda que prolongada – com a sua vida futura como aposentado".

6.2 Programas de preparação para a aposentadoria

A constatação do aumento de situações como as reveladas pelo Subcomitê de RH levou às primeiras tentativas de especialistas do assunto para preparar os trabalhadores mais idosos para a aposentadoria.

Historicamente, os primeiros PPAs surgiram no início da década de 1950 na Europa, reunindo interesses e recursos públicos e privados preocupados com o tema.

Nestor dos Santos Saragiotto (1989, p. 49), ex-gerente da Divisão de Gestão de Pessoal da Eletropaulo, afirma com propriedade que:

A adaptação do trabalhador ao seu novo ritmo de vida, após a aposentadoria, deve ser o objetivo de qualquer programa junto ao pré-aposentado, na busca de alternativas para ocupar o seu tempo livre sensivelmente aumentado.

Podemos considerar recente a preocupação de empresários e estudiosos de RH no que se refere à elaboração, aplicação e acompanhamento de PPAs. Anteriormente, apenas algumas poucas organizações, a maioria de multinacionais e estatais, mantinham esses programas.

6.2.1 Justificativa de um PPA

Do ponto de vista organizacional, um bem estruturado PPA é justificável à luz dos seguintes pontos:

- necessidade de renovação de RHs e de aproveitamento de funcionários mais novos;
- chegada inevitável da aposentadoria para os trabalhadores mais velhos, com suas consequentes implicações, as quais a empresa não pode deixar de cumprir;
- preservação, pela empresa, de seu *know-how*, depositado, em grande parte, na experiência profissional dos empregados que deixaram o trabalho;
- responsabilidade social da organização para com seus funcionários que se aposentam e respectivas famílias;
- alterações e novas exigências no mercado da empresa.

Para os próprios empregados que se aposentam, o PPA é justificável pelas seguintes razões:

- inevitabilidade do advento da terceira idade e da aposentadoria;
- consequências psicológicas, sociais, econômicas, profissionais, familiares e outras que tem como origem a mudança da condição de profissional ativo para aposentado;
- exigências e expectativas que a sociedade deposita sobre as pessoas na terceira idade e aposentados;
- necessidade do aposentado de preservar sua autoestima e sentimento de realização.

6.2.2 Levantamento do público-alvo candidato ao PPA

Para diagnosticar a situação dos empregados tendo em vista a aposentadoria, a área de RH da empresa deve elaborar instrumentos que, ao lado de informações precisas e atualizadas, proporcione uma visão realista do público-alvo a ser atingido por um PPA.

Experiências bem-sucedidas no Brasil e no exterior indicam que o levantamento do público-alvo tem melhores chances de sucesso quando é feito com empregados que vão se aposentar em, no máximo, cinco anos.

Os dados oriundos da pesquisa buscam definir:

- quantidade de funcionários envolvidos;
- características de sua atuação profissional atual;
- interesses atuais e futuros;
- estrutura familiar;
- relações sociais e comunitárias;
- aspectos de saúde física e psicológica.

Tais informações permitirão à empresa operacionalizar com maior segurança as fases seguintes do PPA.

O levantamento do público-alvo deve ser feito por meio de consulta a documentos – histórico profissional dos funcionários –, questionários preenchidos pelos próprios empregados, entrevistas individuais com cada funcionário, entre outros recursos.

A seguir, é apresentado um modelo de levantamento do público-alvo para o PPA (Quadro 6.1). Sua finalidade é tão somente servir de parâmetro inicial para que cada empresa, de comum acordo com seus colaboradores que estão prestes a se aposentar, elabore seus próprios instrumentos de avaliação.

Preparação para a aposentadoria: levantamento preliminar

Quadro 6.1 – Modelo de questionário para o público-alvo do PPA

Antes de preencher o questionário a seguir, leia com atenção:

- O preenchimento deste formulário é facultativo.
- Seu principal objetivo é fornecer dados que possam ajudar a empresa a preparar um programa de preparação para a aposentadoria o mais realista e atualizado possível.
- Suas informações serão tratadas individualmente, resguardando-se o sigilo, quando necessário.
- Da atualidade de suas informações depende o sucesso do PPA.
- Após responder ao questionário, devolva-o ao Setor de Benefícios da empresa.
- A empresa agradece sua decisiva cooperação.

Dados pessoais

1. Nome completo: ....
2. Cargo atual: ....
3. Tempo de trabalho comprovado (somar os anos trabalhados nesta empresa e em outra organização): ....
4. Estado civil: ....
5. Idade: ....

Interesses atuais

6. Pretende aposentar-se no tempo devido?

   ( ) Sim. ( ) Não. Por quê? ....

7. Já sabe o que vai fazer após aposentar-se?

   ( ) Sim. ( ) Não.

8. Quais foram os aspectos que considera mais marcantes de sua vida profissional? Procure relacioná-los, se possível, em ordem de importância. Se o espaço não for suficiente, utilize uma folha complementar indicando o nº da pergunta:

   a. ....
   b. ....
   c. ....
   d. ....
   e. ....
   f. ....
   g. ....
   h. ....

9. Você já definiu alguns tipos de interesses que pretende cultivar após aposentar-se?

   ( ) Sim. Quais (resumo)? ....

   ( ) Não. Por quê? ....

10. Sua estrutura familiar está solidamente montada no caso de uma aposentadoria?

    ( ) Sim. ( ) Não. O que poderia ser feito para que isso pudesse ocorrer?

    ....

11. Você cultiva relações sociais e comunitárias?

    ( ) Sim. De que tipo? ....

    ( ) Não. Por quê? ....

12. Tem interesse em atualizar-se profissionalmente, mesmo depois de aposentar-se?

    ( ) Sim. Em que áreas, especificamente? ....

    ( ) Não.

13. Já pensou em seu lazer depois de aposentar-se?

    ( ) Sim. De que tipo? ....

    ( ) Não. Por quê? ....

14. O cultivo de seu nível cultural/educacional é objeto de suas prioridades ao aposentar-se?

    ( ) Sim. Como? ....

    ( ) Não. Por quê? ....

15. E no plano afetivo-sexual, o que você pensa sobre o assunto em termos de:

    Fatores marcantes acontecidos em sua vida: ....

    Aprendizado para o presente e futuro, quando aposentar-se: ....

    Equilíbrio no relacionamento com o(a) outro(a): ....

16. Como anda sua saúde? Tem feitos exames médicos regulares?

    ( ) Sim. ( ) Não. Por quê? ....

17. Você se sente uma pessoa física e psicologicamente saudável?

    ( ) Sim. ( ) Não. Por quê? ....

18. Utilize o espaço a seguir para outras informações que você considera importantes para o presente levantamento. Se o espaço for insuficiente, utilize uma folha complementar indicando o nº da questão correspondente: ....

    ....

    Local e data, assinatura ....

6.2.3 Sensibilização dos pré-aposentados

Após reunir e interpretar as informações provenientes dos próprios colaboradores prestes a aposentar-se, a área de RH deve despertar o interesse do futuro aposentado para que participe do PPA.

Essa sensibilização deve ser marcada pela espontaneidade e real interesse dos funcionários que estão para se aposentar. Reuniões periódicas cuidadosamente preparadas pela unidade de RH devem contar com convidados ligados aos assuntos abordados no PPA: médicos, psicólogos, assistentes sociais, entre outros profissionais competentes e conhecedores dessa área.

Os encontros de sensibilização dos futuros aposentados envolvem, entre outros, temas relacionados com:

- a mudança na forma de estruturar o tempo;
- a mudança no modo de relacionar-se com familiares, colegas, subordinados, superiores, vizinhos e outros grupos de referência;
- as implicações legais, biológicas, psicológicas, sociais, familiares e outras relacionadas à aposentadoria;
- a importância e a forma de se buscarem alternativas de uso de suas capacidades e talentos;
- depoimentos de aposentados bem-sucedidos;
- outros assuntos afins.

6.2.4 Complementação de renda na aposentadoria

Este é um dos fatores decisivos que o empregado mais idoso e a empresa precisam levar em conta no processo de preparação para a aposentadoria.

A renda do aposentado, em face das circunstâncias sociais e econômicas mundiais precisa de constante reavaliação. A enorme defasagem sofrida pelo funcionário ao aposentar-se, levando em conta o que a Previdência Social cobre, deve merecer cuidadosa reflexão por parte dos candidatos à aposentadoria.

A complementação de renda do aposentado pode ser originária das seguintes fontes principais:

- plano de pré-aposentadoria de dentro ou de fora da empresa;
- rendimentos oriundos de aplicações financeiras, aluguéis, doações, heranças, prêmios etc.;
- outras formas de renda (empregos parciais).

O planejamento inteligente de como utilizar os recursos financeiros disponíveis pode ajudar o pré-aposentado e o aposentado a garantir a liberdade durante a aposentadoria, com outras alternativas de complementação de renda.

Apresentamos a seguir um quadro comparativo de controle orçamentário a ser utilizado pelo funcionário prestes a aposentar-se (Quadro 6.2).

Quadro 6.2 – Modelo de controle orçamentário para pré-aposentado e aposentado

	Itens de seu orçamento	Pré-aposentadoria	Aposentadoria
1	*Renda líquida mensal disponível* (descontadas as depesas com seguro de vida, contribuições para fundos de pensão etc.)		
2	*Habitação e serviços de casa, incluindo*:		
	taxas de água, luz, esgoto, gás, condomínio, telefone etc.		
	aluguel ou amortização de hipoteca		
	decoração, reformas etc.		
	material de limpeza em geral		
	utensílios domésticos, compra, substituição, manutenção		
	móveis, tapetes, carpetes (compra, substituição, manutenção)		
	jardim, plantas etc. (manutenção).		
	seguro residência		
3	*Alimentação*:		
	em casa		
	fora de casa		

Quadro 6.2 – Modelo de controle orçamentário para pré-aposentado e aposentado (*continuação*)

	Itens de seu orçamento	Pré-aposentadoria	Aposentadoria
4	*Vestuário*:		
	compra de roupa		
	lavagem		
	consertos		
5	*Transportes*:		
	passagens de avião, trem, metro, ônibus, táxi etc.		
	imposto do veículo		
	seguro de automóvel		
	manutenção de carro		
	lavagem, revisão etc.		
	combustível: óleo, gasolina, álcool		
6	*Saúde*		
	médicos		
	dentistas		
	planos de saúde		
	medicamentos		
	farmácias		
	exames		
7	*Pensão alimentícia*:		
	para ex-cônjuge		
	para filhos		
8	*Pagamento de imposto de renda*		
9	*Lazer, entretenimento*		
	passeios, viagens, excursões		
	livros, jornais, revistas etc.		
	bailes, shows, clubes etc.		
	cinema, teatro etc.		
10	*Outras dívidas*		
	Empréstimos, prestações etc.		
11	*Despesas pessoais*		
	cabeleireiro, salões de beleza, cigarros		
	apostas em jogos		
	doações a instituições de caridade		
	correio		
	presentes (inclusive cartões de Natal, aniversários etc.)		
	artigos de papelaria		
12	*Outros itens*		

6.3 Pesquisa de expectativas

Essa fase do PPA envolve a análise e a tabulação de todas as informações fornecidas pelos funcionários da empresa interessados no programa. Consiste, essencialmente, em aprofundar um pouco mais o nível de informações individuais. É nessa etapa que o programa deve obter o comprometimento do pré-aposentado em relação ao projeto.

Ainda permanece o questionário-pesquisa como instrumento básico, ao se utilizar o método de entrevistas individuais com os participantes do PPA.

6.3.1 Grupos de troca de experiências

Após comprometerem-se com o PPA, os pré-aposentados devem ter a oportunidade de aprofundar e questionar os temas já relacionados nos instrumentos de sensibilização – tópico "6.2.3 Sensibilização dos pré-aposentados" e quadros 6.1 e 6.2 –, bem como os PPAs da empresa (veja, a propósito, o tópico "6.4.1 Modelos de PPA").

Pode ser mais produtivo que esses grupos sejam formados (entre 8 e 12 participantes) com integrantes que possuam interesses afins, facilitando a efetiva troca de experiências de vida profissional e particular.

É recomendável a participação de médicos, psicólogos, sociólogos, aposentados, dirigentes de empresa, líderes comunitários, sacerdotes, donas de casa, advogados, técnicos em lazer e outros convidados que tenham experiências enriquecedoras para os grupos.

Entre os critérios a serem observados para garantir o bom êxito de trocas de experiências, destacam-se:

- serão grupos de crescimento, não de terapia;
- terão caráter formador de novos hábitos de vida pelos participantes;
- seus condutores serão facilitadores: os grupos não terão a finalidade de direcionar os interesses ou esforços dos participantes, a não ser por exclusiva iniciativa destes;
- os participantes deverão trabalhar, nos grupos, desenvolvendo contratos pessoais (compromissos pessoais de mudança específica e objetiva que cada participante estabelece com o grupo como um todo);
- os grupos deverão se constituir e reforçar-se como pontos de apoio dos seus membros. Trabalhar-se-á para que haja desenvolvimento de cada um no grupo e crescimento do grupo como um todo. (Bernhoeft, 1988)

6.4 Execução e acompanhamento do PPA

Nessa fase começa, efetivamente, o afastamento gradativo do pré-aposentado, é quando devem ser esclarecidos todos os detalhes relacionados com a dinâmica e funcionamento do PPA.

Torna-se importante manter algum tipo de vínculo permanente com o funcionário que se desliga da ativa, além das cerimônias de praxe: jantar ou almoço de despedida, festa de veteranos, relógios, diplomas, distintivos etc.

O envio de publicações da empresa, convites para participação de eventos especiais, excursões com outros aposentados da organização etc. ajudam a conscientizar o ex-funcionário de que sua presença na empresa não foi apagada de vez, nesse particular, várias organizações contratam seus ex-empregados para, em determinadas situações e tarefas, prestarem consultoria interna.

6.4.1 Modelos de PPA

Um PPA, com base em módulos, deve desenvolver o seguinte conteúdo programático:

Módulo 1 – Psicologia aplicada à aposentadoria

Formas de o aposentado adaptar-se a uma nova vida.

A importância e o alcance da readaptação ao convívio familiar.

A valorização do aposentado.

Planos para o futuro.

Módulo 2 – Aspectos sociais da aposentadoria

A interação social-familiar do aposentado.

As amizades e grupos de referência.

Recreação, lazer, passatempos etc.

Módulo 3 – A questão da saúde para o aposentado

Aspectos biológicos e emocionais da terceira idade.

A necessidade de revisão médica permanente.

Doenças mais comuns.

Aspectos afetivo-sexuais no relacionamento do idoso.

Exercícios físicos: cuidados e adaptação.

Módulo 4 – Administração financeira

Necessidade da programação de recursos financeiros disponíveis.

Importância do orçamento familiar para o aposentado.

Como superar a inflação.

Oportunidades e riscos com investimentos.

Módulo 5 – Aspectos legais

Deveres e direitos do aposentado.

A legalidade dos investimentos.

A questão testamentária.

Direito de família.

Módulo 6 – Introdução ao PPA

Características básicas.

Regulamentação.

Alternativas do aposentado.

Execução e acompanhamento do PPA.

O Centro Cultural Cândido Mendes (1993), do Rio de Janeiro, apresenta as fases para a montagem de um bem cuidado PPA, a saber:

1. **Definição dos objetivos**
2. **Elaboração do diagnóstico da situação:**
   Definição de instrumentos.
   Caracterização da clientela.
   Realização da pesquisa de interesses e percepções.
   Elaboração de relatórios.
3. **Definição de estratégias em função:**
   Da clientela a ser atendida (nº, nível, tempo de aposentadoria).
   Intenção política.
   Recursos financeiros.
   Interesses e percepções da clientela.
   Conteúdos a serem trabalhados (informativos e formativos).
   Cronograma.
4. **Sensibilização e divulgação do PPA:**
   Seminários gerenciais.
   Seminários de sensibilização.
   Marketing do PPA.
5. **Implantação do PPA:**
   Banco de dados.
   Informativos.
   Realização de seminários informativos, encontros de reflexão, grupos de segunda carreira, encontros de lazer e cultura, grupos de convivência etc.

6. **Sistema de avaliação:**
   Pré-aposentado.
   Aposentado.
   Equipe técnica.
7. **Otimização do PPA**

6.4.2 Atividades após aposentadoria

Para um considerável percentual de trabalhadores que ganha o salário-mínimo, a continuidade no trabalho após aposentar-se é necessária à sobrevivência. São os milhões de aposentados que, exercendo as mais variadas profissões – mecânicos, eletricistas, pedreiros, pintores, empregadas domésticas etc. – engrossam o mercado informal de prestação de serviços. Não se sabe ao certo quantos são, mas estão presentes no dia a dia de nossas cidades.

Há outro segmento de aposentados – classes média, média alta e alta – que se divide em três tipos principais:

a. aposentados que simplesmente gostam do que fazem e que pretendem continuar exercendo algum tipo de atividade correlata ao que vinham executando antes de se afastarem de sua empresa;
b. ex-funcionários que necessitam complementar sua renda anterior à aposentadoria para manter seu padrão de vida;
c. aposentados que, mantendo seu alto padrão de vida anterior, passam a se dedicar exclusivamente ao lazer, passeios, viagens etc.

Para os tipos a) e b), continuar trabalhando é indispensável, embora em situações diversas quanto à motivação, funcionando como uma espécie de terapia ocupacional. Esses profissionais têm ainda muito a oferecer à sociedade. São procurados pelas empresas, seja individualmente, seja por meio de associações especializadas em oferecer mão de obra altamente qualificada.

Já o aposentado do tipo c), é o indivíduo que busca, por opção pessoal, tão somente gozar os anos de vida fazendo aquilo que sempre quis realizar, mas que não teve tempo ou oportunidade de fazê-lo: viajar, distrair-se, descansar. É a chamada "terapia do lazer".

Um dos mais notáveis psicólogos, B. F. Skinner (Skinner e Vaughan 1983, p. 79-80), aconselhava, aos 83 anos:

Se você for obrigado a aposentar-se de uma vez, considere as chances de desenvolver o mesmo tipo de trabalho em outro lugar. Se você se aposentou porque não consegue mais trabalhar, ainda pode ser útil para ensinar outros. O jogador de futebol torna-se um técnico; o homem de negócios, um consultor. Procure algo que "pode" fazer; há chances de que comece a gostar, à medida que o fizer bem. Se a frustração ou o fracasso o incomodarem, comece lentamente. Se tentar fazer algo novo por uma ou duas horas por dia, no máximo, sem se impor grandes exigências, ficará surpreso com a facilidade com que será capaz de trabalhar por mais horas, e em trabalhos mais difíceis.

Diagnóstico organizacional e a aposentadoria

1. Sua empresa mantém uma política de aposentadoria especial para os funcionários?
   ( ) Sim. Como funciona (resumo)? ....
   ( ) Não. Por quê? ....
2. Todos os funcionários da empresa conhecem em detalhes a política de aposentadoria?
   ( ) Sim. ( ) Não. Por quê? ....
3. Descreva, em poucas palavras, os pontos básicos do plano de aposentadoria de sua empresa:
   ....
4. O plano de aposentadoria:
   ( ) está estabelecido para toda a empresa.
   ( ) foi determinado e fixado pela diretoria.
   ( ) está de acordo com a legislação.
   ( ) está fundamentado em normas bem claras e objetivas.
   ( ) é coordenado por meio de diretrizes e procedimentos.
   ( ) outras características. Quais?
5. Os objetivos do PPA da empresa são:
   ( ) permitir o acesso mais rápido de empregados jovens aos cargos vagos.
   ( ) motivar o empregado mais idoso a deixar o trabalho.
   ( ) ajudar a resolver os problemas sociais, psicológicos e econômicos oriundos da aposentadoria.
   ( ) manter relações favoráveis com os funcionários que deixam a empresa por motivo de aposentadoria.
   ( ) possibilitar ao aposentado melhor aproveitamento de seu tempo livre.
   ( ) outros objetivos. Quais?
6. Há quanto tempo funciona o PPA da empresa?
   Resposta: ....
7. Nesse tempo, houve alguma interrupção?
   ( ) Sim. Por quê? .... ( ) Não.

Questionário de autoavaliação

O gabarito do questionário a seguir encontra-se no final deste capítulo.

1. Em que década surgiram os primeiros Programas de Preparação para a Aposentadoria (PPAs)?

   Resposta: ....

2. O planejamento inteligente de como utilizar os recursos disponíveis pode ajudar o .... e o aposentado a garantir a liberdade durante a aposentadoria, junto com outras alternativas de............... de renda............................

3. Recomenda-se que os grupos de troca de experiências de pré-aposentados sejam formados:

   ( ) a. entre 25 e 35 pessoas.

   ( ) b. entre 35 e 40 pessoas.

   ( ) c. sem limite de pessoas.

   ( ) d. entre 8 e 12 pessoas.

4. Em que fase o PPA começa, efetivamente, o afastamento do pré-aposentado?

   Resposta: ....

5. Muitos estudiosos situam a terceira idade, no Brasil, a partir dos 75 anos?

   ( ) Sim. ( ) Não.

6.5 Considerações finais

Neste capítulo, tivemos a oportunidade de discorrer sobre os vários aspectos referentes à aposentadoria. O Brasil está envelhecendo e começa a estudar os aspectos sociais e psicológicos da velhice no ambiente de trabalho.

Os Programas de Preparação para a Aposentadoria (PPAs) estão presentes em empresas que possuem um comprometimento com o bem-estar de seus colaboradores quando estes atingem um tempo de trabalho que os aproxima do momento de interromper suas atividades costumeiras para que possam se dedicar a outros afazeres.

Ressaltamos que a aposentadoria implica, muitas vezes, a preocupação com a complementação de renda que permitirá ao aposentado levar uma vida digna e confortável após anos de contribuição aos institutos de previdência. Ademais, tratamos das atividades de pesquisa sobre as expectativas do aposentado e dos grupos de troca de experiências, bem como da execução e do acompanhamento dos programas de preparação para a aposentadoria, além de apresentar vários modelos utilizados no planejamento de processos de mudanças na vida daquele que se afasta, no momento adequado, da empresa na qual se manteve produtivo.

Manter-se em uma atividade, seja por necessidade de complementar a renda ou para simplesmente ter algo para fazer e se distrair vendo o tempo passar, preserva a saúde e o bem-estar, uma vez que podemos entender que o aposentado não é nem significa um ser inativo.

Gabarito do questionário de autoavaliação

1. Década de 1950.
2. Financeiros... pré-aposentado... complementação.
3. Alternativa d.
4. Execução e acompanhamento.
5. Não.

Referências bibliográficas

BARBOSA, J. A. Uma psicologia do oprimido. In: BOSI, E. *Memória e sociedade*: lembranças de velhos. São Paulo: Companhia das Letras, 1979.

BERNHOEFT, R. Pós-trabalho para executivos: uma proposta brasileira. *Revista Recursos Humanos & Sociedade*, São Paulo, ano 3, dez. 1988.

CENTRO CULTURAL CÂNDIDO MENDES. *Etapas fundamentais para a construção de um PPA*. S/A , ago. 1993. (Apostila de aula)

FERRÍGNO, J. C. *Trabalho, aposentadoria e alienação social*. p. 9. Disponível em: <www.ibge.gov.br>. Acesso em: jul. 2011. (Apostila de aula)

NASCIMENTO, L. P. do. *Elaboração de projetos de pesquisa*. São Paulo: Cengage Learning, 2011.

QUEIROZ, Z. R. V. A invalidez social da velhice no sistema de trabalho. In: ASSOCIAÇÃO BRASILEIRA DAS ENTIDADES FECHADAS DE PREVIDÊNCIA PRIVADA. Conferência promovida pela Associação Brasileira das Entidades Fechadas de Previdência Privada, 1987. (Apostila)

RIBEIRO, J. U. Alegrias da terceira idade. *O Globo*, Rio de Janeiro, 15 jan. 1995.

SARAGIOTTO, N. dos S.; LOT, M. L. B. *Programa de reflexão sobre aposentadoria*, 1989. (Apostila de aula)

SKINNER, B. F.; VAUGHAN, N. E. *Viva bem a velhice aprendendo a programar sua vida*. Trad. Anita Liberalesso Neri. São Paulo: Summus Editorial, 1983.

Conclusão

Ao longo do segundo volume foram apresentados conceitos, pressupostos, processos, métodos e técnicas, entre outros que, de certa forma, se comprometem com os aspectos mais abrangentes da área de desenvolvimento organizacional, planejamento estratégico, gestão participativa, estresse, produtividade, qualidade e preparação para a aposentadoria.

Acreditamos que o *objeto de estudo* – um conjunto de recomendações e sugestões de conteúdo teórico, apoio à realização prática, que mostram em diferentes oportunidades o "como fazer" – aborda de maneira ampla a possibilidade de proporcionar uma orientação que sirva de base à elaboração das diferentes funções que compõem as atividades da área de Recursos Humanos.

O *objetivo* foi atingido, uma vez que estabelecemos um conjunto de recomendações que atendesse às necessidades apontadas pelo *problema*, que era exatamente o de verificar se havia possibilidades de se desenvolver procedimentos que proporcionassem a elaboração das variadas subfunções, diminuindo dificuldades, sem que houvesse prejuízo de criatividade e inovação.

A *hipótese* foi confirmada tendo em vista que os argumentos e as explicações serviram de apoio aos diversos aspectos que foram tratados em diferentes momentos, abastecendo de informações, conhecimentos e habilidades o leitor, e, portanto, ampliando a competência deste.

Discorremos também sobre o conhecimento, as habilidades e a iniciativa necessários para quem pretende desenvolver processos que estejam voltados para desenvolvimento organizacional, planejamento estratégico, gestão participativa, resolução de problemas de estresse, produtividade, qualidade e preparação para a aposentadoria.

Sugerimos que pesquisadores e estudiosos deem continuidade aos estudos, a fim de que os atuais conhecimentos possam ser ampliados e melhorados de modo que todos passem a ter o privilégio de viver em um mundo no qual, tanto particular como profissionalmente, tenham a oportunidade de se relacionar com satisfação, prazer, harmonia, felicidade e amor.